Städtebau: Vielfalt und Integration
Neue Konzepte für den
Umgang mit Stadtbrachen

Andreas Feldtkeller (Hrsg.)

Städtebau: Vielfalt und Integration

Neue Konzepte für den Umgang mit Stadtbrachen

Mit Beiträgen von
Andreas Feldtkeller
Andreas Pätz/Cord Soehlke
Martin Feketics/Leonhard Schenk/Matthias Schuster
Gabriele Steffen/Heike Bartenbach
Jens S. Dangschat

Deutsche Verlags-Anstalt
Stuttgart/München

Der Verlag dankt den folgenden Personen und Institutionen für die zur Verfügung gestellten Fotos und Pläne:

Amt für Städtebau Zürich: 25 o.
Jutta Baitsch, Tübingen: 204 li. o.
Bundesamt für Bauwesen und Raumordnung BBR, Bonn: 10, 16, 29 u.
Deutsche Grundbesitz Management GmbH, Eschborn: 22, 23, 24
Andreas Feldtkeller, Tübingen: 181, 193
Manfred Grohe, Kirchentellinsfurt: 32 o., 41, 64, Rückseite u.
Helbling & Kupferschmid, Arazebra, Zürich: 27 r. u. (beide)
Herczog Hubeli Architekten, Zürich: 27 Pläne
Annemarie Hopp, Tübingen: 172, 173, 185, 187, 194 u., 195, 199 mi./ u.
Foto Kleinfeldt, Tübingen: 45
LEHEN drei, Stuttgart: 120, 122 o., 123, 133, 135, 137 o.,137 u., 138 o., 138 u., 144, 148, 152, 153, 156 mi., 161, 162, 163, 164
Gudrun Theresia de Maddalena, Tübingen: 121, 124, 125, 129, 136, 149, 150, 151 li., 151 re., 154, 155, 156 o., 157, 160, 199 re. o.
MATCH Andreas von Zadow, Berlin: 14, 15, 28, 29 o., 30
Ulrich, Metz, Tübingen: 172, 173, 190, 191, 192, 194 o./ mi., 195, 196, 204 u.
Gisela Nill, Tübingen: 204 re. o.
Eva Schulz, Tübingen: 203
Stadtsanierungsamt Tübingen: 31, 32 u., 33, 199 li. o., Rückseite o.
Werk, Bauen + Wohnen, Zürich: 25 u., 26 u. re.

Alle übrigen Zeichnungen und Abbildungen stammen, soweit nicht anders vermerkt, von den jeweiligen Architekten oder den Autoren der Textbeiträge.

Besonderer Dank von Verlag und Herausgeber gilt der Stadt Tübingen für die gute Zusammenarbeit beim Entstehen dieses Buches.

Die Deutsche Bibliothek – CIP Einheitsaufnahme
Ein Titeldatensatz für diese Publikation ist bei Der Deutschen Bibliothek erhältlich

© 2001 Deutsche Verlags-Anstalt GmbH, Stuttgart München
Alle Rechte vorbehalten
Lektorat: Andrea Bartelt
Umschlagentwurf: Büro Klaus Meyer, München – Costanza Puglisi
Satz, Gestaltung und Herstellung: Rainald Schwarz, München
Druck und Bindearbeit: Bosch Druck, Landshut
ISBN 3-421-03276-9
Printed in Germany

Inhalt

Einleitung, Andreas Feldtkeller   7

Strategien zur städtebaulichen Neuorientierung   9

Die Stadt als »Integrationsmaschine«, Andreas Feldtkeller   10
  Steuerung des Flächenverbrauchs   10
  Leitbilder und Märkte   11
  Integrationsfunktion der Stadt   11
  Öffentlicher Raum   12
  Günstige Bedingungen für eine Neuorientierung   13
  Stadtbrachen als Gelegenheiten zum Umbau der Stadt   14
Das Projekt Innenentwicklung, Andreas Feldtkeller   18
  Zurück in die Stadt   18
  Eröffnung planerischer Spielräume – Vorreiterprojekte
  in Berlin, Zürich, Essen und Tübingen   19
  Das Stadtquartier als Modell   34
  Robuste Quartiere und die Normen des Planungsrechts   36
  Strategie für eine Zukunft des Städtischen   37

Das Tübinger Südstadtprojekt: Ziele – Werkzeuge – Resultate   41

Lässt sich Stadtleben planen? Ziele und Werkzeuge
Andreas Pätz, Cord Soehlke   42
  Die Grundidee des Tübinger Projekts   42
  Ausgangssituation   44
    Als die Franzosen gingen...   44
    ... veränderte die Südstadt ihr Bild   45
  Zeitablauf   47
  Der planungsrechtliche Werkzeugkasten   49
    Die städtebauliche Entwicklungsmaßnahme   49
    Der Rahmenplan   50
    Die Bebauungspläne   55
  Bausteine der Planung und ihre Umsetzung   57
    Nutzungsmischung   57
    Dichte, städtisches Bauen und der Umgang mit Altbauten   62
    Parzellierung und Baugemeinschaften   64
    Öffentlicher Raum und Verkehrskonzept   72
    Bürgerbeteiligung und die Gestaltung des öffentlichen Raums   76
  Projektmanagement und Finanzierung   81
    Projektmanagement   81
    Finanzierung   82
  Übertragbare Faktoren   83

Bauen in der Stadt der kurzen Wege,
LEHEN drei, Martin Feketics, Leonhard Schenk, Matthias Schuster 87
  Die Südstadt zu Beginn der Entwicklungsmaßnahme 89
  Die Vorschläge – Ergebnisse des Städtebaulichen Wettbewerbs 92
  Die bauliche Umsetzung 98
    Städtebaulicher Entwurf 98
    Bebauungsplanung 100
    Stadträumliche Gestaltungsprinzipien 102
  Freiflächengestaltung 106
    Die übergeordneten Grünflächen 107
    Straßen und Plätze 107
    Gemeinschaftliche Freiflächen und private Freiflächen 108
  Vom Bauen an der Straße – eine Zwischenbilanz 109
    Das Haus und die Stadt 109
    Das Haus und die Straße 111
    Das Haus und der Bauherr 112
    Das Haus und das Geld 114
    Das Haus und das Auto 114
  Die Häuser: Projektdokumentation 117

Robuste Quartiere: Erwartungen und Resultate, Gabriele Steffen 170
  Sozialräumliche Polarisierung in den Städten 170
  Robuste Quartiere 173
  Das Tübinger Projekt: Anfänge und Erwartungen 176
    Tübingen im Herbst 1990 176
    Die Südstadt: das »Jenseits« 177
    Erwartungen an das Projekt 178
  Was wurde bis jetzt umgesetzt? 180
  Das Entwicklungsgebiet als Rückgrat der Südstadt 182
    Wechselwirkung mit anderen Quartieren 182
    Soziale Mischung 184
    Nach wie vor ungleich verteilt: das schwierige
    Integrationsgeschäft 188
  Exkurs: Gewerbe im Stadtquartier, Heike Bartenbach 190
  Aufwachsen und Lernen im Stadtquartier 198
    Was Kinder und Jugendliche auf der Straße verloren haben 198
    Schulkonzepte im Quartier 202
    Ein lernender Stadtteil 207
  Resonanz und Ausblick 208

Ein Kommentar, Jens S. Dangschat 214

Autorenbiographien 222
Literatur 224

Einleitung

Stadtbrachen sind seit dem wirtschaftlichen und politischen Umbruch der neunziger Jahre des zu Ende gegangenen Jahrhunderts eine immer häufigere Alltagserscheinung. Noch werden sie einfach als Wechselfälle der Entwicklung betrachtet, mit denen die Stadt irgendwie zurechtkommen muss. Dies sind sie aber nicht: In Wirklichkeit bezeichnen die Brachen Bruchstellen in der Geschichte der Stadt am Übergang von der Industrie- zur Wissensgesellschaft, für deren Behandlung dringend zukunftsorientierte Strategien gebraucht werden. Neue Konzepte für den Umgang mit Stadtbrachen können nämlich mehr sein als nur lokale Stadtreparaturen, wenn sie sich mit dem gesellschaftlichen Zweck der »Stadt« kritisch und innovativ auseinandersetzen.

Im Laufe des vergangenen Jahrhunderts ist das Verständnis für den Zusammenhang von räumlich-baulicher Stadtstruktur und Stadtleben fast ganz verloren gegangen; dies ist auch eine Folge der einseitig auf die Rationalisierung der Flächennutzung orientierten Stadtplanung mit ihrer Tendenz zur konsequenten Trennung unterschiedlicher Nutzungen und Nutzungsarten. Auch ein Resultat dieser Entwicklung ist die derzeitige *Krise der Städte*.[1]

Stadtbrachen bieten aus verschiedenen Gründen gute Gelegenheiten, sich mit der dringend anstehenden Neuorientierung auseinanderzusetzen. Auf diesen Flächen vollzieht sich – so oder so – ein wesentlicher Teil des gegenwärtigen und künftigen Stadtumbaus, hier findet Bewegung statt. Die Flächen verteilen sich auf alle Teile der Regionen; sie finden sich in der Nachbarschaft der Zentren wie im engeren und weiteren Stadtumland, in Regionen wirtschaftlichen Aufschwungs wie in stagnierenden. Sie besitzen in vielen Fällen einmalige, identifizierbare Standortqualitäten.

Bisher werden Stadtbrachen nirgendwo systematisch bilanziert – und dies, obwohl der Mangel an verfügbarem Bauland ein ständiges Thema in der Fachdiskussion wie auf den Wirtschafts- und Immobilienseiten der Tagespresse ist. Einschlägigen Experten zufolge reichen die jetzt schon vorhandenen Brachflächen aus, den Bedarf an mittelfristig benötigten Wohnflächen zur Hälfte und denjenigen an zusätzlichem Gewerbeland sogar vollständig zu decken.[2] Diese Werte gehen von dem üblichen, eher großzügigen Umgang mit Grund und Boden aus; bei sparsamem Gebrauch dieses nicht vermehrbaren Guts – und ehrlicher Berücksichtigung demographischer Prognosen (Bevölkerungsrückgang) – könnte hier fast die gesamte mittelfristige Flächennachfrage im Siedlungsbestand befriedigt werden.

Es ist ein gutes Zeichen, wenn in jüngster Zeit Stadtbrachen als wertvolle Ressource für die Zukunft der Städte apostrophiert werden. Zwei Beispiele: Zum einen veröffentlichte die Schweizer Architektur- und Designzeitschrift *Hochparterre* kürzlich den vierten Beitrag einer

Übersicht über Stadtbrachen in Städten der Schweiz mit detaillierten Angaben über deren jeweiliges Entwicklungspotential, zum anderen stellt ein Strategiepapier des *Deutschen Städtetags* vom Herbst 1999 fest: »Je größer die Städte bzw. Stadtregionen sind, desto ausgeprägter sind Tendenzen von Entmischung und Flächenverbrauch im Umland zu beobachten. Deshalb sollte sowohl zur Vermeidung sozialer Segregation als auch zur Verringerung der Verkehrsprobleme verstärkt auf eine Mischung der Funktionen Wohnen, Versorgen, Arbeiten und Freizeit gezielt werden. Für eine ›Stadt der kurzen Wege‹ gibt es eine realistische Chance, wenn die freiwerdenden Flächen von Industriebrachen, Militärstandorten sowie Bahn- und Postanlagen hierzu genutzt werden«[3].

Für eine Neuorientierung der Stadtentwicklungspolitik kommt es jetzt darauf an, die skizzierte Katalysatorfunktion der Stadtbrachen an praktischen Beispielen zu erproben. Dazu soll dieses Buch beitragen. Es zeigt, was möglich ist, wenn Stadtplaner ernsthaft daran gehen, die plakativen Einzelziele von baulicher Nachhaltigkeit, ökonomischer Vielfalt, effizientem Verkehr und kultureller Integration zusammenhängend umzusetzen. Tragfähige Herangehensweisen und passende Planungswerkzeuge für diese Aufgabe werden am Beispiel eines Konversionsprojekts in der süddeutschen Universitätsstadt Tübingen gezeigt. Da das Tübinger Projekt nur eine Variante möglichen Vorgehens sein kann, vermittelt eine Zusammenschau mit drei Vorhaben aus Berlin, Zürich und Essen einen Überblick über ein breites Spektrum möglicher Modelle.

Anmerkungen

1 Siehe dazu: Heitmeyer, Wilhelm, Rainer Dollase, Otto Backes (Hrsg.), Die Krise der Städte, Frankfurt am Main 1998.
2 Bundesamt für Bauwesen und Raumordnung (Hrsg.), Steuerung der Flächennutzung. In: Informationen zur Raumentwicklung Heft 8, Bonn 1999, S. 497 und Deutsches Institut für Urbanistik (Hrsg.), Flächensparende Siedlungsentwicklung. In: Difu-Berichte 2/2000, Berlin 2000, S. 10–13.
3 Bundesministerium für Verkehr, Bau- und Wohnungswesen (Hrsg.), Bestandsaufnahme und Perspektive: Städtebaupolitik aus Sicht der Städte, Redebeitrag Oberbürgermeister Hajo Hoffmann, Präsident des Deutschen Städtetags. In: Dokumentation des Nationalen Städtebaukongresses Berlin 1999, Berlin 2000, S. 24-37.

Brachflächen am Rande des Stadtzentrums in Essen.

Rechts oben:
»Weststadt«,
im Vordergrund
»Berliner Platz«

Strategien zur städtebaulichen Neuorientierung

Die Stadt als »Integrationsmaschine«

Steuerung des Flächenverbrauchs

Würde die Stadtentwicklungspolitik den künftigen Flächenbedarf für das Siedlungwesen konsequent auf den Stadtbrachen decken, wäre dies ein Erfolg für die Forderung nach einer radikalen Reduzierung des Landschaftsverbrauchs. Aber dies ist nicht das Thema, welches hier im Vordergrund steht. Flächensparen ist nicht nur ein wichtiger Aspekt ökologischer Nachhaltigkeit, sondern auch ein maßgebliches Werkzeug bei der Planung und Umsetzung städtischer Siedlungsformen. Ohne Dichte gibt es keine soziale und ökonomische Vielfalt, die eine notwendige Vorbedingung für lebendige Stadtquartiere ist. Genau das hat auch die Enquetekommission des deutschen Bundestags zum »Schutz des Menschen und der Umwelt« in ihrem Abschlussbericht von 1998 zu den »Zielen und Rahmenbedingungen einer nachhaltigen Entwicklung« deutlich gemacht.[1] Dort wird verlangt, den Landschaftsverbrauch für Siedlung und Verkehr in der Bundesrepublik bis zum Jahr 2010 von bisher rund 120 ha pro Tag auf ein Zehntel zu verringern. Zugleich wird auf die Möglichkeit hingewiesen, durch Innenentwicklung, Dichte, Nutzungsmischung und Polyzentralität (dezentrale Konzentration) zu mehr urbaner Vielfalt zu gelangen, Segregation abzubauen, das Quartiersleben zu fördern und unnötigen Verkehr zu vermeiden. Es geht somit um eine ausgesprochene Win-Win-Strategie.

Allerdings sind bis jetzt keine geeigneten Koalitionen aus Wirtschaft und Politik sichtbar, die sich für eine solche Strategie engagieren: Planungsexperten setzen lieber auf eine neue Baulandsteuer (mit der vor allem Baulücken einer Neubebauung zugeführt werden sollen); die Wirtschaftsverbände haben kein Interesse an Themen, die auch mit Beschränkungen verbunden sind.

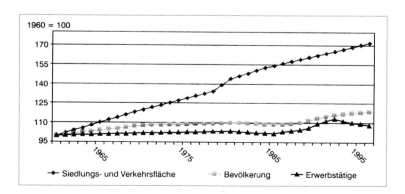

Entwicklung der Siedlungsfläche, Bevölkerung und Erwerbstätigen 1960–1997, BRD alte Länder

Leitbilder und Märkte

Zur aktuellen Diskussion über die Zukunft der Stadt gehört die Rede vom Verzicht auf vorgegebene Leitbilder (etwa der gegliederten und aufgelockerten Stadt, der Urbanität durch Dichte, der »europäischen« Stadt).[2] Der holländische Architekt Rem Koolhaas hat dafür die Formel von der »Stadt ohne Eigenschaften« geprägt: eine Siedlungsform, deren baulich-räumliche Organisation durch Beliebigkeit geprägt ist und in der Nähe und Entfernung bedeutungslos werden. Auf ein städtebauliches Leitbild zu verzichten, kann aber abweichend von dieser Formel auch heißen, weder einem einzigen Leitbild noch der Beliebigkeit zu folgen und stattdessen einen fairen Wettbewerb zwischen unterschiedlichen Konzepten zu verfolgen.

Kritische Beobachter werfen der bundesrepublikanischen Stadtentwicklungspolitik vor, ungeachtet der wirtschaftlichen und demographischen Umbrüche an einem Regelungsrepertoire festzuhalten, das aus einer längst vergangenen Epoche – nämlich der vollbeschäftigten Industriegesellschaft – stammt, und damit ein Leitbild der Daseinsvorsorge weiter zu kultivieren, das durch das Eigenheim als freistehendes Einfamilienhaus, als Doppel- oder Reihenhaus mit eigenem Garten und eine unbegrenzte Mobilität bestimmt ist.

Was bei dem Klischee, der Staat sei gegenüber dem Markt mehr oder weniger machtlos, sorgfältig ausgeklammert beibt, ist die Art und Weise, wie der Staat – durch Subventionen und Nichtanwendung des Verursacherprinzips – gerade im Bereich von Stadtentwicklung und Mobilität das Entstehen eines fairen Wettbewerbs zwischen unterschiedlichen Siedlungsoptionen auf subtile Art behindert.[3]

Integrationsfunktion der Stadt

Wenn Leitbilder ausgedient haben, ist Gelegenheit, wieder einmal nach dem eigentlichen Zweck der gebauten Stadt zu fragen und nach den Optionen, die es für die Erfüllung dieses Zwecks gibt. Ohne Frage ist die Stadt eine Form, das (auskömmliche, friedliche, gewaltfreie) Zusammenleben von Menschen räumlich zu organisieren. So hat der Berliner Soziologe Hartmut Häußermann gefragt, ob die Stadt ihre Aufgabe als »robuste Integrationsmaschine«[4] heute noch erfüllen kann.[5] Louis Wirth – Mitglied der Chicagoer Soziologenschule der dreißiger Jahre des vergangenen Jahrhunderts – hat die Stadt eine »relativ große, dicht besiedelte und dauerhafte Niederlassung gesellschaftlich heterogener Individuen« genannt und diese quantitative Feststellung durch folgende normative Bestimmung der typisch städtischen Lebensform ergänzt: »Die Stadt toleriert, mehr noch, sie honoriert individuelle Unterschiede. Wenn sie Menschen aus allen Ecken der Erde zusammenbringt, so nicht um ihrer Homogenität und Geistesverwandtschaft willen, sondern gerade weil sie verschieden und deshalb füreinander nützlich sind.«[6]

Stadtleben ist somit nicht einfach privates Leben und Wirtschaften im Irgendwo der verstädterten Agglomeration, sondern eine Form des Zusammenlebens, in der Offenheit und Aufgeschlossenheit gegenüber Fremdheit sich darin manifestiert, dass Anderes und Fremdes in der Stadt als etwas Normales akzeptiert ist. Gesellschaftswissenschaftler schreiben den Verlust der Integrationsfunktion unserer Städte häufig der Veränderung sozialer Umstände wie dem Verlust von familiären, korporativen und beruflichen Bindungen, der Schwächung des wirtschaftlichen Mittelstands, der zunehmenden Mobilität, dem Verschwinden von Vereinen u. ä. zu. Die Frage, wie weit Planung und Politik eine Mitverantwortung für den Verlust der Integrationsfunktion der Stadt tragen, wird auf diese Weise unterdrückt.

Ohne Zweifel hat die immer perfektere Rationalisierung der Wirtschaft einen erheblichen Anteil am Abbau der gesellschaftlichen Bindungswirkungen. Aber es bleibt immer noch die Frage, ob eine weniger krasse *planerische* Segmentierung der Stadt dafür sorgen kann, dass nicht auch noch die Bindungswirkung des Stadtquartiers verschwindet. Normal ist das Fremde und Andere vor der eigenen Haustür überall dort, wo es auf irgendeine Weise in wirtschaftliche Abläufe eingebunden ist. Nicht zufällig hat die systematische Entfernung von Wirtschaft und Arbeitsleben aus den dadurch entstehenden reinen Wohnbereichen bei den Bewohnern zu einer Exklusionsmentalität geführt, die alles Fremde und Andere großzügig toleriert, aber bitte nicht vor der eigenen Haustür.

Öffentlicher Raum

Integration hat als Begriff derzeit politische Konjunktur. Dabei bleibt auffallenderweise in der Diskussion die Frage völlig ausgespart, ob und auf welche Weise Formen des städtischen Zusammenlebens etwas mit der Einbindung von Arbeitsmigranten und Flüchtlingen in die Gesellschaft zu tun haben. Dies resultiert ganz offensichtlich aus der Selbstverständlichkeit, mit der heute städtebaulich funktionale und residentielle Segregation (und damit Störungsvermeidung) als nicht mehr in Frage zu stellende Normalität gilt.

Wenn die gebaute und räumlich organisierte Stadt ihre Aufgabe als Integrationsmaschine hat, dann im Bereich der *sozialen Integration*, die nach Hartmut Esser im Gegensatz zur *Systemintegration* die Beziehung der Akteure zueinander und zum Gesamtsystem bezeichnet. »Es geht also bei der Sozialintegration um den Einbezug der Akteure in einen gesellschaftlichen Zusammenhang, nicht bloß um das relativ reibungslose und abgestimmte ›Funktionieren‹ der Gesellschaft als System. Mindestens vier Varianten der Sozialintegration als des sozialen Einbezugs der Akteure in eine Gesellschaft können unterschieden werden: Kulturation, Plazierung, Interaktion und Identifikation.«[7]

Integration betrifft nicht nur den Einbezug von Zuwanderern in die Gesellschaft, sondern ebenso beispielsweise von Kindern und Jugendlichen, die als Aufwachsende Zugang zur Gesellschaft finden müssen. Dass städtische Milieus mit ihrem öffentlichen Raum, der nur durch die ihn umgebende Stadtteilökonomie sein *Publikum* bekommt, dafür ganz andere und vielfältigere Voraussetzungen besitzen als suburbane Milieus mit der Beschränkung auf Nachbarschaft und der Tendenz zur Abschottung, ist offensichtlich.[8]

Lokale städtische Milieus beeinflussen alle vier zu unterscheidenden Teilbereiche sozialer Integration: Städtisches Leben mit seinem Fokus im öffentlichen Raum ist auch heute noch ein Ort sozialen Lernens außerhalb von Familie, Schule und Firma (Kulturation), ein Ort der Besetzung ganz elementarer gesellschaftlicher Positionen in Stadtteilökonomie und -kultur durch einzelne Akteure (Plazierung), ein Ort der Bildung mehr oder weniger fester sozialer Relationen durch soziales Handeln (Interaktion) und ein Ort, an dem sich die gedankliche und emotionale Zugehörigkeit des einzelnen Akteurs zum sozialen System des Stadtteils, des Quartiers und der Straße als Kollektiv entfalten kann (Identifikation).

Stadtquartiere, die vor dem ersten Weltkrieg und damit vor der Zeit der perfekten Zonierung gebaut wurden, sind oft auch heute noch am ehesten intakte, flexible und dadurch robuste Mikrowelten, die denn auch einen Großteil der Integrationsleistung ganzer Städte zu tragen haben.

Günstige Bedingungen für eine Neuorientierung

Die Frage, ob die Stadt heute noch eine Integrationsmaschine sein kann – ob also Stadtleben ein planerisches Projekt sein kann –, bleibt solange unbeantwortet, wie im Meinungsstreit einfach Aussage gegen Aussage steht. Erst praktisches Handeln und die Erfahrung mit umgesetzten Strategien können zeigen, welche Formen zeitgemäßen Zusammenlebens sich tatsächlich einstellen oder auch nicht einstellen. Deshalb muss die Planung beginnen, dem Stadtgefüge seine ureigene Aufgabe, Zusammenleben räumlich zu organisieren – und damit Integrationsmaschine zu sein –, wieder zuzumuten. Günstige Bedingungen dafür sind heute vorhanden:
• Am Immobilienmarkt wird festgestellt, dass immer mehr Menschen »zurück in die Stadt« wollen und dass der Baulandmangel gemildert werden könnte, wenn die Kommunen bereit wären, auf Stadtbrachen höhere Dichten zuzulassen.[9]
• Die Züricher Zeitung berichtet aus der Debatte einer Kommission des Züricher Gemeinderats von einem »neuen Urbanismus«, der heute mög-

lich sei, nachdem der »ehemals scharfe Gegensatz zwischen Wohnen und Arbeiten so nicht mehr besteht, unter anderem weil die Unterschiede bezüglich Bodenrendite in den verschiedenen Arbeits- und Wohnzonen kleiner geworden sind«; man könne deshalb jetzt wieder eine »Stadt ohne Ghettos und Monokulturen« anstreben.[10]

- Der inzwischen etablierte Begriff »Garagenfirma« ist ein brauchbares Indiz dafür, dass Existenzgründungen nicht nur – und vielleicht auch gar nicht in erster Linie – in den Büroparks am Stadtrand entstehen, sondern irgendwo in den Produktionsmilieus städtischer Quartiere, in denen eine hohe Dichte von Angebot, Nachfrage und auch Synergieeffekten vorhanden ist.
- Die technologischen Voraussetzungen für eine räumliche Annäherung von Wohnen und Wirtschaft sind besser geworden: Viele moderne Maschinen und umweltfreundliche Haustechnik sind sauber und geräuscharm. Deshalb lassen sich gerade auch produzierende Klein- und Mittelbetriebe wieder in gemischte Stadtquartiere einpassen.

Stadtbrachen als Gelegenheiten zum Umbau der Stadt

Die Stadtbrachen des Medienzeitalters sind Hinterlassenschaften der industrialisierten Stadt, die jetzt in Form von Industrie-, Militär- und Verkehrsbrachen an vielen Stellen einen konstruktiven Umbau des Stadtgefüges ermöglichen. In der Geschichte der Stadt waren Brachen immer Gelegenheiten, die vorhandene Stadt zu modernisieren. Früher ging es dabei meistens darum, neue zeitgemäße Einrichtungen in das vorhandene städtische Gefüge einzubetten. Heute lautet die Aufgabe gerade umgekehrt. Es kommt darauf an, das Angebot an Grundsubstanz, also an städtischen Alltagsstrukturen, an robusten und lebendigen Stadtvierteln zu vermehren.

Welche Qualitäten machen Stadtbrachen dafür besonders geeignet?

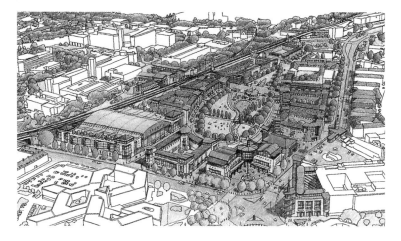

Berliner Platz in Essen. Dreimal derselbe Blick: ...

- Die Gebiete sind weder als Wohngebiet, noch als Gewerbegebiete vorgeprägt und schon von ihrer Lage her geeignet, sowohl Wohn- als auch Gewerbenutzungen anzuziehen, die einen (inner)städtischen Standort suchen.
- Die Lage innerhalb des besiedelten Stadtgebiets lässt von Anfang an eine Einbindung in Angebot und Nachfrage benachbarter Strukturen zu.
- Die vorhandene äußere Erschließung mit technischer, aber auch kultureller, ökonomischer und sozialer Infrastruktur spricht für ökonomische Effizienz.
- Das Angebot älterer, teilweise längst abgeschriebener Gebäude (Speicher, Lagerhäuser, Maschinen- und Fahrzeughallen, Remisen, Lokschuppen, Stallungen, sonstige Nebengebäude) erlaubt die Unterbringung vielfältiger – darunter auch wirtschaftlich nicht so ertragreicher – Nutzungen.

- Schließlich geben auf den Brachen vorhandene prägende Objekte wie Bahnviadukte, Relikte der Industriearchitektur, große ältere Bäume den Arealen eine kaum wiederholbare Eigenart. Wenn die Planung Stadtbrachen nicht einfach als verfügbare Fläche ohne Bindungen betrachtet, können hier deshalb neue Quartiere entstehen, die durch ein belebendes Nebeneinander von Alt und Neu geprägt sind und dadurch von Anfang an Geschichte transportieren.
- Und nicht zuletzt bieten Stadtbrachen in vielen Fällen als ehemalige Standorte von schmutzigen, lauten und Trennwirkungen im Stadtgefüge bewirkenden Nutzungen die Chance eines konstruktiven Beitrags zu den neuerlichen Bemühungen um Stabilisierung bisher vernachlässigter Stadtteile. Ein Zahlenbeispiel dazu: In den rechtsrheinischen Kölner Stadtteilen gibt es heute 130 ha Altindustriebrache; gleichzeitig sind dort 25% aller Erwerbstätigen arbeitslos, ein Zehntel der Einwohner ist von Sozialhilfe abhängig.[11]

Seit Jahren werden Stadtbrachen fast ausnahmslos für neue Monostrukturen (Fachmärkte, Reihenhaussiedlungen, Wohnparks mit integrierten Serviceangeboten, Büro- und Gewerbeparks) verschwendet, die eher zu einer Zerstörung noch vorhandener urbaner Quartiere und zur fortschreitenden Suburbanisierung der Innenstädte beitragen. Als meistgehörtes Argument dafür dient der Verweis auf die angeblich hohen Grundstückspreise, die andere Planungen auf solchen Flächen ausschließen sollen. Die lokale Politik verzichtet aber in vielen Fällen einfach – oft unter dem Deckmantel einer vermeintlichen Arbeitsplatzsicherung – auf die strategische Thematisierung der anstehenden Aufgabe und auf den Einsatz der im Planungsrecht zur Verfügung stehenden Werkzeuge; soziale und andere Folgekosten bleiben unberücksichtigt.

Andreas Feldtkeller

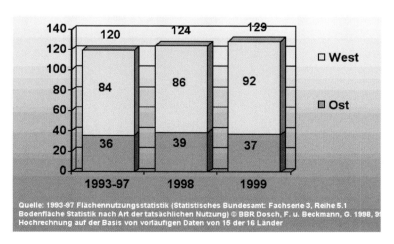

... und der Flächenverbrauch wächst und wächst: Tägliche Umwandlung von Freiflächen in Siedlungsflächen in ha in der BRD

Anmerkungen

1 Enquetekommission »Schutz des Menschen und der Umwelt – Ziele und Rahmenbedingungen einer nachhaltig zukunftsverträglichen Entwicklung« (Hrsg.), Abschlussbericht. In: Deutscher Bundestag 13. Wahlperiode Drucksache 13/11200, Bonn 1998, S. 127ff.
2 Vgl. Becker, Heidede, Johann Jessen, Robert Sander (Hrsg.), Ohne Leitbild? Städtebau in Deutschland und Europa, Stuttgart/Zürich 1998.
3 Siehe dazu z. B.: Europäische Kommission (Hrsg.), Faire und effiziente Preise im Verkehr. Politische Konzepte zur Internalisierung der externen Kosten des Verkehrs in der Europäischen Union. Grünbuch. Bulletin der Europäischen Union Beilage 2/96, Luxemburg 1996.
4 Häußermann, Hartmut, Die Stadt und die Stadtsoziologie. In: Berliner Journal für Soziologie 1/1995, S. 89ff.
5 Häußermann, Hartmut, Zuwanderung und die Zukunft der Stadt. Neue ethnisch-kulturelle Konflikte durch die Entstehung einer neuen sozialen »underclass«? In: Heitmeyer, Wilhelm, Rainer Dollase, Otto Backes (Hrsg.), Die Krise der Städte, Frankfurt am Main 1998, S. 145 ff.
6 Wirth, Louis, Urbanism as a way of life. Zuerst in: American Journal of Sociology, 1938. Deutsche Übersetzung in: Herlyn, Ulfert (Hrsg.), Stadt und Sozialstruktur, München 1974, S. 42–66.
7 Esser, Hartmut, Inklusion, Integration und ethnische Schichtung. In: Journal für Konflikt- und Gewaltforschung, Universität Bielefeld, 1/99, S. 5 – 34.
8 Vgl. Feldtkeller, Andreas, Die zweckentfremdete Stadt. Wider die Zerstörung des öffentlichen Raums, Frankfurt/New York 1994.
9 Interview mit Paul Sieberts, Vorstandsmitglied der Hypo-Vereinsbank, Frankfurter Allgemeine Zeitung, 9. Juni 2000, S. V4.
10 Neue Zürcher Zeitung, 28. Oktober 1999, Teile der Bau- und Zonenordnung genehmigt, S. 45ff.
11 Institut für Landes- und Stadtentwicklungsforschung des Landes Nordrhein-Westfalen ILS (Hrsg.), Die europäische Stadt. Wandel durch Nachnutzung großer Industrieflächen, Dortmund 1999, S. 44.

Das Projekt Innenentwicklung

Zurück in die Stadt?

Innenentwicklung wird heute meist als Appell für Innenstadtsanierung und Baulückenschließung aufgefasst. Dabei werden in der Regel eher Monostrukturen (Geschäftszentren, Wohngebiete usw.) weiter ausgebaut und verfestigt: Penthousewohnungen und Wohnparks, auch als »integriert« etikettierte Einkaufs- und Erlebniszentren haben mit dem Quartier und dem Leben auf der Straße wenig im Sinn. Stadtmarketing als neuester Ersatz für Stadtplanung denkt an Freizeit- und Erlebnispakete, nicht an den Alltag der Stadt. Auch dort, wo heute in den Innenstädten »neues Wohnen« angeboten wird, handelt es sich meistens darum, die spezifischen Qualitäten der Peripherie (Abgeschlossenheit, Störungsvermeidung, soziale Einheitlichkeit) in zentraler Lage zu wiederholen.

Aber das »Zurück in die Stadt« ist nicht nur eine Lifestile-Erscheinung, die es auf den Chic der Gründerzeitetagen abgesehen hat. Der Trend zurück in die Stadt ist für immer mehr Menschen eine Reaktion auf Probleme der Zeitorganisation und zugleich eine Flucht vor der Langeweile und der »Tyrannei der Intimität« (Richard Sennett) in den Einfaltsstrukturen der Peripherie. Alleinerziehende mit Kindern, Workaholics, Paare ohne Kinder, ältere Menschen – aber gerade auch Familien – sind in den Wohnsiedlungen von vielen Dingen des alltäglichen Lebens abgeschnitten. Die so oft heraufbeschworene Dienstleistungskultur braucht einen passenden Nährboden, der nur in einer regelrechten Stadtteilökonomie zu finden ist. Nicht zuletzt sind es neue Lebensentwürfe, die den Trend zurück in die Stadt befördern.

Zurück in die Stadt heißt nicht automatisch zurück in die älteren Quartiere der Innenstadt. Es geht um städtische Strukturen, nicht um Historisches. Es geht um Alltagstauglichkeit und Alltagsgefühle.

Wo immer über Gentrifizierung und über die angebliche Vertreibung alteingesessener Betriebe und Haushalte aus den Altbauquartieren geklagt wird, wäre diese Klage weniger an diejenigen zu richten, die das städtische Milieu suchen, als an die Planungspolitik, welche die Diskrepanz zwischen Angebot und Bedarf seit nunmehr mindestens zwanzig Jahren ignoriert hat. In den vergangenen Jahrzehnten sind ja trotz allen Redens über Innenentwicklung neue, also zusätzliche Quartiere mit ernsthaft städtischem Charakter so gut wie nirgends entstanden.

Eröffnung planerischer Spielräume –
Vorreiterprojekte in Berlin, Zürich, Essen und Tübingen

Erfolgreiche Strategien für neue städtische Quartiere müssen quasi als Feldforschung aus Vorreiterprojekten herausgefiltert werden. Aber Vorhaben, an denen studiert werden kann, wie aus Zielen, unkonventionellem Vorgehen und einer Umsortierung des planerischen Instrumentenkastens tragfähige Ergebnisse entstehen, sind bisher außerordentlich selten. Im Folgenden werden neben der Tübinger Konversionsmaßnah-

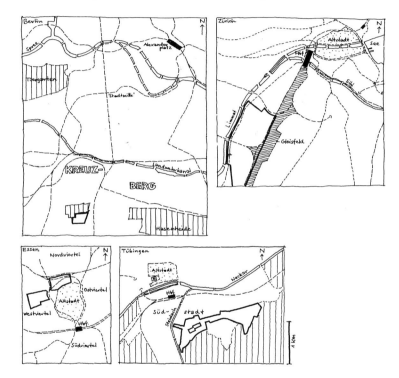

Vergleich der Projekte Berlin, Zürich, Essen, Tübingen nach Umfang und Lage

me *Stuttgarter Straße/Französisches Viertel* drei Projekte aus der Schweiz und der Bundesrepublik mit ihren Gemeinsamkeiten und Unterschieden vorgestellt: aus Berlin das *Viktoria Quartier*[1], aus Zürich das Projekt *Zürich West*[2], aus Essen die Vorhaben *Weststadt* und *Berliner Platz*[3].

Bei der Auswahl der vier Beispielprojekte stehen folgende Gemeinsamkeiten im Vordergrund:
• Neuordnung auf brachgefallenen oder brachfallenden Flächen, also auf größeren Arealen mit einer bisher völlig anderen als der jetzt angestrebten Nutzung;

Das Projekt Innenentwicklung

- Vielseitigkeit der Mischung (im Stadtteil, im Block, im Gebäude) und Aufmerksamkeit für den öffentlichen Raum als Ort alltäglicher Kommunikation;

	Berlin	Zürich	Essen	Tübingen
Entf. zum Hbf.	4,4 km	1,5–3,5 km	1 km	1–2 km
Größe Gebiet	5,3 ha	ca. 130 ha	32,3 ha	ca. 64,5 ha
Art der Nutzung	MI	gemischt[1]	MI/MK	MI
Geschosszahl[2]	III–VI	III–VIII	IV–VI	III–VI
Grundflächenzahl	0,6–1,03	offen	0,6–1,0	0,6–0,8
Geschossfl.-Zahl	ca. 3,0[3]	2,0–3,5	3,0–5,0	2,4–3,5
Arbeitsplätze (A)	ca. 500	ca. 25 000	ca. 3 000	ca. 2 500
Einwohner (E)	ca. 1 000	ca. 8 000	ca. 2 000	ca. 6 500
E/ha	190	70	65	100
A/ha	95	150	95	40
E + A/ha	285	220	160	140
Verh. E : A	2 : 1	1 : 3	1 : 1,5	2,5 : 1
Zeitrahmen	bis 2003	bis 2015	bis 2014	bis 2008

1 Wohnanteil teils 60%, teils 30%, teils 0%
2 abweichend einzelne höhere Gebäude und Bauten mit großer Geschosshöhe
3 bei Abzug der öffentlich genutzten Freiflächen von den Grundstücksflächen
Quelle: Zusammenstellung des Autors aus Angaben der Projekte

Daten zum Vergleich der Projekte in Berlin, Zürich, Essen und Tübingen

- Planung einer integrierenden Nutzungsstruktur, die Exklusion vermeidet, Synergien fördert und gegenüber der Nachbarschaft offen ist (Stichwort: Segregation vermeiden).
- Ausnutzung des baulichen Nebeneinanders von Neu und Alt für das Bild des neuen Quartiers, für die Bandbreite ökonomischer Möglichkeiten und für die geschichtliche Identität der entstehenden Quartiere.
- Nutzerorientiertes Herangehen, das den künftigen Nutzern neue Mitwirkungsmöglichkeiten und Spielräume eröffnet; dabei Erprobung eigener Verfahren, je nach den Bedingungen der örtlichen Gegebenheiten.

Die Projekte befinden sich in Städten ganz unterschiedlicher Größe. Dies zeigt, dass das Thema Innenentwicklung kleinere Städte ebenso wie Großstädte betrifft; es ist genaugenommen ein zentrales Thema regionaler Entwicklung. Aus den örtlichen Gegebenheiten und den Präferenzen der Akteure ergeben sich unterschiedliche Lösungen, auch gerade was das zahlenmäßige Verhältnis zwischen Wohnen und Arbeiten angeht.

Städtische Quartiere entstehen heute – angesichts einer retardierenden Stadtentwicklungspolitik – noch nicht marktgängig. Deshalb genügt es nicht, nur die planungsrechtlichen Voraussetzungen zu schaffen. Hinzukommen muss ein strategischer Faktor, der bewirkt, dass der geschaffene Rahmen auch wirklich baulich ausgefüllt und mit städtischem Leben erfüllt wird. Dazu müssen Impulsgeber und Akteure animiert werden, den konzeptionellen Rahmen als besondere wirtschaftliche und kulturelle Chance zu nutzen.

In den vier Beispielprojekten geschieht dies auf ganz unterschiedliche Weise:
• durch Einbeziehung einer breiten Öffentlichkeit in die Entwicklung der Eckpunkte einer Planung und in deren Umsetzung;
• durch Einbindung unterschiedlicher, auch auseinanderstrebender Interessen in eine kooperative Klärung gemeinsam nutzbarer Synergien;
• durch eine nutzerorientierte Ausrichtung der Planung und die direkte Beteiligung künftiger Nutzer als potentielle und tatsächliche Investoren im neuen Stadtquartier;
• durch das Angebot nutzungsneutraler Gebäudestrukturen, die durch künftige Nutzer an individuelle Bedürfnisse und Wünsche angepasst werden können.

Die vier Projekte zeigen, dass auf dem Weg zu neuen nutzerorientierten Spielräumen sehr unterschiedliche Vorgehensweisen und Planungswerkzeuge angewandt werden können. Interessant ist, woher in den einzelnen Beispielen der Impuls kommt, durch den Spielräume geöffnet und ausgefüllt werden: aus der Kommune, von engagierten Planern, aus der Bevölkerung, aus dem Kreis der Grundeigner, aus dem Bereich der Bauträger.

Die Neutralität in der Nutzung der entstehenden Gebäudestrukturen prägt das Projekt *Viktoria Quartier* in Berlin-Kreuzberg. Ein privater Investor setzt in eigener Initiative auf der Grundlage eines Masterplans aus dem Büro Frederick Fisher – in Europa bekannt durch das Museums- und *art-in-residence*-Projekt P.S.1 in New York – die Idee eines vielfältig gemischten Viertels um, in dessen Mitte das Landesmuseum für Moderne Kunst, Architektur und Photographie »Berliner Galerie« in Gebäuden der ehemaligen Schultheiss-Brauerei Platz findet. In unterschiedlichsten Bauformen entstehen in Alt- und Neubau ein und mehrgeschossige Nutzungseinheiten, die prinzipiell zum Wohnen und/oder gewerblich genutzt werden können. Im Vergleich mit dem Züricher Großstadtprojekt ist hier auf einem einzigen großen Grundstück baulich ein außerordentlich kleinteiliges Quartiersgefüge geplant. Erst bei der weiteren Umsetzung wird sich zeigen, wie weit die Kleinteiligkeit des Konzepts tatsächlich durch funktionale und soziale Vielfalt ausgefüllt werden kann und ob die Gassen und Plätze des Projekts konkret die Eigenschaft öffentlicher Räume annehmen werden.

Viktoria Quartier Berlin
Ort: Berlin-Kreuzberg, früheres Areal der Schultheiss-Brauerei
Akteure:
Bauherr, Konzeption und Projektmanagement: Viktoria Quartier Entwicklungsgesellschaft mbH & Co. KG, eine gemeinsame Gesellschaft der Deutschen Grundbesitz Management GmbH – Deutsche Bank Gruppe und der Viterra Gewerbeimmobilien GmbH/Städtebaulicher Entwurf: Frederick Fisher & Partners, Santa Monica USA (nach Wettbewerb)/Architekten: Frederick Fisher & Partners Santa Monica; Becker, Gewers, Kühn & Kühn, Berlin; Ortner + Ortner, Wien/Berlin; Jessen + Vollenweider, Basel; Reichen & Robert, Paris; Rob Krier, Christoph Kohl, Berlin; Jo. Franzke, Frankfurt/Main; Hollin Architekten, Berlin

Erste Lofts und mehrgeschossige Kleinhäuser

Schultheiss-Brauerei

Andreas Feldtkeller

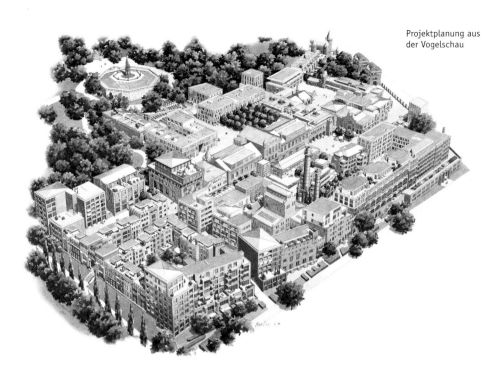

Projektplanung aus der Vogelschau

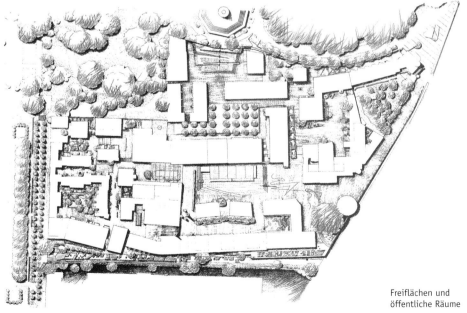

Freiflächen und öffentliche Räume

Viktoria Quartier
Berlin Kreuzberg
Projekt Atelierhaus
und Südliche Stallungen
Bauherr: Viktoria Entwicklungsgesellschaft mbH & Co KG.
Architekten: Hollin Architekten, Berlin
Die Grundrisse im *Atelierhaus* und in den *Südlichen Stallungen* sind nach dem Loft-Prinzip großzügig und offen angelegt, um individuellen Wünschen der funktionalen Aufteilung nach Wohn- und/oder Arbeitsbereichen entgegenzukommen und eine variable Nutzung auch zu einem späteren Zeitpunkt zu ermöglichen. Das Erdgeschoss der *Südlichen Stallungen* mit seinen historischen Kreuzgewölben wird für Läden bzw. Galerien ausgebaut.
Abbildungen: Grundriss 2. Obergeschoss, Ansichten und Schnitte.

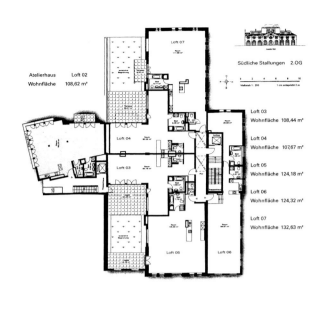

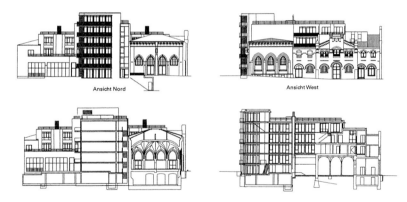

Zürich West

Ort: Zürich West, bisheriges Industrieareal zwischen Limmat und Bahn

Akteure der kooperativen Entwicklungsplanung: Gesamtkonzeption: Kooperation Grundeigentümer und Stadt/Studienaufträge zur Gesamtkonzeption: Ernst Basler+Partner, Max Dudler, Zürich und Berlin; Moerger & Degelo, Kerez, Basel und Zürich; OMA Office für Metropolitan Architecture, Rotterdam/Entwicklungskonzept: Amt für Städtebau der Stadt Zürich/Umsetzung: In Teilabschnitten auf jeweilige Initiative der Grundeigentümer/Architekten: Auswahl auf der Basis weiterer Studienaufträge

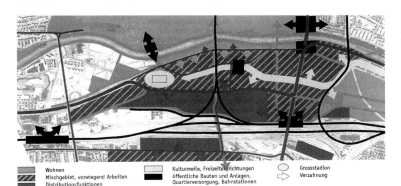

Prinzipsskizze Entwicklungskonzept Zürich West

Das Projekt Innenentwicklung

In *Zürich West* wird ein »kooperatives Verfahren« erprobt, bei dem sich die größeren Eigentümer einer umfangreichen Industriebrache (auch im Interesse einer reibungslosen Umsetzung) mit der Stadtplanung in einer gemeinsamen Absichtserklärung auf Planungsgrundsätze verständigt haben, die von jedem der Eigentümer einzuhalten sind und die im weiteren Verfahren von der Stadtplanung mit Hilfe eines Entwicklungskonzepts überwacht werden. Mit der Absichtserklärung sind die Spielräume bestimmt, die individuell ausgefüllt werden können.

Drei erste, teils fertiggestellte, teils noch im Bau befindliche neue Quartiere zeigen die Nutzungsmischung, die sich – in großstädtischem Maßstab – in dem Projekt ansiedelt:
- die Überbauung *Limmatwest* mit der leiterförmigen Verzahnung einer Gewerbe- und einer Wohnzeile direkt an der Limmat; 4 (Bilder 2,5,6)
- die den künftigen *Turbinenplatz* umgebenden Quartiere aus Industrie, Technopark, Hotelkomplex, Theater- und Werkzentrum Schiffbau[5] und einem noch in Planung befindlichen Mischquartier, in das eine ehemalige Industriehalle als gedeckter öffentlicher Raum integriert werden soll; (Bilder 1 und 4)
- das Quartier des *Steinfelsareals* unmittelbar angrenzend an die dem Autotransitreisenden vertraute Hardtbrücke, bei dem die Mischnutzung mit einem Binnensystem offener und damit öffentlicher Durchgänge kombiniert ist.

Insgesamt entsteht hier ein sehr differenziertes Netz öffentlicher Räume, dessen Aneignung durch ein heterogenes Publikum entscheidend von der entstehenden Aufenthaltsqualität abhängen wird.

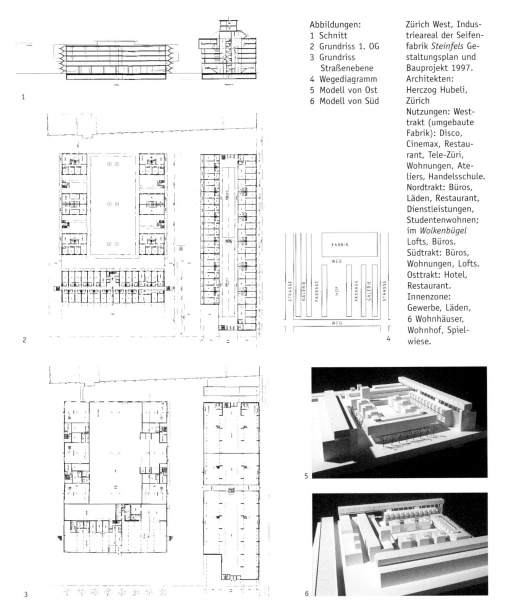

Abbildungen:
1 Schnitt
2 Grundriss 1. OG
3 Grundriss Straßenebene
4 Wegediagramm
5 Modell von Ost
6 Modell von Süd

Zürich West, Industrieareal der Seifenfabrik *Steinfels* Gestaltungsplan und Bauprojekt 1997. Architekten: Herczog Hubeli, Zürich
Nutzungen: Westtrakt (umgebaute Fabrik): Disco, Cinemax, Restaurant, Tele-Züri, Wohnungen, Ateliers, Handelsschule. Nordtrakt: Büros, Läden, Restaurant, Dienstleistungen, Studentenwohnen; im *Wolkenbügel* Lofts, Büros. Südtrakt: Büros, Wohnungen, Lofts. Osttrakt: Hotel, Restaurant. Innenzone: Gewerbe, Läden, 6 Wohnhäuser, Wohnhof, Spielwiese.

Das Projekt Innenentwicklung 27

Weststadt und Berliner Platz in Essen

Ort: Essen, nordwestlicher Rand des Stadtkerns, früher Industrie, Großmarkt
Akteure der Teilmaßnahme Berliner Platz:
Gesamtkonzept: Perspektivenwerkstatt Berliner Platz April 1999; Moderation: John Thompson & Partners, London, MATCH Entwicklungsberatung Andreas von Zadow, Berlin, Communio Prof. Dr. Barbara Mettler-von Meibom, Essen/Städtebaulicher Entwurf: John Thompson & Partners/Umsetzung: EWG Entwicklungsgesellschaft unter Beteiligung der LEG Nordrhein-Westfalen Standort- und Projektentwicklung/Koordination: Steuerungsgruppe und Unterstützerkreis

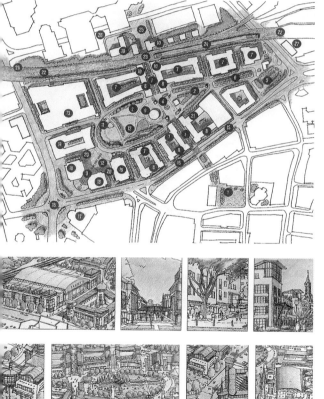

Der Masterplan
1. Grüne Verbindung von der City über Weberplatz zur Universität
2. Stadtgarten für Essens Norden
3. Torsituation zum neuen Stadtgarten
4. Grüner Stadtplatz mit Brunnen und multikulturellen Angeboten
5. Verbesserte Aufenthaltsqualität am Rheinischen Platz
6. durch Wohngebäude gefasster grüner Platz
7. vorwiegend Wohnblöcke
8. Ladenzeilen mit darüber liegenden Wohnungen
9. Biergarten
10. zusätzliche Universitätsgebäude
11. Spielplatz
12. Wasserelemente
13. Multifunktionshalle und Jugendzentrum
14. Kulturelles Zentrum
15. Friedrich-Ebert-Straße: breitere Gehwege mit Alleebäumen (zu erreichen über schmalere Mittelstreifen)
16. Berliner Platz zurückgebaut auf normale Kreuzung
17. Möglichkeit zur Vergrößerung von Karstadt
18. Ladennutzungen und Büros
19. Öffentliches Gebäude, z.B. für Nutzung durch Volkshochschule o.ä.
20. Städtische Plätze mit Kneipen, Cafés, Restaurants
21. Preiswertes Hotel
22. Bahnlinie zurückgebaut
23. Unterführung zur Universität, gekoppelt mit Läden etc.
24. Neuer S-Bahnhof mit Ausgängen zur neuen Unterführung und zum U-Bahnhof Rheinischer Platz
25. Vorplatz zur Universität
26. Neue Fuß- und Radwegverbindung entlang der Bahnlinie
27. Neues Gebäude am Rande des Gebietes auf freigewordenen ehemaligen Gleisflächen

Essen, Berliner Platz, Konzept aus der Vogelschau

In dem Essener Projekt *Berliner Platz* (in unmittelbarer Nachbarschaft der laufenden Maßnahme Essen Weststadt auf einem Teil des früheren Krupp-Geländes) hat sich die Stadt nach einem Bürgerentscheid gegen eine dort geplante Philharmonie entschlossen, die Entwicklung neuer Planungsziele einer öffentlichen Perspektivenwerkstatt anzuvertrauen und durch die dabei eingeschaltete Londoner Planergruppe John Thompson & Partners in eine stadträumliche Form gießen zu lassen.

An der Perspektivenwerkstatt, die in einem Zelt auf dem betroffenen Gelände stattfand, beteiligten sich insgesamt 1300 Personen. Am ersten Tag der Werkstatt behandelten sechs Arbeitsgruppen unterschiedliche Themenfelder, in denen Schwerpunkte bestimmt, Konflikte aufgearbeitet und Aktionspunkte abgeleitet wurden. Der zweite Tag war neunzehn selbstorganisierten Planungsgruppen vorbehalten (Kennworte: Einstein, Balance, Buntes Viertel, Kulturviertel, Handel und Dienstleistungen – aber auch Wohnen!, Verbindungen, Universität und Stadt, Magneten, Wasser, Das Orchester, Bausteine der Vision, Die grüne Lunge, Herumkommen, Gleise – Verbindungen, Lokale Verbindungen, Universität, Blick nach Norden, Schnittmengen, Architektur im Berliner Viertel).

Essen, Weststadt Lageplan

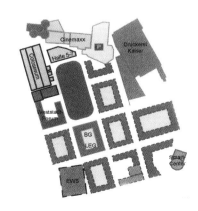

Das Projekt Innenentwicklung 29

**Alle sind herzlich Willkommen.
Jung und Alt – Fachleute und Laien –
Anwohner und Geschäftsleute – Bürgervertreter
und Politiker – Investoren ...**

Ein neutrales, auswärtiges Team moderiert folgende Themenbereiche:

Freitag 10.00 Uhr	**Offizielle Eröffnung**
10.30 Uhr	**A1 Wohnen und Leben im Viertel** Wie stellen wir uns Wohnen in der Stadt vor? Wie kann die Lebensqualität verbessert werden? Wie kann man mit Kindern in der Innenstadt wohnen?
	B1 Image des Gebietes Berliner Platz – das „Schmuddelgebiet" von Essen? Was ist die Geschichte und was sind die Potentiale des Viertels? Was würde das Gebiet aufwerten?
13.30 Uhr	**A2 Entertainment und Kultur** Was brauchen wir? Kinos, Theater, Musik? Kneipen, Cafes, Discos, Jugendclubs? Wie sieht ein lebendig gestaltetes Umfeld aus?
	B2 Integration Universität – Stadt Uni: Insel oder Herzstück eines Stadtviertels? Wie kann der Bahndamm durchlässiger werden? Was können sich Universität und Stadt wechselseitig geben?
16.00 Uhr	**A3 Handel und Dienstleistungen** Situation der bestehenden Geschäfte? Welche Dienstleistungen fehlen? Welche Investoren wünschen wir uns hier im Viertel?
	B3 Bedeutung des Viertels für Essen Citynahes Filetstück? Verkehrsknoten? Kulturstandort?
16.00-20.00 Uhr	**Parallele Planungsgruppen**
Samstag 10.30 Uhr	**A4 Erreichbarkeit: Straßen, Wege, Plätze** Verbindungen für wen, für was? Vorfahrt für Autos? Wo bewegen sich Fußgänger und Radfahrer?
	B4 Grünflächen und Freiraum Von Parkplätzen zu Stadtplätzen? Wo spielen Kinder? Wo geht man spazieren? Chance für einen nördlichen Stadtpark?
13.00-18.00 Uhr	**Parallele Planungsgruppen**

**Sie sind jederzeit willkommen!
Für Kinderbetreuung und Imbiß ist gesorgt.**

Für Fragen und weitere Informationen wenden Sie sich bitte an:

VISDP: Annette Strehmel
Stadt Essen, Dezernat 6
Tel. 02 01 / 88 88 - 6 03

Mark Farthmann/Christina Hahn
Universität Essen, FB 1
Tel. 02 01 / 1 83 - 25 40

INITIIERT UND BEAUFTRAGT
VON DER STADT ESSEN

ORGANISATION
UND DURCHFÜHRUNG:
IT&P, London
Match, Berlin
Communic, Essen

UNTERSTÜTZT DURCH:
ALLBAU Managementgesellschaft mbH
Arbeitsamt Essen
ASTA der Universität GH Essen
BÜNDNIS 90 DIE GRÜNEN Essen
CDU-Fraktion Essen
DB Immobilien GmbH
Einzelhandelsverband Essen
Essen Marketing GmbH
Essener Wirtschaftsförderungsgesellschaft
Essen 2000
„Wohnen - Architektur als Kulturaufgabe"
Ev. Gemeinde Altstadt-Mitte
F.D.P. Essen
GAGFAH Immobilien-Management GmbH
Heinrich Heine Buchhandlung
KARSTADT AG
Kath. Kirchengemeinde St. Gertrud
Krupp Hoesch Immobilien GmbH
KULTURBEIRAT der Stadt Essen
LEG NRW GmbH
Runder Umwelt Tisch Essen
Sparkasse Essen
SPD-Fraktion Essen
Stadtkirchenverband/KdA
STELLA AG
TreuHandStelle GmbH
Universität GH Essen
Victoria Mathias Verwaltungsgesellschaft mbH

GESPONSERT VON:
ALLBAU Managementgesellschaft mbH
Arbeitsamt Essen
Ev. Gemeinde Altstadt-Mitte
GAGFAH Immobilien-Management GmbH
IKEA
KARSTADT AG
Konica Business Machines Essen
Krupp Hoesch Immobilien GmbH
LEG NRW GmbH
Mercedes Center LUEG Essen
Nobel Kaffee
RUHR-PARK
Parkhausbetriebsgesellschaft mbH
Sparkasse Essen
TreuHandStelle GmbH
Universität GH Essen
Victoria Mathias Verwaltungsgesellschaft mbH
Weststadttürme Berliner Platz 6-8
(Stand 29. 3. 99)

Mit dem in der Zusammenschau gefundenen Konsens »eines besonderen Viertels« aus eher kleinteiligen Angeboten und einer Vielfalt baulicher Nutzungen und Gestaltungsfomen ist die Voraussetzung für eine starke Nutzerorientierung festgeschrieben. Die Aufrechterhaltung der damit eröffneten Spielräume ist Sache eines beratenden Unterstützerkreises aus Förderern und Promotoren und einer kleinen Steuerungsgruppe, die die Arbeit des eigentlichen Projektteams begleitet.

Perspektiven-
werkstatt Essen

Französisches Viertel/Stuttgarter Straße in Tübingen
Ort: Tübingen Südstadt, bisher überwiegend Kasernenareale
Akteure:
Gesamtkonzeption: Stadtsanierungsamt der Stadt Tübingen/Städtebaulicher Entwurf: LEHEN drei Architekten und Stadtplaner, Stuttgart (nach Wettbewerb)/Projekt- und Flächenmanagement: Stadtsanierungsamt/Bauherren: überwiegend Wohn-, Gewerbe- und Kulturnutzer der Grundstücke und Gebäude, bei Sondernutzungen (z. B. Existenzgründerzentren) auch Kapitalanleger/Architekten: überwiegend örtliche Büros aus Tübingen (und Umgebung)

Städtebauliche Ziele, die der Entwicklungsmaßnahme zugrundeliegen:
• Aufhebung der Trennung zwischen ›Südstadt‹ und ›Galgenberg‹ durch Umbau des Straßenbereichs der Stuttgarter Straße in eine attraktive Folge von Straßen und Plätzen mit innerstädtischem Charakter;
• Schaffung gemischt genutzter Stadtquartiere mit einem breiten Spektrum von Wohnformen, Arbeitsnutzungen und öffentlichen Einrichtungen;
• Ergänzung der großformatigen Kasernenstruktur durch kleinparzellierte Stadthausbebauung als Voraussetzung für die anzustrebende Nutzungsvielfalt;
• Gestaltung öffentlicher Straßenräume, die für die unmittelbar angrenzende verdichtete Bebauung als Bereich des Alltagslebens genutzt werden können;

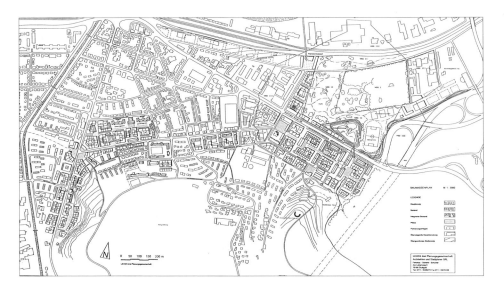

Entwicklungsbereich Französisches Viertel/Stuttgarter Straße

- Herstellung einer attraktiven Mischung aus Alt und Neu zwischen bestehen bleibender Kasernenarchitektur (die ihre geschichtliche Herkunft auch künftig zeigen soll) und neu hinzugefügter Stadtarchitektur;
- Entwicklung der entstehenden Stadtquartiere mit dem Schwerpunkt der Erschließung zu Fuß, mit dem Fahrrad und dem ÖPNV durch Festlegung der Unzulässigkeit der Schaffung von Stellplätzen außerhalb dafür auszuweisender Parkhausstandorte;

- Vermeidung unnötiger Flächenversiegelung; Vermehrung von Grünflächen und Baumpflanzungen an den Straßen und in den Quartieren;
- Ausbau einer flächendeckenden Fernwärmeversorgung ›vor Ort‹ mit Kraftwärmekopplung.

(Aus: Tübinger Gemeinderatsprotokoll vom 4. März 1991)

Bei dem Tübinger Konversionsprojekt *Stuttgarter Straße/Französisches Viertel* erwirbt die Stadt alle Grundstücke (im Rahmen einer förmlich ausgewiesenen Entwicklungsmaßnahme), um sie nach der Neuordnung mit Vorrang direkt an künftige Nutzer und Nutzergruppen weiterzuveräußern. Dies bietet einerseits der Stadt die Möglichkeit, auf Vielfalt bei der Wahl der künftigen Eigentümer zu achten, es bietet andererseits den künftigen Nutzern einen großen Spielraum bei der Verwirklichung ihrer eigenen Vorstellungen und Wünsche.

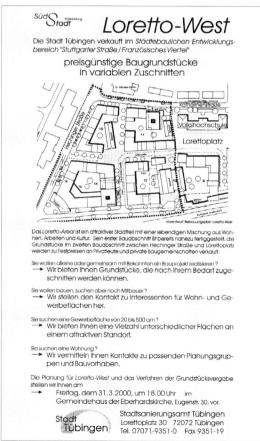

Das Stadtquartier als Modell

Die vorgestellten Projekte orientieren sich in ihrem inhaltlichen Konzept durchweg an dem charakteristischen Bild vom Entstehen eines städtischen, »attraktiven urbanen Quartiers« (Zürich), eines »besonderen Viertels, welches die Probleme monofunktionaler Nutzungsstrukturen vermeidet« (Essen) oder »einer weiterentwickelten Kreuzberger Mischung« (Berlin). Die dabei zugrundeliegende Vorstellung von Urbanität orientiert sich nicht in erster Linie an jener *verfeinerten, intellektualisierten und distanzierten Lebensweise*, die oft als typisch für einen großstädtisch urbanen Lebensstil bezeichnet wird und die dann – angeblich – ebenso auf dem Land oder in den Netzen wie in innerstädtischen Wohnparks praktiziert werden kann. Im Vordergrund stehen vielmehr Alltagsbedürfnisse (kurze Wege, Vielfalt des Austauschs und der Anregungen, Aufenthalt im öffentlichen Raum), die im herkömmlichen städtischen Viertel mit seiner ausdifferenziert arbeitsteiligen Ökonomie befriedigt werden und die nun auch in neu aufzubauenden Quartieren wieder berücksichtigt werden sollen.

Unterschiedliche Körnigkeit in der städtebaulichen Gliederung

	Berlin	Zürich	Essen	Tübingen
Bauliche Korngröße	klein	groß	groß/mittel	klein
Parzellengröße	groß	groß	groß	klein

Die Stadt wird hier deshalb eher als Ansammlung vieler interessanter Quartiere gesehen und weniger als eine kompakte Metropole.

Stichworte, die für den hier propagierten Typ des städtischen Quartiers bezeichnend sind, werden im folgenden näher definiert und erläutert:

Quartier:
Das Quartier (Kiez, Veedel, Grätzel usw.) ist nicht einfach ein beliebiger Stadtteil, sondern eine lokale Mikrowelt, in der vieles zu Fuß in der eigenen Straße oder um die Ecke erledigt werden kann; daraus ergibt sich eine Zugehörigkeit, die zwar anonym bleibt, aber Verantwortlichkeit für das Leben im Quartier mit sich bringt.

Wohnen:
Wohnen ist im Quartier nie die Hauptsache, sondern ein Teil des Ganzen. Gewerbe und öffentliche Einrichtungen sind hier nicht einfach nur Wohnfolgeeinrichtungen. Zwischen Wohnen und Arbeiten bestehen auch fließende Übergänge. Die Definition des Stadtquartiers regt dazu an, die Normalität des Begriffs Wohnen zu überdenken.

Stadtteilökonomie:
Wirtschaft und Gewerbe im Stadtteil suchen im Quartier die weichen Standortfaktoren (gute Erreichbarkeit, vielfältige persönliche Kontakte, benachbarte Dienstleister, Teilzeitarbeitskräfte, Freizeitangebote, Gastronomie, Weiterbildungsangebote usw.). Stadtteilökonomie ist nicht Ökonomie für den Stadtteil, sondern Ökonomie im Quartier.

Dichte:
Dichte ist die Voraussetzung für eine Vielfalt der Möglichkeiten, Angebote und Gelegenheiten im Quartier. Städtische Dichte wird dann akzeptiert, wenn sie tatsächlich zu attraktiver Vielfalt beiträgt und wenn sie durch innerstädtische Freiräume ausgeglichen wird, die einen hohen Gebrauchswert besitzen.

Verträglichkeit:
Bei der Beurteilung der Verträglichkeit zwischen unterschiedlichen Nutzungen werden Synergieeffekte und Konflikte im Quartier gegeneinander abgewogen. Oberstes Ziel ist nicht die unbedingte Störungsvermeidung, sondern ein robustes Gleichgewicht aus Annehmlichkeiten und Konflikten.

Vertikale Mischung:
In dicht bebauten Quartieren ist das Straßengeschoss für Wohnzwecke am wenigsten geeignet. Dessen Nutzung für gewerbliche oder kulturelle Zwecke ist deshalb nicht nur wegen des engen Kontakts zum öffentlichen Raum ein typischer Baustein städtischer Strukturen.

Provisorien:
Stadtquartiere zeichnen sich durch ständige Anpassung an neue Gegebenheiten aus. Sie unterliegen einem ständigen Wandlungsprozess, der in die Planung einzukalkulieren ist. Vorübergehende, ihre Tragfähigkeit erprobende Zwischennutzungen sind deshalb nötig und möglich.

Dynamik:
»Eine Stadt, die vital bleiben soll, muss auch für Veränderungen Platz bieten. Eine Stadt hat ausgesprochen statische Bereiche, zum Beispiel die Wohnsiedlungen oder die Innenstadt. Das ist auch richtig dort. Dynamik-Bereiche schaffen einen wunderbaren Ausgleich zu den statischen Bereichen. Auch in der Wirkung nach aussen. Ein vitaler Stadtkörper braucht sowohl Orte der Veränderung wie auch Bereiche der langfristigen Identität und Ruhe«.[4]

Vermeiden von Segregation:
Vermeidung von strukturell vorgegebener (und damit erzwungener) Segregation ist im Quartier ein normatives Element. Quartiere, in denen nicht nur gewohnt, sondern auch gewirtschaftet wird, führen zu Integration als etwas eher Beiläufigem.

Freiräume:
Freiräume haben im dicht bebauten Quartier automatisch einen anderen Charakter als in Wohn- oder Gewerbesiedlungen, wo der Freiraum in erster Linie dem Verkehr und dem Abstand dient. Wo städtischer Frei-

raum genutzt wird, um »um die Ecke« etwas zu besorgen oder zu erledigen, wird er zum öffentlichen Raum. Wo es auf der Straße etwas zu beobachten gibt, orientieren sich die Nutzungen auch auf die Straße. Quartiersstraßen bilden ein Netz mit stets mehrfachen Wegemöglichkeiten.

Straßenfronten und Loftarchitektur:
Das Quartier ist immer auch in einem charakteristischen Quartiersbild enthalten, das die Erfahrung des »Städtischen« vermittelt. Typisch sind Gebäude mit Fronten, die zur Szene des Straßenlebens Kontakt aufnehmen. Bei den Bauformen ist das dichte Nebeneinander von typischer Wohn- und Gewerbearchitektur, aber auch die Vermischung beider in Loftkonzepten bezeichnend.

Lokale Identität:
Neue städtische Quartiere müssen nicht Kopien von Gründerzeitvierteln sein, auch wenn sie an einige ihrer charakteristischen Lösungen anschließen. Identität ensteht hier nicht in erster Linie mit Hilfe herausragender »landmarks«, sondern aus dem jeweils charakteristischen Quartiersgefüge (Straßengeometrie, Mischungsmaßstab, Parzellierungsgrad, Nebeneinander von Alt und Neu, Charakter und Vernetzung der Freiräume).

Robuste Quartiere und die Normen des Planungsrechts

Das »Projekt Stadtleben« muss im vorgegebenen Planungs- und Baurecht die Nische suchen, in welchem sich alltagstauglicher städtischer Umtrieb entfalten kann. Um eine Nische handelt es sich tatsächlich, solange die Gesetze sich an anderen, eher gegensätzlichen Normvorstellungen ausrichten.

Das bundesdeutsche Planungsrecht orientiert sich an den Normen »Zonierung« und »Auflockerung«.

Bei der Zonierung ist der dominierende Gestaltungsgrundsatz das Ausschließen »störender« Nutzungen, Einrichtungen und Anlagen. Die nach der Baunutzungsverordnung zulässigen Gebietskategorien sind jeweils durch eine möglichst einheitliche Nutzung (Wohnen oder Gewerbe oder Sportflächen usw.) definiert und durch den Ausschluss alles möglicherweise diese Nutzung beeinträchtigenden anderen. Dabei wird Nutzungstrennung zur Norm und jeder Mix unterschiedlicher Nutzungen zu einer problematischen Abweichung.

Erinnert sei hier an die Verhältnisse vor Einführung des Bundesbaugesetzes im Jahr 1962: Planungsrechtliche Normalität war bis dahin die Mischnutzung des Wohn- und Geschäftsgebiets, neben der als Besonderheiten Industriegebiete und Landhausgebiete zugelassen waren. In der Schweiz und in Italien sind heute noch gemischte Gebiete normal: etwa Wohngebiete, in denen bis zu 30% andere Nutzungen, und umgekehrt Gewerbegebiete, in denen bis zu 30% Wohnnutzungen zugelassen sind.

Angesichts des technologischen Wandels (Emmissionschutz gerade auch im herstellenden Gewerbe) der vergangenen dreißig Jahre ist die Zonierung als dominierendes Gestaltungsprinzip in der Stadtplanung längst zu einem (sorgfältig kultivierten) Anachronismus geworden.

Ähnliches gilt für die Norm der Auflockerung. Seit 1997 wird zwar in Paragraph 1a des Bundesbaugesetzes verlangt, dass »mit Grund und Boden sparsam und schonend umgegangen« wird, gleichzeitig legt die Baunutzungsverordnung (auch in der neuesten Fassung von 1990) aber nicht etwa entsprechende Mindestdichten fest, sondern Höchstdichten; und zwar Höchstdichten, die städtische Qualitäten praktisch ausschließen. Die hier vorgestellten Projekte operieren allesamt mit Dichten, die beim Zweieinhalbfachen der rechtlichen Norm – aber immer noch weit unterhalb herkömmlicher städtischer Dichten! – liegen.

Der im bundesdeutschen Planungsrecht vorgegebene Städtebau schafft eine Exklusionsmaschine, in der großzügige, oft durch Grün legitimierte Abstände den öffentlichen Raum der Stadt verdrängt haben.

Strategie für eine Zukunft des Städtischen

Der moderne Mensch will eigentlich am liebsten gleichzeitig auf dem Land leben und in der Stadt. Der Städtebau der vergangenen Jahrzehnte hat versucht, diese Ambivalenz durch einen Kompromiss – einen Zwitter aus Stadt und Land – zu bedienen. Heute wird die Erfolglosigkeit dieses Versuchs deutlich. Es zeigt sich, dass die aus der Idee der Gartenstadt abgeleiteten, segmentierenden Planungen den Wunsch nach lebendigen Stadtquartieren nicht befriedigen können und gleichzeitig das zweckentfremden, was von der herkömmlichen Stadt noch übriggeblieben ist.

Ein Entkommen aus dieser Sackgasse ist möglich, wenn die Stadtplanung die Suche nach einem idealen Kompromiss aufgibt und dazu übergeht, ihre Aufgabe in einem Patchwork aus städtischen und suburbanen Teilen zu sehen. Dabei geht es nicht mehr um den Dualismus aus Zentrum und Peripherie, sondern um ein Mosaik, in dem die beiden gegensätzlichen Mosaiksteine an fast jeder beliebigen Stelle vorkommen können. In diesem Mosaik hatten am Beginn des vorigen Jahrhunderts die gemischten, städtischen Quartiere ein Übergewicht (von

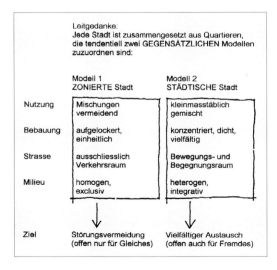

Gegensätzliche Stadtmodelle – Mosaik der Agglomeration

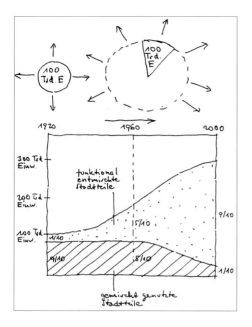
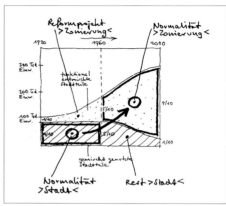
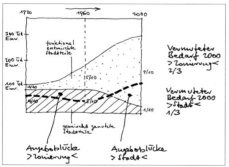
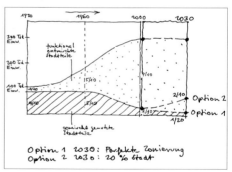

geschätzt neun Zehnteln), während sich Industriegebiete, Arbeitersiedlungen und Landhausgebiete in der Minderzahl befanden.

Im Zusammenhang mit dem Wachstum der Städte nach dem Zweiten Weltkrieg kehrten sich in Mitteleuropa die Gewichte radikal um. Inzwischen belegen die Monostrukturen schätzungsweise neun Zehntel im Siedlungsmosaik, städtische Strukturen sind auf eine ausgesprochene Restgröße geschrumpft. (Bilder 1 und 2)

Leider wissen wir (mangels entsprechender gesellschaftswissenschaftlicher Untersuchungen) wenig über die heutige und zukünftige optimale (das heißt bedarfsgerechte) Verteilung der städtischen und der suburbanen Siedlungsmodelle. Vieles spricht dafür, dass wesentlich mehr Haushalte in städtische Quartiere ziehen würden, wenn entsprechende Angebote vorhanden wären.

Es geht nicht darum, die segmentierte Stadt, wie sie nun einmal entstanden und geschaffen ist, in eine *kompakte Stadt* zurückzuverwandeln; im Siedlungsmosaik muss es aber künftig ein verbessertes Angebot städtischer Quartiere geben für alle diejenigen, die in einem städtischen, robusten und lebendigen Umfeld leben wollen. (Bilder 3 und 4)

Ein Blick auf die Verteilung der Stadtbrachen im heutigen Siedlungsgefüge macht deutlich, dass die Verwendung dieser Flächen für städtische Quartiere die Siedlungsstruktur insgesamt qualitativ weit stärker verändern würde, als es die davon unmittelbar betroffenen Hektarflächen vermuten lassen.

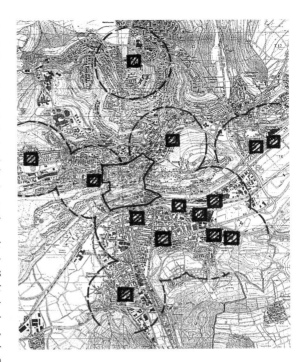

Stadtbrachen in Tübingen

Dies geht nur in einem langsamen und zähen Prozess, der in nicht zu großer Entfernung von den städtischen Zentren ansetzen muss und erst im Lauf der Entwicklung – wenn die passenden Planungsverfahren eingespielt sind – auch die Peripherie einbeziehen kann.

Für diese Option sind mindestens fünf Dinge unumgänglich:
Erstens darf das kompakte städtische Quartier in Politik und Planungstheorie nicht länger als ein zweitklassiges, eigentlich überholtes städtebauliches Modell behandelt werden.
Zweitens müssen Stadtbrachen als »Katalysatoren« zur Neuorientierung der Stadtentwicklung und nicht als eine reine Flächenreserve eingeschätzt werden.
Drittens kommt es darauf an, die Verschiedenartigkeit der Bedürfnisse aller Gruppen in der Bevölkerung (Erwachsene, Kinder, Jugendliche, Erwerbstätige, Arbeitsuchende, Senioren, Einheimische, Zugewanderte, Fremdgebliebene) und unterschiedliche Lebensentwürfe ernst zu nehmen.
Viertens muss die Planung aufhören, bei neuen Aufgabenstellungen an überholten Planungsinstrumenten festzuhalten.

Das Projekt Innenentwicklung

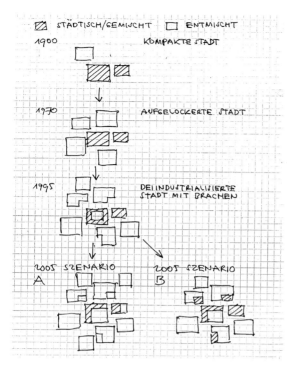

Und nicht zuletzt muss *fünftens* im Bereich unterschiedlicher städtebaulicher und verkehrlicher Alternativen das Verursacherprinzip viel mehr als bisher in den Vordergrund treten, damit sich fairer Wettbewerb entfalten kann.

Andreas Feldtkeller

Skizzenhafte Darstellung der Veränderung in Städten seit 1900. Zwei Szenarien für die Zukunft.

Anmerkungen

1 Viktoria Quartier Entwicklungsgesellschaft mbH & Co KG, Berlin (Hrsg.), Viktoria Quartier. Kunst & Leben Am Kreuzberg, Berlin 1999.
2 Stadt Zürich, Amt für Städtebau (Hrsg.), Kooperative Entwicklungsplanung Zürich West. Synthesebericht, Zürich 1999; Stadt Zürich, Amt für Städtebau (Hrsg.) Entwicklungskonzept Zürich West, Zürich 2000; Werk, Bauen + Wohnen, Stadtteile aufwerten. In: Heft 4/ 2000, Zürich 2000, insbesondere S. 28–48.
3 Bundesamt für Bauwesen und Raumordnung (Hrsg.), Nutzungsmischung im Städtebau. Endbericht. In: Werkstatt: Praxis Nr. 2/2000, Bonn 2000, S. 75–78; Stadt Essen (Hrsg.), Perspektivenwerkstatt Essen. Wie geht es weiter am Berliner Platz, Essen 1999.
4 Siehe Werk, Bauen + Wohnen, Heft 4/ 2000, Zürich 2000, S. 37.
5 Siehe Bauwelt 42/2000, S. 24–31.
6 Interview mit Franz Eberhard, Direktor des Amts für Städtebau der Stadt Zürich. In: Werk, Bauen und Wohnen, Stadtteile aufwerten, Heft 4/2000, Zürich 2000.
7 Baugesetzbuch 1999.

Das Tübinger Südstadtprojekt:
Ziele – Werkzeuge – Resultate

Lässt sich Stadtleben planen?
Ziele und Werkzeuge

Die Grundidee des Tübinger Projektes: Wo wollen wir hin?

In den vorangegangenen Texten wurde deutlich, dass die Stadt als »Integrationsmaschine« und vernetztes sozial-wirtschaftliches Gefüge die Grundlage für das Funktionieren einer demokratischen Gesellschaft darstellt. Betrachtet man vor diesem Hintergrund aktuelle Projekte »urbaner« Stadtentwicklung, erkennt man, dass die Art Urbanisierung, die in der jüngeren Vergangenheit häufig anzutreffen ist, in der Regel nur bestimmte Aspekte des Systems Stadt – nämlich Konsum und Kommerz – abbildet.

Die Bahnhöfe, die von privaten Sicherheitsdiensten bewacht werden, die Einkaufspassagen (z. B. am Potsdamer Platz), zu denen Bettler keinen Zutritt haben, und die Urban Entertainment Center, die hohes Eintrittsgeld verlangen, sind keine »echten« urbanen Räume und spiegeln nur einen Teil dessen wider, was Stadt ausmacht. Zu solchen Räumen wird der Zugang mittelbar und unmittelbar über das Geld als Eintritt geregelt, der Konsum von Gütern ist der entscheidende Grund, an solche Orte zu kommen und das soziale Miteinander beschränkt sich nicht selten auf das gemeinsame Anstehen an Kino- oder sonstigen Kassen.

Der Begriff Stadt, wie er im Rahmen der Umsetzung der Tübinger Entwicklungsmaßnahme »Stuttgarter Straße/Französisches Viertel« aufgefasst wird, versucht umfassender die Vielschichtigkeit und Umfänglichkeit des Lebens an einem Ort abzubilden. Er hat nichts mit der zuvor beschriebenen schleichenden Privatisierung des öffentlichen Raums zu tun, dessen Ausgestaltung dann meist nur eine sterile Kulisse bleibt.

Die Konfrontation verschiedener Gruppen, Klassen und Lebensstile, kulturelle Vielfalt und die Aufhebung der in der Charta von Athen seinerzeit vielleicht zu Recht beschworenen Trennung der Grunddaseinsfunktionen bilden das Motto und setzen die Prämissen für die Stadtentwicklung in Tübingens Südstadt. Dabei wird jedoch nicht zwanghaft versucht, die »europäische« Stadt zu kopieren und das Rad der Stadtentwicklung rückwärts zu drehen, auch wenn diese, denkt man z. B. an die Stadtviertel der Gründerzeit, die baulichen Strukturen beinhaltet, die es braucht, um Dichte, Mischung, öffentlichen Raum und auch soziale Vielfalt zu ermöglichen.

Es gibt die unterschiedlichsten Gründe für den Verlust des Städtischen in Siedlungsagglomerationen. Dazu gehört unter anderen ein aktuell stattfindender Wertewandel. Nicht nur Dieter Hoffmann-Axthelm stellt fest, dass die gebaute Stadt an Bedeutung zu verlieren

droht, da ihre mediale Präsenz gegenüber ihrer lokalen zunehmend an Bedeutung gewinnt. Für eine Bevölkerung, die große Teile des Tages entweder im Auto ober in beruflicher wie privater Medienbindung verbringt, reduziert sich der Bezug an das direkte Umfeld. Das ist die eine Seite. Die andere Seite ist die, dass der Städtebau der vergangenen fünfzig Jahre kein Städtebau, sondern in erster Linie Siedlungsbau war und wenig Möglichkeiten bot, eine Vielseitigkeit des Umfelds zu schaffen, das den öffentlichen Raum wirklich mit Leben füllt. Wertewandel also auf der einen Seite, ein die Individualisierung unterstützender

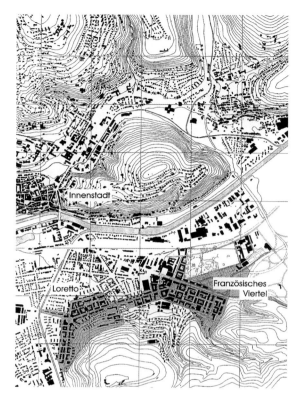

Siedlungsbau auf der anderen Seite.

Sicherlich gibt es auch Planungstheoretiker, die generell die Notwendigkeit oder Zukunftsfähigkeit von städtischen Strukturen in den uns bekannten Formen anzweifeln; wir vertreten jedoch eine andere These.

Im Folgenden soll der Versuch geschildert werden, auf innenstadtnahen Brachen Strukturen zu schaffen, die wirtschaftliches, soziales und kulturelles Handeln nicht weiter segregieren, sondern wieder näher aneinander bringen mit dem Ziel, auf diese Weise ein lebendiges, städtisches Umfeld zu ermöglichen.

Ausgangssituation

Als die Franzosen gingen ...

Im Jahr 1990 wurden in Tübingen durch das Bekanntwerden des Abzugs der Französischen Garnison innerstädtische Areale in der Südstadt frei, die bis dahin eine »terra incognita« für die Tübinger Bevölkerung darstellten. Schnell war der Verwaltung und den politischen Gremien klar, dass sich hier eine einmalige Chance für die Stadtentwicklung bot, handelte es sich doch um zentrumsnahe und damit für eine Stadtentwicklung attraktive Flächen (vgl. Schwarzplan oben links).

Schwarzplan mit Innenstadt und Entwicklungsbereich

Die freiwerdenden Areale waren von recht unterschiedlicher Qualität und Gestalt: Neben Kasernengebäuden, die bislang als Mannschaftsquartiere gedient hatten, gab es Panzerhallen, Werkstattgebäude, die ehemaligen Pferdeställe, eine Tankstelle, den Exerzierplatz, ein Offizierskasino, Wagenhallen und einige Gebäude mehr, die als Garagen oder zu sonstigen Logistikzwecken genutzt wurden. Darüber hinaus grenzten an Teile der ehemaligen Kasernengelände Brachflächen an, die im Zusammenhang der Umnutzung der militärischen Areale in Wert gesetzt werden konnten.

Die Lage des Konversionsbereichs lässt sich wie folgt beschreiben:
- fußläufige Entfernung zur Innenstadt zwischen zehn (Loretto-Areal) und zwanzig (Französisches Viertel) Minuten;
- psychologische Barrieren zur Innenstadt: Neckar, Bahnlinie, B27/B28;
- in Teilen – vor allem das Loretto-Areal – in vorhandene Bebauung an den Rändern der Konversionsfläche integriert;
- gute Anbindung an das Fernstraßennetz;
- gute Anbindung an den ÖPNV;
- fußläufige Erreichbarkeit eines Naherholungsgebiets (Schindhau).

Aufmarsch in der Hindenburgkaserne, dem heutigen Französischen Viertel

... veränderte die Südstadt ihr Bild

Auf dieser Grundlage lagen der Südstadtplanung von Beginn an drei grundsätzliche Motivationen zugrunde. Die erste hat mit der Südstadt selbst zu tun: über nahezu ihre gesamte Geschichte wurde die Südstadt, das »Jenseits« auf der anderen Seite von Neckar und Bahn, als Verfügungsraum für Tübingen genutzt. Aus topographischen, wirtschaftlichen und soziokulturellen Gründen wurden hier alle die Dinge angesiedelt, für die auf dem nördlichen, »besseren« Neckarufer kaum Platz war. Geprägt wurde der Stadtteil in erster Linie durch den Güterbahnhof, die beiden großen Bundesstraßen, die durch Tübingen führen, die Stadtwerke, die großen Verbrauchermärkte, den Friedhof, großflächige Betriebsgelände und nicht zuletzt die flächenfressenden Kasernenareale Thiepval, Loretto und Hindenburg sowie die immens großen zugehörigen Flächen für Garnisonswohnungen, Verwaltung, Schießplätze usw. Auf Luftbildern der Südstadt aus den achtziger Jahren kann man deutlich die Folgen dieser hundertjährigen Entwicklung sehen: das Stadtgefüge wird durch Barrieren und kaum zugängliche Areale zerschnitten, die mal guten, mal weniger guten Wohngebiete sind voneinander getrennt, der Stadtteil zerfällt in unzusammenhängende Quartiere.

Als Anfang der neunziger Jahre der Abzug der Franzosen sicher und die Verlegung der Bundesstraße 27 wahrscheinlich wurden, ergab sich damit die Chance zu einer umfassenden Umgestaltung der Südstadt. Die Grundidee des Konzepts war, in den Stadtteil auf insgesamt über sechzig Hektar ein städtebauliches Rückgrat einzuziehen, das die verschiedenen Teile der Südstadt miteinander verbindet. Ein Ansatz, der nicht nur räumlich, sondern auch soziokulturell verstanden werden kann: in der Südstadt haben sich, der Logik des Verfügungsraums und den wirtschaftlichen Gegebenheiten folgend, immer auch die sozialen Gruppen angesiedelt, die in den anderen Tübinger Stadtteilen keinen Platz fan-

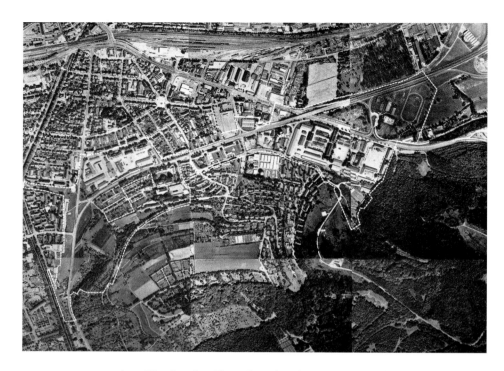

Luftbild mit Grenzen des Entwicklungsbereichs

den. Dies hat im Alltag des Viertels zwar zu Konflikten, aber auch zu einer spürbar hohen Toleranz und Akzeptanz geführt. Mit dem Zusammenwachsen der verschiedenen Teile zu einem Stadtteil verbindet sich die Hoffnung, dass sich dieses Nebeneinander verstärkt und auch die »sozial Schwächeren« von der Umgestaltung profitieren.

Die zweite Motivation hängt eng mit der Situation auf dem Wohnungs- und Gewerbeflächenmarkt in und um Tübingen Ende der achtziger Jahre zusammen. Wie auch in vielen anderen westdeutschen Kommunen erreichte die Wohnungsnot in dieser Zeit ihren Höhepunkt. In Tübingen wurde und wird die schwierige Situation auf dem Wohnungsmarkt durch die Universität traditionell noch gestärkt: eine Wohngemeinschaft aus vier Studenten kann für eine Wohnung Warmmieten über 2000,- DM zahlen, eine Summe, die für Familien mit mittleren und geringen Einkommen meist nicht mehr finanzierbar ist. Unter solchen Bedingungen auf dem Mietwohnungsmarkt ist Eigentum fast immer günstiger.

Doch für Neubauten wird Bauland benötigt, ein knappes Gut in Tübingen. Die Stadtstruktur ist sternförmig, fast an allen Seiten stößt die Stadt an hochwertigen Naturraum. Zieht man von der Gesamtfläche Tübingens und seiner Teilorte die besiedelte Fläche und die unter Schutz stehenden Waldgebiete, Bachtäler usw. ab, bleiben lediglich 15 %

theoretisch noch bebaubarer Fläche; theoretisch deshalb, weil es sich um überwiegend landwirtschaftlich genutzte Flächen rund um die Teilorte handelt. Die stadtnahen und innerstädtischen Baulandreserven tendierten Anfang der neunziger Jahre gegen Null.

In dieser Situation bot ein sparsamer Umgang mit den Flächen des Entwicklungsbereichs die Chance, zumindest einen Teil des großen Bedarfs zu befriedigen, ein Bedarf, der nicht nur im Wohnungsbereich bestand: Tübingen hatte traditionell den Ruf, gewerbefeindlich zu sein, seine Stadtteile haben bis auf die Innenstadt kaum gemischte Strukturen. Dies ist insbesondere für kleine und mittlere Betriebe ein Problem, die weder die hohen Mieten der Innenstadt zahlen können noch die Abgeschiedenheit von Gewerbegebieten in Kauf nehmen wollen. In diesem Sinne bieten die Flächen der Südstadtentwicklung auch die Möglichkeit zu einer am Bedarf orientierten Wirtschaftsansiedlung.

Modell zum Städtebaulichen Rahmenplan

Die dritte Motivation für die Entwicklung soll hier nur kurz angerissen werden, da sie im Kapitel zu den Bausteinen der Planung und ihrer Umsetzung detailliert ausgeführt wird. Es ist der Versuch, entgegen den allgemeinen Trends zu Entmischung, sozialer Segregation und Großmaßstäblichkeit Stadt als eine Plattform für das Nebeneinander vieler verschiedener Akteure zu verstehen. *Wie kann man Stadtleben planen?* ist die Frage, die sich als roter Faden durch die Prozesse von städtebaulichem Wettbewerb und Rahmenplan hindurchzieht.

Zeitablauf

1990 Bekanntwerden des Abzugs der französischen Garnison, erste Überlegungen zum Umbau der Südstadt.
1991 Die Stadt erklärt ihre Absicht zur Festlegung eines Städtebaulichen Entwicklungsbereichs, das Stadtsanierungsamt wird mit der Maßnahmenplanung beauftragt. Im Juni verläßt der größte Teil der französischen Truppen Tübingen, die Stadt übernimmt sukzessive die Mili-

tärareale. Im Sommer erfolgt der Startschuß zum städtebaulichen Wettbewerb, begleitet von einem Kolloquium und Diskussionsveranstaltungen zur Zukunft der Südstadt. Stadt und Studentenwerk beginnen mit dem Umbau von Militärgebäuden. Als Zwischennutzer bis zur Privatisierung der Flächen siedeln sich die ersten Gewerbebetriebe an.

1992 Den Wettbewerb gewinnen fünf Studenten, die später das Stuttgarter Büro LEHEN drei gründen. Beginn der Altlastenuntersuchungen und Erschließungsmaßnahmen, parallel entsteht der Entwurf des Städtebaulichen Rahmenplans. Im Herbst beschließt der Gemeinderat die Entwicklungssatzung, die im Dezember durch Genehmigung des Regierungspräsidiums rechtskräftig wird. Der Entwurf des Rahmenplans wird in der Öffentlichkeit und in den Gremien vorgestellt und intensiv diskutiert.

1993 Der Gemeinderat bildet einen Südstadtausschuß, die Kaufverhandlungen mit dem Bund konkretisieren sich. Im Dezember stimmt der Gemeinderat dem Entwurf des Rahmenplans zu.

1994 Die Stadt erwirbt vom Bund das Hindenburg-Areal, das Loretto-Areal und die Französische Schule. Die Altlastensanierung und erste Verhandlungen mit Grundstücksinteressenten beginnen, parallel entsteht das Konzept für den Bebauungsplan Hindenburg-West.

1995 Erste Optionen für den Gebäude- und Grundstücksverkauf werden vergeben, Konzepte für die Neubebauung des Loretto-Areals entstehen.

1996 Das Stadtsanierungsamt und die Landesentwicklungsgesellschaft bilden eine Projektgruppe, der Verkauf der bebauten Grundstücke beginnt. Der Gemeinderat beschließt den Bebauungsplan für Hindenburg-West. Im Juni wird der erste private Kaufvertrag über ein Neubaugrundstück abgeschlossen, in Hindenburg entstehen die ersten Baugruben.

1997 Auch im Loretto-Areal startet der Neubau, für nahezu alle Grundstücke der ersten beiden Bauabschnitte liegen Kaufverträge oder Optionen vor. Erste Richtfeste.

1998 Der Entwurf für den Bebauungsplan Hindenburg-Ost entsteht, der Gemeinderat beschließt den Bebauungsplan für Loretto-Ost. Ein privater Investor übernimmt die Herstellung der automatischen Quartiersgaragen. Im Französischen Viertel und im Loretto-Areal beginnt die Bürgerbeteiligung zur Gestaltung der öffentlichen Freiräume.

1999 Zwischenbilanz: ca. 3000 Bewohner im Entwicklungsbereich, ca. 600 Beschäftigte in über 100 Betrieben, Einrichtungen, Geschäften usw. Die Grundstücksoptionen im dritten Bauabschnitt »Französisches Viertel/Wankheimer Täle« werden an circa 20 private Baugemeinschaften vergeben.

2000 Die erste automatische Parkierungsanlage geht im Loretto-Areal in Betrieb. Start für den vierten Bauabschnitt »Loretto-West«, über 120 Bewerbungen von privaten Baugruppen und einzelnen Interessenten. Auch hier erhalten bis zum Herbst circa 20 überwiegend private Baugruppen Grundstücksoptionen.

Die weiteren Perspektiven hängen entscheidend von der Verlegung der B 27 ab. Geplant sind sechs bis sieben weitere Bauabschnitte bis ca. 2012.

Der planungsrechtliche Werkzeugkasten

Die städtebauliche Entwicklungsmaßnahme

Als Grundlage für die Umsetzung des Tübinger Projekts wurde das Instrument der Städtebaulichen Entwicklungsmaßnahme aufgegriffen, das der Bundestag erst 1990 im Rahmen des Wohnungsbauerleichterungsgesetzes wieder in das Planungsrecht eingefügt hatte. Vor allem die mit der Anwendung einer Entwicklungsmaßnahme einhergehende Kontrolle über Bodenpreis und die Steuerung der Gesamtentwicklung waren die Gründe dafür, in Tübingen diesen Weg zu wählen, nachdem die Voraussetzungen gemäß BauGB gegeben waren.

Städtebauliche Entwicklungsmaßnahmen räumen Kommunen besondere Rechte bei der Durchführung von Stadtentwicklungsprojekten ein, um einen überdurchschnittlichen Mangel an Flächen für Arbeitsplätze und an Wohnraum für weite Teile der Bevölkerung abzubauen. So war in Tübingen laut Wohnraumbericht von 1991 bis zum Jahr 2000 der Bau von durchschnittlich 600 Wohnungen jährlich erforderlich, um der vorhandenen Nachfrage gerecht zu werden. Auch im gewerblichen Bereich herrschte vor allem im Handwerk, im Dienstleistungsbereich und für kleinere produzierende Betriebe ein Mangel an Flächen vor.

Beim Grunderwerb der Flächen sieht der Gesetzgeber vor, dass die Kommune die Grundstücke zum sogenannten *entwicklungsunbeeinflussten* Wert – also dem Wert, den die Flächen vor Bekanntwerden der Maßnahme hatten – erwirbt. Durch die Festlegung neuer Nutzungen auf den Entwicklungsflächen entstehen Wertsteigerungen an Grund und Boden, die höher sind als die Erschließungskosten und die bei der Weiterveräußerung von Bauland der Stadt zufallen. Mit diesem Geld wird die Stadt in die Lage versetzt, öffentliche Einrichtungen im Entwicklungsgebiet zu finanzieren.

Im Zuge der Reprivatisierung der Flächen sind die Kommunen gehalten, weite Kreise der Bevölkerung zu berücksichtigen und dadurch auch soziale Gruppen anzusprechen, die unter normalen Umständen keine Möglichkeit haben, sich den Wunsch nach eigenen vier Wänden zu erfüllen.

Nachdem der Gemeinderat die Einleitung des Verfahrens am 4. März 1991 entschieden hatte, wurde die Entwicklungssatzung im Herbst 1992 beschlossen und im Dezember 1993 durch die Genehmigung des Regierungspräsidiums rechtskräftig.

Als Vorteile dieses Instruments[1], das von Kommunen wegen seiner vermeintlichen Härte nur selten angewandt wird (§ 169 BauGB sieht in Absatz 3 auch die Möglichkeit der Enteignung vor, wenn Grundstückseigentümer in einem Entwicklungsbereich nicht bereit sind, ihre Flächen zu verkaufen oder entsprechend den Zielen der Maßnahme zu entwickeln), sind unter anderen folgende Aspekte zu benennen:

- Als Eigentümerin der Flächen ist es den Kommunen möglich, die Steuerung des Stadtentwicklungsgeschehens aktiv zu gestalten. Wo jahrzehntelang keine Bodenbevorratungspolitk betrieben wurde, können Flächen mobilisiert und unter der Kontrolle der Kommune entwickelt werden.
- In privatrechtlichen Verträgen mit den Käufern können die zu realisierenden Bauprojekte definiert und damit die Umsetzung der Ziele der Entwicklung sichergestellt werden.
- In Zeiten knapper kommunaler Kassen stellt die im Baugesetzbuch vorgesehene Finanzierung der Entwicklungsmaßnahme durch Abschöpfung der Gewinne (Unterschied zwischen Kauf zum entwicklungsunbeeinflussten Wert und Verkauf zum entwicklungsbedingten Endwert) eine geeignete Möglichkeit dar, um wichtige und notwendige infrastrukturelle Investitionen auch im sozialen und kulturellen Bereich zu tätigen.
- Als Eigentümerin kann die Kommune eine nutzerspezifische Baulandbereitstellung ermöglichen; ein Vorteil, der insbesondere in Tübingen (vgl. Kap. 3.3: Parzellierung und Baugemeinschaften) von großer Bedeutung ist.
- Die Kommune hat die Möglichkeit, im Rahmen ihrer Aufgabe zur Daseinsvorsorge nachhaltige Stadtentwicklungsprojekte tatsächlich umzusetzen und als verantwortungsvoller Akteur nicht allein rein wirtschaftliche Aspekte in den Vordergrund von Stadtentwicklungsprojekten zu stellen. (Dass wirtschaftliche Gesichtspunkte bei der Entwicklung von Flächen natürlich auch bei Kommunen handlungsleitend sind, sei hier nur zur Sicherheit erwähnt, um die Verbreitung gängiger Vorurteile gegenüber kommunalem Handeln zu vermeiden.)

Die Darstellung dieser Vorteile verdeutlicht, weshalb in Tübingen die Anwendung der städtebaulichen Entwicklungsmaßnahme auch im Vergleich zu anderen Alternativen der Baulandentwicklung, die das Baugesetzbuch vorsieht, das geeignetste Instrument zur Umsetzung des Projektes darstellt.

Der Rahmenplan
Ein zentrales Steuerungswerkzeug für das Tübinger Südstadtprojekt ist der Städtebauliche Rahmenplan, ein Handbuch, in dem die wichtigsten Ziele, Verfahrensgrundsätze und die Regeln für die künftige räumlich-bauliche Organisation des Entwicklungsbereichs festgehalten sind.

Der Rahmenplan unterscheidet sich deutlich von den sonst üblichen Masterplänen oder Designhandbüchern, die sich vorrangig der baulichen, weniger der gesellschaftlichen Erfordernisse annehmen; er ist kein Flächennutzungs- (und damit Baudezernats-)konzept, sondern eine Ausarbeitung, in der sich alle städtischen Kompetenzen (und Dezernate) gleicherweise wiederfinden. Rechtlich ist er ein informelles Instrument, das die Funktion einer bindenden Vereinbarung zwischen Verwaltung und Rat über die Regeln für die Durchführung der Maßnahme übernimmt. Das Papier ist in Form einer 112 Seiten starken DIN A 5-Broschüre veröffentlicht und für jedermann beim Stadtsanierungsamt erhältlich. Wenngleich der Rahmenplan gegenüber Dritten keine bindende Rechtswirkung hat, ist er doch ein wertvolles Instrument der Information für alle an dem Projekt Interessierten.

Der Rahmenplan ist das Produkt eines kooperativen Prozesses mit einer ganzen Reihe von Vorarbeiten der Stadt und unterschiedlichen Phasen und Formen der Bürgeraktivität. Man muss schon den ganzen Ablauf des Entstehungsvorgangs rekapitulieren, um das – von der Lokalzeitung sehr konstruktiv begleitete – Zusammenwirken von städtischem Planen und bürgerschaftlichem Mitmischen bei der äußerst komplexen Entwicklungsaufgabe zu veranschaulichen:

Aktivitäten Stadt	*Aktivitäten Öffentlichkeit*
> Absichtserklärung der Stadt (Zieldefinition): Öffentliche Gemeinderatssitzung in einer Turnhalle der Südstadt und Bürgerinformation im vollen Eberhardskirchengemeindesaal	
	> Bildung von fünf oder sechs sachbezogenen Arbeitsgruppen (Kultur, Gesundheit und Alter, Wohnen, Verkehr ...)
> Ausarbeitung von Themenpapieren (Wohnen, Soziales + Kultur) und städtebaulichen Skizzen für das Hindenburg- und Loretto-Areal	
	> Arbeitsgruppen entwickeln sich zu Projektgruppen und beginnen konkrete Projekte zur Weiternutzung von militärischen Altbauten (u. a. Werkstätten in Pferdeställen, barrierefreies Wohnen in einem Mannschaftsgebäude)
> Vorlage des Programms für einen offenen städtebaulichen Wettbewerb und Abstimmung mit einem inhaltlich kompetenten Preisgericht	
	> Öffentlicher Workshop im Kulturzentrum Sudhaus u. a. mit Referaten von Dieter Hoffmann-Axthelm und Hermann Knoflacher

Aktivitäten Stadt *Aktivitäten Öffentlichkeit*

> 53 Wettbewerbsteilnehmer machen Lösungsvorschläge für die stadträumliche Ausformung des Entwicklungsbereichs, mit dem ersten Preis wird die Arbeit von fünf Studenten der Uni Stuttgart (später Architekten LEHEN drei) ausgezeichnet

> Erstes Rahmenplankonzept auf der Grundlage der bisher erarbeiteten Materialien und des Wettbewerbsergebnisses

> Erörterung des Rahmenplankonzepts in öffentlichen Themenabenden im Versammlungsraum des Stadtsanierungsamts
> Bildung der ersten Baugruppen und Erörterung ihrer Mitwirkungsmöglichkeiten

> Behandlung des Rahmenplankonzepts im Südstadtausschuss und Gemeinderat, Beschlussfassung am 6. Dezember 1993

> Veröffentlichung des Rahmenplans in einer einfachen Broschüre, seither mehrfach – zuletzt 1999 – nachgedruckt.

Zu den Inhalten des Rahmenplans
Der Städtebauliche Rahmenplan besteht aus zwei Teilen: aus der Formulierung von Zielen und Grundsätzen der Planung und aus einem Städtebaulichen Entwurf, der eine Weiterentwicklung der mit dem ersten Preis ausgezeichneten Wettbewerbsarbeit der Architektengruppe LEHEN drei darstellt. Insgesamt kann der Rahmenplan als eine Art Bauanleitung für ein dicht bebautes, gemischt genutztes und Ausgrenzung vermeidendes Stadtquartier – jedenfalls nicht als Korsett für eine künstliche Stadtidylle – betrachtet werden. Ein leitender Grundgedanke dabei ist die Vorschrift im Baugesetzbuch, dass im Städtebaulichen Entwicklungsbereich die entstehenden Baugrundstücke »unter Berücksichtigung weiter Kreise der Bevölkerung und unter Beachtung der Ziele und Zwecke der Entwicklungsmaßnahme an Bauwillige zu veräußern sind« (BauGB § 169,6). Die Komplexität der behandelten Aspekte wird aus der Gliederung der Ziele und Grundsätze deutlich:

Gliederung des Rahmenplans

I   Stadtstruktur
  1. Innenentwicklung – Verdichtung – Deckung eines besonderen Bedarfs an Wohn- und Arbeitsstätten
  2. Innerstädtischer Charakter – Vielfalt der Strukturen
  3. Öffentlicher Raum – Aufenthaltsfunktion der Straße
  4. Freiräume innerhalb und außerhalb der bebauten Stadtquartiere

II Flächen-Nutzung: Wohnen, Arbeiten, Freiraumnutzung
  5. Wohnen – Wohnformen – Interessen der Wohnbevölkerung
  6. Arbeitsstätten – Vielfalt der Tätigkeiten – Gewerbeklima
  7. Freiraum-Nutzungen

III Aspekte der Stadtkultur
  8. Kulturelle Ausstattung
  9. Kinder im Stadtquartier
  10. Zugewanderte und ihre Stadt
  11. Soziale Infrastruktur

IV Umgang mit Verkehrsflächen
  12. Vorrang für Fußgänger
  13. Radfahren, ÖPNV Bus und Bahn, Taxifahren
  14. Parkierungskonzept – Mietauto-Organisation

V   Verfahrensaspekte
  15. Bauen im Stadtquartier – kostensparende und umweltverträgliche Verfahren
  16. Ausbau-Abschnitte
  17. Beteiligung von »Investoren« – Reprivatisierung
  18. Finanzierungsmodell
  19. Bürgerbeteiligung – Öffentlichkeitsarbeit

VI Langfristige Entwicklungsmöglichkeiten
  20. Weiterführung der Entwicklung

Der Städtebauliche Entwurf – eine weiterbearbeitete Version der mit dem ersten Preis ausgezeichneten Wettbewerbsarbeit des Büros LEHEN drei – ist in Entwicklungsphasen dargestellt.
  Zusätzlich enthält der Rahmenplan drei wichtige Anlagen:
• Vorausschätzung der Bevölkerungsentwicklung, der Sozialstruktur, der Arbeitsplätze und des Parkplatzbedarfs; dazu gehört eine Übersicht

Verschiedene Phasen des Städtebaulichen Rahmenplans

über die Bewohner- und Arbeitsplatzdichte in Tübinger Stadtvierteln.
• Übersicht über den Gebäudebestand der ehemals militärisch genutzten Areale und die für die Gebäude angestrebten Nutzungen.
• Aufstellung der von der Stadt angestrebten kulturellen und sozialen Einrichtungen im Städtebaulichen Entwicklungsbereich (in öffentlicher oder privater Trägerschaft).

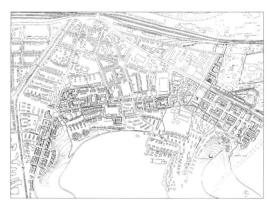

Der Rahmenplan als Planungswerkzeug

Der Rahmenplan hat eine andere operationale Aufgabe als beispielsweise ein Städtebaulicher Vertrag mit einem gewerblichen Bau- oder Entwicklungsträger, bei dem es nur um eine zeitlich und inhaltlich klar abgrenzbare Maßnahme gehen kann. Wenn die entstehenden Stadtquartiere in einem relativ weiten Zeitrahmen parzellenweise von ganz unterschiedlichen Nutzergruppen aufgebaut werden, dann ist es unabdingbar notwendig, diese Gruppen mit einer über einen mittelfristigen Zeitraum stabilen und anschaulichen Information über das Wozu und das Wie der städtebaulichen Idee zu versehen. In diesem Sinne stellen die einleitenden Sätze zu jedem Abschnitt der *Ziele und Grundsätze des Rahmenplans* – im Zusammenhang gelesen – die Philosophie der Planung dar; die jeweils anschließenden Absätze bilden das Regelwerk für die konkrete Umsetzung.

Auf der Grundlage des Rahmenplans werden in der Folge Zug um Zug die notwendigen Bebauungspläne für die Teilgebiete erarbeitet. Selbstverständlich ersetzt der Rahmenplan nicht eine später jeweils aktualisierte Information zu speziellen Themen (z. B. Organisation von Baugruppen oder automatische Parkierung) während des weiteren Verfahrens. Derartige Merkblätter können ein zusammenfassendes Handbuch nur ergänzen, nicht jedoch ersetzen.

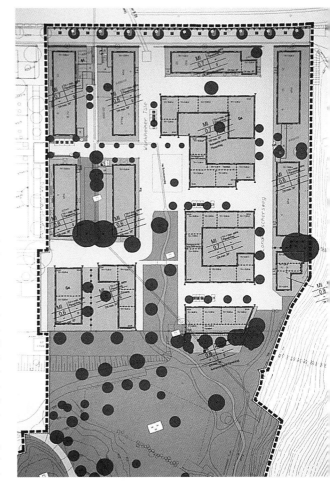

Bebauungsplan für den 2. Bauabschnitt des Französischen Viertels

Die Bebauungspläne

Gemäß § 166 BauGB ist die Gemeinde verpflichtet, für einen städtebaulichen Entwicklungsbereich unverzüglich Bebauungspläne aufzustellen. Ein entsprechender Aufstellungsbeschluss wurde vom Gemeinderat nach dem Inkrafttreten der Entwicklungssatzung gefasst. Sukzessive wurden für die zu entwickelnden Bereiche auf der Grundlage des Rahmenplanes und in Zusammenarbeit mit den Wettbewerbsgewinnern die Bebauungspläne erarbeitet: Zunächst für das Französische Viertel-West (circa 5,5 Hektar) und das Loretto-Areal-Ost (circa 3,4 Hektar), die in den Jahren 1996 und 1998 vom Gemeinderat beschlossen wurden. Mit zunehmender Realisierung der Bauvorhaben in diesen Abschnitten wurden dann die Bebauungspläne für das Französische Viertel-Ost (circa 4,3 Hektar) und das Loretto-Areal-West (circa 2,9 Hektar) aufgestellt; diese beiden Bebauungspläne befinden sich in der Genehmigungsphase.

Der vom Gemeinderat am 6. Dezember 1993 beschlossene Rahmenplan für den Entwicklungsbereich stellt bis heute die Grundlage der konkretisierenden Bauleitplanung dar. Dabei ist es im Sinne der Maßnahme, dass die Festsetzungen im Bebauungsplan zu Art und Maß der baulichen Nutzung eine relativ große Gestaltungsfreiheit für die Bauherren offen lassen. Die Festsetzungen betreffen die Grundflächenzahl (GRZ zwischen 0,6 und 0,8), die Traufhöhe (zwischen 9 und 16 Meter) und eine sogenannte Hülllinie, innerhalb der sich die Ausformung der Dächer bewegen muss. Eine ausführliche Darstellung der Bebauungspläne und ihrer Festsetzungen findet sich in Kapitel D1 (S. 100 ff.).

Grundsätzlich von Bedeutung ist, dass alle Flächen im Entwicklungsbereich als Mischgebiet gemäß § 6 BauNvO ausgewiesen sind. Diese Ausweisung wurde gewählt, um ein Ziel der Entwicklungsmaßnahme, nämlich Nutzungen zu mischen, umsetzbar zu machen. Denn in einem Mischgebiet sind diejenigen Nutzungen gestattet, die das Wohnen nicht wesentlich stören. Wie zuvor beschrieben, lassen sich heute die meisten gewerblichen Betriebe in Wohngebiete integrieren, da sie in der Regel weder Lärm noch Geräusche oder Gerüche emittieren, die das Wohnen entscheidend stören. Als Grenze für Lärmbelastungen gelten tagsüber 60 dbA und nachts 45 dbA. Bis auf sehr wenige Ausnahmen (Hochzeitsveranstaltungen in einer Tanzsporthalle im Loretto-Areal) gab es gegen die Ausweisung des Entwicklungsbereichs als Mischgebiet noch keine Beschwerden aus der Anwohnerschaft. Ganz im Gegenteil scheint es so, als ob die mit den gewerblichen Nutzungen verbundene Lebendigkeit von den Anwohnern gut akzeptiert oder sogar gewünscht wird.

Im Rahmen der Bebauungsplanverfahren wurden im Zusammenhang mit der öffentlichen Auslegung der Planentwürfe bislang keine Anregungen laut, die das Konzept der Maßnahme grundsätzlich in Frage stellen. Kritik wurde lediglich an der Höhe der Parkierungsanlagen geäußert, deren Traufhöhe zwischen 17 Meter und 20 Meter beträgt und die natürlich mit besonderer Sorgfalt in das städtebauliche Gefüge eingebettet werden müssen.

Ein weiteres wichtiges Element der Bebauungspläne ist die bei den zu bebauenden Flächen grundsätzlich vorgesehene geschlossene Bauweise, die in Zusammenhang mit dem Ziel der Blockrandbebauung die städtische Struktur vorgibt, die im Entwicklungsbereich entstehen soll (vgl. auch B-Plan S.55).

Bausteine der Planung und ihre Umsetzung

Nutzungsmischung
Das wohl deutlichste Merkmal städtischer Strukturen und somit auch der wesentliche Baustein der Südstadtentwicklung ist das Nebeneinander verschiedener Nutzungen. Die kleinteilige Mischung von Wohnen und Arbeiten, Kultur und sozialen Einrichtungen ist unter vielen Aspekten unverzichtbar für das soziale und wirtschaftliche System Stadt:
- Stadtteile, in denen gearbeitet und gewohnt wird, sind durchgängig belebte Stadtteile, ihre Urbanität ist nicht auf Ladenschlusszeiten beschränkt. Dies hat direkte Auswirkungen auf das Sicherheitsempfinden des Einzelnen, aber auch auf die Toleranz gegenüber Fremden: in einem gemischten Stadtteil ist der Unbekannte nicht zunächst Eindringling in eine Siedlung, dem mit Misstrauen zu begegnen ist, sondern Passant, Kunde, Teilnehmer am öffentlichen Leben.
- Jedes Geschäft und jeder Betrieb sind potentielle Treffpunkte, öffnen das Quartier und ermöglichen Kommunikation. So kann eine alltägliche Urbanität ohne Inszenierung entstehen, die allen offensteht und quasi nebenbei stattfindet.
- Arbeit und Erwerbstätigkeit werden im Stadtteil fest verankert. Wirtschaftliche Prozesse befinden sich nicht ausschließlich auf übergeordneten Ebenen, sondern sind lokal präsent und so direkter beeinflussbar; eine Verbindung, der besonders in strukturschwachen Stadtteilen oder wirtschaftlich schlechten Zeiten eine wesentliche Bedeutung zukommt.
- Die Verankerung der Arbeit im Quartier wirkt auch auf ihre generelle Wahrnehmbarkeit: während jede Zeitungslektüre glauben macht, dass dem Thema Arbeit in unserer Gesellschaft ein besonderer Stellenwert

zukommt, ist Arbeit bei einem gewöhnlichen Stadtspaziergang kaum noch sichtbar. In gemischten Quartieren rückt sie hingegen wieder in den Mittelpunkt und wird Teil des Alltags.

Nutzungsmischung im Aufbau
Unverbindliche Übersicht, Stand 1/2001

44 Nachbarschaftshilfeprojekt
45 Ökumenischer Kindergarten
46 Kinderladen Villa Kunterbunt
47 Gesundheitstherapie; Atelier; Bastelladen; Nachhilfe-Institut; Praxis f. Arbeitsmedizin
48 Klavierschule; Psychosoziale Beratung; Architekturbüro
49 Möbel-Design-Werkstatt; Zimmerei; Schlosserei; Tonstudio; Tanz- u. Trommelschule; Lichtstudio
50 Pferdeställe Nord: Jugendtreff Pferdeställe; Bildhauerei; drei Ateliers; Baustoffrecycling
51 Kinderhaus; Pflegedienst
52 Hausverwaltung; Pizzaservice
53 Lerntherapie; Unternehmensberatung; Musikschule
54 Verkehrspsychologische Praxis; Kindertagesstätte
55 Pferdeställe Süd: Grafik- und Papierwerkstatt; zwei Ateliers; Journalismusbüro; Probebühne Kindertheater; Designwerkstatt; Fotostudio; Gaststätte; zwei Planungsbüros; Schreinerei; Second-Hand-Laden
56 Ökumenisches Zentrum; Schreibwaren; Rechtsanwalt; Bäckerei; Architekturbüro; Gaststätte; Feinmechanikwerkstatt; Friseur; Versicherungsbüro, Heilpraktiker, Bioladen
57 Kleinkindertagesstätte
58 Unternehmensberatung
59 Restaurierungswerkstatt; Musikagentur;
60 Backstube; Imbiss + Bäckerei
61 Schreinerei & Küchenstudio; Atelier für Tanz & Theater; Chinesische Bewegungsschule; Tango-Schule; Galerie
62 Copy-Shop; Getränkehandel; Mitfahrzentrale
63 Umweltinstitut
64 Ballspielhalle; Überdachter Marktplatz
65 Pflegestützpunkt
66 Gaststätte; Architekturbüro
67 Multimedia-Innovations-Zentrum (MIZ): mehrere Schulungsunternehmen; Internetknoten; diverse Software-Entwickler; Kommunikationsdienstleistungen; Mikrosystemtechnik; Elektronikentwicklung; Architekturbüro
68 Gaststätte; Hauswirtschaftliche Dienste; Baubetrieb
69 Hausratverwertungshof
70 Yogaschule
71 Werkstadthaus
72 Ingenieurbüro; Lasertechnik
73 Krankengymnastik
74 Journalismusbüro
75 Graphiker; Heilpraktikerin
76 Arzt; Ingenieurbüro
77 KFZ-Werkstatt; Imkerei

In der Südstadt ist von Beginn an versucht worden, Nutzungsmischung kleinteilig umzusetzen. Ziel dabei war, im Entwicklungsbereich eine große Anzahl verschiedenster »gewerblicher Tätigkeiten« zu etablieren, wobei der Begriff des Gewerbes bewusst unscharf und offen ist. In der Praxis der Südstadtentwicklung umfasst er alle Einrichtungen, in denen

Menschen angestellt, freiberuflich oder ehrenamtlich arbeiten. Er reicht von Handwerksbetrieben über Läden und eine Vielzahl unterschiedlichster Dienstleister bis hin zu sozialen oder kulturellen Initiativen. Definiert wird der Begriff lediglich als »Nicht-Wohnen«, als Einrichtung, die nicht ausschließlich privat, sondern – in unterschiedlichem Maße – öffentlich zugänglich und wahrnehmbar ist.

Sämtliche Teilgebiete sind als Mischgebiet ausgewiesen, planungsrechtlich findet im Entwicklungsbereich keine Zonierung in Gewerbe und Wohnen statt. Die einzelnen Grundstückskaufverträge zwischen der Stadt als Verkäuferin und den Bauherren legen fest, dass die Erdgeschossflächen als Gewerbeflächen auszubilden sind. Bei der Vergabe der Grundstücke spielt die Frage, ob Gewerbe vorhanden ist und welchen Einfluss es vermutlich auf das Quartier hat, eine entscheidende Rolle.

Diesen Stellenwert nimmt das Gewerbe bereits von Anfang an ein: die Altbauten wurden bevorzugt an Handwerksbetriebe, Künstler und Freiberufler vergeben, von denen ein belebender Einfluss auf das Quartier zu erwarten war. So haben im »Handwerkerblock« im Französischen Viertel ein Schlosser, eine Zimmerei und ein Schreinerbetrieb gemeinsam eine alte Reithalle erworben und sukzessive umgebaut – ein Prozess, der auch nach vier Jahren Nutzung nicht vollständig beendet ist. Der Vorteil für die Betriebe: Die Anfangsinvestitionen waren vergleichsweise niedrig, der Umbau der Räumlichkeiten kann dem Tempo der Betriebsentwicklung angepasst werden und nach und nach erfolgen. Der Vorteil für den Stadtteil: schon früh ist die Entwicklung vor Ort und nicht nur auf dem Plan sichtbar.

Dies gilt insbesondere für die Mischung von Wohnen und Arbeiten: wer den potentiellen Bauplatz für seine Wohnung besichtigt, sieht deutlich, dass Mischnutzung nicht nur Absicht, sondern bereits Realität ist. Diese frühe Verankerung des Gewerbes in den Quartieren ist für die Akzeptanz der Mischung von großer Bedeutung: damit sich private Bauherren auf ein Mischkonzept einlassen, müssen sie wissen, welche Vorteile, aber auch welche möglichen Einschränkungen vorhanden sind.

Eine oft diskutierte Frage der gesamten Südstadtentwicklung ist, ob Mischung nicht eher ein altmodisches und wenig zeitgemäßes Konzept ist. Angesichts des Trends zu immer größeren, globalen, oft sogar vom Raum abgelösten Wirtschaftszusammenhängen erscheint das Bestreben nach Nutzungsmischung als Kampf gegen Windmühlen. Die Erfahrungen aus der Südstadtentwicklung zeigen hier eher das Gegenteil. Oft existiert das Missverständnis, dass Nutzungsmischung gleichbedeutend mit einer Vielzahl von Bäckereien und Schuhläden sei. Ein großer Teil der Betriebe im Entwicklungsbereich ist auf Laufkundschaft jedoch überhaupt nicht angewiesen, sondern findet seinen Kundenkreis regional, überregional und international oder arbeitet nur für zwei oder drei Auftraggeber.

Im Rahmen der wirtschaftlichen Umstrukturierung entstehen vor allem im Dienstleistungssektor viele Nischen. Kleine Unternehmen, die spezielle Marktsegmente besetzen, Selbständige und Freiberufler, durch »Outsourcing« ausgelagerte Geschäftszweige, ein Großteil der IT-Branche; die traditionellen Gewerbestandorte sind für diese Betriebe selten geeignet. Die üblichen Gewerbegebiete können die von diesen Betrieben gewünschte kleinteilige Infrastruktur aus Läden, Copy-Shop, ÖPNV, Restaurants usw. nicht bieten. Zudem sind sie als repräsentative Adresse nur selten ideal, weil kleinere Betriebe in der dort vorhandenen Großmaßstäblichkeit von Möbelhäusern und Verbrauchermärkten schwer wahrnehmbar sind. Ähnliches gilt auch für das Modell der Büroparks: hier ist der kleine Betrieb nicht Teil eines Quartiers, sondern lediglich das – jederzeit ersetzbare – Hundertstel einer Großstruktur.

Das ist der Grund, warum viele Unternehmen gezielt die Qualitäten traditioneller Mischgebiete suchen. Angebote wie die Viertel der Gründerzeit existieren im Neubaubereich jedoch fast nicht. Die Südstadt versucht gezielt, Standort für die Unternehmen zu sein, die bei der Sortierung der Stadt in Kerngebiet, Wohngebiet und Gewerbegebiet unberücksichtigt bleiben.

Hinzu kommt, dass in den letzten Jahren viele neue Formen der Erwerbstätigkeit entstanden sind. Um nur die wesentlichen Entwicklungen zu nennen: der zunehmende Anteil an Teilzeittätigkeiten, die Zunahme von Telearbeitsplätzen, die tarifpolitisch nicht mehr fassbaren Beschäftigungsverhältnisse der New Economy. Der Anteil derer, die sich im gewohnten Rahmen der 9–17-Uhr-Berufe morgens an ihren Arbeitsplatz und abends wieder nach Hause zurückbegeben, sinkt stetig. Umso wichtiger werden räumliche Strukturen, die dieser neuen Flexibilität der Arbeitswelt Rechnung tragen. Nutzungsmischung ermöglicht die enge Verzahnung von Wohnen und Arbeiten, erleichtert die Alltagsorganisation und verkürzt die notwendigen Wege. Im Entwicklungsbereich ist dies besonders bei dem großen Anteil an Existenzgründern zum echten Standortvorteil geworden. Mit den Worten des Gründers einer der Handwerksbetriebe: »Wir investieren sowieso schon viel Zeit in die Arbeit, da wollen wir auch in einer Umgebung arbeiten, in der man vom täglichen Leben etwas mitkriegt.«

Dennoch ist, insbesondere in der Anfangsphase, die Ansiedlung von Gewerbe mühsam gewesen: Unternehmen brauchen, mehr noch als Bewohner, eine funktionierende Infrastruktur um sich herum. Problematisch ist grundsätzlich die Vermarktung aller Flächen, in deren direkter Umgebung noch große Baumaßnahmen stattfinden oder Straßen und Gehwege noch nicht fertig sind. Als generell hilfreich haben sich neben der intensiven Einbindung der Baugemeinschaften zwei Aufgabenbereiche des Stadtsanierungsamtes erwiesen: zum einen die permanente Aktualisierung einer Gewerbeflächenbörse, so dass interessierte Unternehmen eine große Auswahl an Ansprechpartnern und Angeboten zur Verfügung haben, sowie die Öffentlichkeitsarbeit für den Entwicklungsbereich, durch die sich das Image der Quartiere auch in den Augen der Gewerbetreibenden gewandelt hat. Inzwischen betrachten mehrere Betriebe den Standort im *Französischen Viertel* oder im *Loretto-Areal* sogar als unverzichtbaren Teil ihrer »*corporate identity*«.

Wie oben bereits angedeutet, verstehen wir auch soziale und kulturelle Einrichtungen in einem umfassenderen Sinn als Gewerbebetriebe. Die Erfahrung zeigt, dass eine Grenzziehung immer schwieriger wird. So ist beispielsweise die Puppenbühne im Loretto-Areal einerseits eindeutig eine kulturelle Einrichtung, andererseits aber auch ein autarker Wirtschaftsbetrieb, der Umsatz macht und ohne öffentliche Subventionen auskommt. Genauso die Volkshochschule: einerseits öffentlich gefördert, gleichzeitig aber der größte Wirtschaftsbetrieb im Loretto-Areal. Die sukzessive Auflösung dieser Grenze zwischen Sozialem und Gewerbe ist insofern wichtig, als im Entwicklungsbereich von Beginn an für die soziale und kulturelle Infrastruktur der Grundsatz »Die Stadt macht nicht alles – aber alle machen die Stadt« galt. Ziel war weniger die Installation einer flächendeckenden Versorgung als die Schaffung von Möglichkeiten für Bewohner und Initiativen.

Einer der spannenden Grenzgänger zwischen Sozialem, Kultur und Gewerbe ist das geplante »*Werkstatthaus*« im zweiten Bauabschnitt des Französischen Viertels: Hier soll in den Gewerbeflächen eines Bauprojekts mit circa 12 Wohnungen eine öffentliche Werkstatt entstehen, die von einem Verein betrieben wird und nahezu ohne öffentliche Zuschüsse auskommt. Ziel ist ein Ort, an dem in Eigenarbeit gearbeitet, gebastelt und produziert werden kann, dem aber gleichzeitig auch eine wichtige Rolle als Treffpunkt im Quartier zukommt. Projekte wie dieses zeigen, dass »machen lassen« in einem geeigneten Rahmen oft effektiver sein kann als die engagierteste Versorgungspolitik mit sozialen und kulturellen Einrichtungen.

Dichte, städtisches Bauen und der Umgang mit Altbauten
Ein wesentliches Element, das die Entstehung eines urbanen Stadtquartiers bedingt, ist die Schaffung einer städtischen Dichte; ein Begriff, der nicht nur positive Assoziationen hervorruft, sondern auch an enge Hinterhöfe und anonyme Mietskasernen erinnern kann. Aber Dichte läßt sich auch anders verstehen: als Dichte von Kontakten, Einrichtungen und Angeboten, als Grundlage für das Entstehen eines öffentlichen Lebens und eines Stadtteils der kurzen Wege. Zudem entspricht es den Forderungen einer nachhaltigen Stadtentwicklung, denn um die steigenden Ansprüche an Wohnraum zu erfüllen, können nicht ständig neue Siedlungsgebiete ausgewiesen werden; die maßvolle Inwertsetzung innerstädtischer Brachen ist eine bedeutsame Möglichkeit, weitere großflächige Versiegelung an den Stadträndern zu vermeiden.

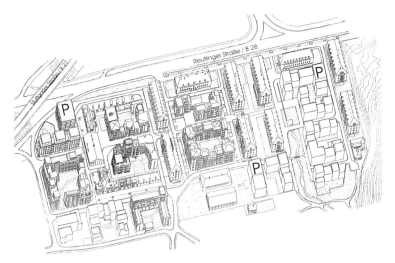

Isometrie Französisches Viertel, Stand Sommer 1999

Nicht zuletzt sprechen auch finanzielle Gründe für eine dichte Bebauung auf Stadtbrachen, denn nur durch eine entsprechende Ausnutzung der Grundstücke bleiben das Bauen der Bürger und die Infrastruktureinrichtungen der Kommune bezahlbar. So beträgt der durchschnittliche Anteil der Grunderwerbskosten an den Gesamtbaukosten einer Neubaumaßnahme im Entwicklungsbereich circa 8 bis 15 % gegenüber etwa 30 % in weniger verdichteten Bereichen Tübingens.

Im Entwicklungsbereich wird das Konzept der Blockrandbebauung verfolgt, das sehr gute Voraussetzungen zur Schaffung städtischer Strukturen bietet, da es den öffentlichen streng von dem privaten Raum trennt und in den Innenhöfen »halböffentliche« Bereiche entstehen lässt, die den Bewohner der jeweiligen umliegenden Bebauung vorbehalten sind. Mit einer Bevölkerungsdichte von etwa 150-200 Einwohnern je Hektar (Brutto-Bauland) liegt das Tübinger Projekt deutlich über den im süddeutschen Wohnungsbau sonst üblichen Werten, ist jedoch gleichzeitig noch weit von den Verhältnissen gründerzeitlicher Stadtgebiete entfernt.

Die im Entwicklungsbereich erhaltenen Altbauten – Mannschaftsgebäude, einzelne Panzerhallen, Werkstattgebäude, Pferdeställe und Stabsgebäude – durchbrechen an vielen Stellen das durch die Nachverdichtung gebildete System der Blockrandbebauung; vor allem das Französische Viertel erhält durch die Altbebauung eine Grundstruktur, an der sich die Neubebauung ausrichtet. Dadurch entsteht eine gute Ablesbarkeit und Orientierung der Quartiere. Zudem trägt die Altbebauung

Lässt sich Stadtleben planen? Ziele und Werkzeuge

Dichte wird akzeptiert, wenn das Grün nicht weit entfernt ist: Wiesen und Sportflächen direkt beim Französischen Viertel

zur Schaffung einer Identität und Unverwechselbarkeit des Orts entscheidend mit bei.

Parzellierung und Baugemeinschaften
Trotz ihrer vielen Vorteile sind gemischte, dichte und städtische Strukturen auf den ersten Blick weit vom Wunsch des Marktes entfernt. Wer es sich leisten kann, so ermitteln die Marktforscher, möchte im Grünen wohnen; zwar stadt- und arbeitsplatznah, aber dennoch am Rand der Stadt, im eigenen Haus auf eigener Scholle.

Folgerichtig sind die Assoziationen zum Wohnen in städtischen Strukturen oft negativ: stark sozial gemischt, ohne Bezug zum Grün, langweilig, überwiegend trostlos und fast ohne Mitsprachemöglichkeiten für den Einzelnen. Diese weitverbreitete Einschätzung lässt sich anhand der städtebaulichen Produkte der sechziger, siebziger und achtziger Jahre sicher in weiten Teilen nachvollziehen. Zu dünn gesät sind die reellen Alternativen zum Häuschen im Grünen in den letzten dreißig Jahren gewesen, nahezu alle Modelle in erster Linie auf Wohnungsproduktion in großem Stil zugeschnitten.

Eine der wesentlichen Fragen der Südstadtkonzeption ist daher die nach den Akteuren: Wer baut die Stadt? Was muss an Spielräumen für diese Akteure vorhanden sein, damit Leute bereit sind, sich als Eigentümer für eine städtische Struktur und gegen das Häuschen im Grünen zu entscheiden?

Dass Nutzungsmischung und Dichte für viele verschiedene Gruppen interessant, dass sie Voraussetzung für ein lebendiges Stadtleben sind und die Alltagsorganisation vereinfachen, ist heute eigentlich unumstritten. Doch führt dies bei Privatleuten nicht zu einer automatischen Entscheidung für den Wohnstandort Stadt. Mindestens ebenso wichtig wie die Frage nach der städtebaulichen Qualität ist die nach der individuellen Wohnqualität.

Schmale Parzellen: zwei Gebäude im Französischen Viertel

Das Konzept der Südstadtentwicklung geht davon aus, dass sich Stadt aus Bausteinen verschiedener Größe, Struktur und Nutzung zusammensetzt, deren Ausgestaltung sich aus den Bedürfnissen unterschiedlichster Nutzer ergibt. Das wichtigste Werkzeug hierzu ist die kleinteilige Parzellierung. Durch die Bauleitplanung werden von vornherein lediglich die Außenkanten der Neubaublöcke festgelegt, nicht aber deren interne Parzellierung. Die Aufteilung der Grundstücke entsteht erst mit der Vergabe an die Baugruppen und ist vollkommen variabel. So finden sich in der Südstadt sowohl Bauvorhaben wie das Projekt 14, das aus konzeptionellen Gründen einen gesamten Block belegt, als auch extrem schmale Gebäude mit weniger als 5 Meter Breite, die wohl eher an einer Amsterdamer Gracht zu erwarten sind. Ziel ist, auf diese Weise eine Planungsvorgabe zu schaffen, die den Vorstellungen der einzelnen Baugruppen Raum lässt und so zum Entstehen eines vielfältigen Stadtteils beiträgt.

Diese Flexibilität gilt auch für die Gestaltungsvorgaben der einzelnen Bauvorhaben. Soziale und funktionale Vielfalt muss sich unserer Ansicht nach ausdrücken können, gesellschaftliche Pluralität bildet sich auch ästhetisch ab. Daher gibt es im Entwicklungsbereich kein ästhetisches Einheitsmaß, sondern große gestalterische Spielräume für die Bauherren. Dachformen, Geschosshöhen, Materialien und Architekturstil sind – eine Einhaltung des Baurechts vorausgesetzt – weitestgehend frei wählbar.

Dieser Punkt wird gerade von Planern oft diskutiert: muss man nicht lenkend eingreifen, den Bauherren ästhetisch vor sich selbst und seinem Nachbarn schützen? Zwei Antworten: das städtebauliche Grundprinzip ist ein strenges orthogonales Raster, der Städtebau verzichtet überwiegend auf ästhetisch geprägte Großformen. Es entsteht eine Plattform, die die ästhetische Vielfalt der Gebäude aushält und auffängt. Die Südstadtentwicklung ist nicht zunächst vom Bild, sondern von den Strukturen her gedacht. Und doch ist sie, inzwischen gut sichtbar, auch als Bild reizvoll, weil sie dieses Thema von Strenge und Flexibilität, von Standbein und Spielbein, aufnimmt.

Aber der zweite, wohl wesentlichere Punkt ist die am Anfang des Abschnittes schon angesprochene Frage nach den Spielräumen. Wer Privatleute ernst-

Einige praktische Hinweise aus juristischer Sicht

von Dr. jur. Friedrich Heinzmann

Wenn Menschen überlegen, ob sie einer freien Bauherrenger schaft beitreten wollen, kommen so gut wie immer drei spezif Fragen auf:
Erstens: Wie läßt sich sicherstellen, daß sich nur Menschen an Projekt beteiligen, die das notwendige Engagement mitbringe "gemeinsam mit mir, meiner Familie und den anderen Bauherre einem Strang ziehen"?
Zweitens: Wie läßt sich sicherstellen, daß sich nur solche Familie Gewerbetreibende beteiligen, die ausreichend zahlungskräftig so daß der Bau unzweifelhaft fertiggestellt wird und nicht irger steckenbleibt?
Drittens: Wie muß das Ganze rechtlich in Verträge eingekleidet In diesem Text werde ich vor allem auf die dritte Frage eingehe einen juristischen Weg von den ersten Kontakten bis zum fer Bau beschreiben. Die ersten beiden Fragen lassen sich wohl nur konkreten Situation beantworten. Aber Baugruppen, die schritt vorgehen, tun sich mit der individuellen Beantwortung der F sicher leichter. Meiner Ansicht nach sollte der Weg vom Bauw zum Gebäude aus vier Etappen bestehen:

- Interessengemeinschaft
- Planungsgemeinschaft
- Bau(herren)gemeinschaft
- Eigentümergemeinschaft

Im folgenden werde ich diese Etappen beschreiben und auf e wesentliche Punkte hinweisen.

Die **Interessengemeinschaft** hat in der Regel noch keinen rechtl Charakter. Ihr Ziel ist es, schon ganz zu Beginn die wesentl Fragen einer Baugemeinschaft zu klären. Welcher Standort kom Frage, wieviel Mitglieder sollte die Baugemeinschaft umfasse che Architektur und Materialien stellen wir uns vor, lassen sic unterschiedlichen finanziellen Möglichkeiten vereinbaren? Bevo Planungsgemeinschaft in's Leben gerufen wird, sollte man prüfe sich die unterschiedlichen Interessen in Einklang befinden. Hier l oft die größten Schwierigkeiten eines gemeinsamen Baus, selb ständlich abhängig von den einzelnen Mitgliedern und der Erfa der Architekten bzw. Baubetreuer.

Die **Planungsgemeinschaft** ist in der Regel eine Gesellschaft bü chen Rechts, ihr Zweck die Ausarbeitung einer vollständigen Pla Dazu gehören u.a. die Baureifmachung des Grundstücks, die Entv planung und Baubeschreibung, die Kostenplanung, die individ Finanzierungen und einiges mehr. Ein großer Teil dieser Arbeit sicher von Fachplanern übernommen, von der Gemeinschaft je in Auftrag gegeben und diskutiert.

Friedrich Heinzmann lebt seit 1980 in Tübingen und hat sich in seinen Tätigkeiten als Anwalt, Notarvertreter und - aktuell - Mitarbeiter des Tübinger Liegenschaftsamtes intensiv mit den juristischen Aspekten der privaten Bauherrengemeinschaften beschäftigt.
Er ist Dozent an der FH Nürtingen und Autor der Publikation "Die freie Bauherrengemeinschaft -Praktische Überlegungen aus juristischer Sicht und Vertragsmuster", die u.a. im Stadtsanierungsamt erhältlich ist.

haft an der Entstehung eines städtischen Viertels beteiligen will und ihnen in vielen Bereichen die Rolle der maßgeblichen Akteure zuweist, muss auch bei der Architektur Spielräume lassen. Diese Spielräume hängen zum einen mit den funktionalen, aber auch mit den ästhetischen Vorstellungen zusammen. Ein gutes Beispiel dafür ist der Umbau der

Aus der vom Stadtsanierungsamt herausgegebenen Broschüre »Private Baugemeinschaften«

ie endgültige Planung feststeht, sollte jedes Mitglied die Mög-
eit zum jederzeitigen Verlassen der Baugemeinschaft haben,
ei es aber alle Kosten der bisherigen Planung und Rechtsberatung
agen muß, sofern nicht ein Nachfolger die Kosten übernimmt.
Maß der Bindung durch finanzielles Risiko und rechts-
gen Vertrag wächst somit gleichmäßig mit dem
enlernen der übrigen Bauherren und dem Planungs-
chritt. Unabdingbar ist, daß die Mitglieder der
ingsgemeinschaft ihre finanziellen Möglichkeiten
einander oder aber gegenüber einem von ihnen dazu
ellten Steuer- oder Wirtschaftsberater offenlegen.

ie Planungsgemeinschaft ihre Aufgaben erfüllt, kann
au(herren)gemeinschaft gegründet werden, ebenfalls eine Ge-
haft bürgerlichen Rechts. Ihr Zweck ist die Erstellung des Gebäu-
die Mitgliedschaft in ihr ist rechtlich bindend und der Austritt
wert, da durch den Austritt das gesamte Bauvorhaben gefährdet
. Mittels Bankbestätigung müssen die einzelnen Mitglieder ihre
izkraft nachweisen.
Gründung der Baugemeinschaft erfolgt meist kurz vor dem ge-
samen Grundstückskauf. Die Geschäftsführung kann bei allen
llschaftern gemeinschaftlich, bei einzelnen Gesellschaftern oder
bei einem Außenstehenden liegen; sie kann natürlich auch zwi-
a den Beteiligten wechseln. Mit der Fertigstellung des Gebäudes
ie Baugemeinschaft ihre Aufgabe erfüllt.

er Eigentümergemeinschaft nach dem Wohnungseigentumsge-
erhalten die einzelnen Eigentümer durch den Teilungsvertrag
ereigentum an den einzelnen Wohnungen und Gewerberäumen.
andere Rechtsformen wie Verein, Genossenschaft usw. sind
ich, jedoch nur in Sonderfällen praktikabel. Bei der Eigentümer-
inschaft nach dem Wohnungseigentumsgesetz behalten die
nen Eigentümer das Recht zum Verkauf und zur Beleihung ihrer
ungen und Gewerbeeinheiten; beim Grundbuchamt werden
ne Grundbücher angelegt.

eschriebene Weg ist nicht der einzig mögliche, um mit einer
emeinschaft zu bauen, hat sich jedoch in der Vergangenheit
hrt. Insbesondere bei Ausarbeitung der Verträge für Planungs-
Bauherrengemeinschaft ist an Eventualitäten wie Tod eines
eds, Ehescheidung oder Arbeitsplatzverlust zu denken. Gerade
keiner Baugemeinschaft solche Störungen zu wünschen sind,
t eine saubere Ausarbeitung der Verträge Sinn.
gute Verträge können kein gutes Miteinander ersetzen. Das
gen oder Scheitern von Baugemeinschaften hängt davon ab, ob
rsonen harmonieren und ob der Bauwille ausreichend stark ist.

Pferdeställe im Französischen Viertel: obwohl Denkmalschützer hier eher den Blick abwenden, ist sicher, dass die Pferdeställe mit rigideren Gestaltungsvorgaben nicht in dieser Form nutzbar gewesen wären. Heute ist das Ensemble zweierlei: Reminiszenz an die Garnisonszeit und eine Art Mittelpunkt des Französischen Viertels.

Architektonische Vielfalt in Loretto

Die Baugemeinschaft »Kunst und Wohnen« mit einer Fassadengestaltung des Malers Frido Hohberger

So war von Anfang an klar, dass eine Methode gefunden werden musste, die späteren Nutzer schon bei der Grundstücksvergabe als Bauherren an den Bauvorhaben zu beteiligen, und nicht erst, wie beim konventionellen Bauträger, vergleichsweise spät als Käufer vorgeplanter Wohnungen. Das entstandene Modell ist vom Prinzip her sehr einfach: es sieht eine private Baugemeinschaft vor, in der sich eine beliebige Anzahl von Interessenten an Wohn- und Gewerbeflächen zusammenschließt. Gemeinsam wird ein Architekt beauftragt, bis in Detailfragen mitgeplant, das Grundstück gekauft und, wenn nötig, werden weitere Mitbauer gesucht.

So einfach die Idee in der Theorie, so kompliziert waren die ersten Versuche der Umsetzung: Wie sehen die Verträge zwischen den verschiedenen Mitgliedern der Baugemeinschaft aus? Was passiert, wenn man sich nicht einig wird? Wie überzeugt man die Banken, trotz einiger noch fehlender Mitbauherren Kredite zu geben? Wer bestimmt über was in welchem Maße? Dies sind nur einige der Fragen, die für die ersten privaten Baugruppen ernste Probleme darstellten, so dass diese Gruppen als wirkliche Pioniere gelten können.

Inzwischen hat sich die Situation für private Baugemeinschaften zu großen Teilen geändert, die Pionierarbeit trägt Früchte. Bauen in der privaten Baugemeinschaft ist in Tübingen längst kein exotisches Projekt mehr, sondern ein weitverbreitetes Modell. Dies liegt an den vielen Vorteilen gegenüber konventionellen Bauträgerprojekten, die sich an den bereits fertiggestellten Bauvorhaben deutlich gezeigt haben:

• Die Endpreise für die Nutzer liegen deutlich unter vergleichbaren Angeboten von Bauträgern. Dies liegt in erster Linie nicht an einer Reduzierung der reinen Baukosten, sondern an geringeren Nebenkosten. Teilweise entfallen Kosten für Marketing, Vorfinanzierung und Projektsteuerung, weil diese Aufgaben von den Bauherren übernommen werden können oder gar nicht erst entstehen. Die Grunderwerbsteuer wird bei Baugemeinschaften in der Regel nur für den Grundstückskaufpreis fällig, nicht jedoch für die Baukosten.

• Je früher die privaten Bauherren an der Konzeption und Planung eines Gebäudes beteiligt sind, um so mehr orientiert sich die Architektur an ihren funktionalen, ästhetischen und finanziellen Vorstellungen. Dies führt dazu, dass sehr unterschiedliche Projekte direkt nebeneinander entstehen: das ökologisch orientierte Passivhaus mit höheren Bau-, aber geringeren Verbrauchskosten; die kleine, intime Baugemeinschaft mit zwei oder drei Einheiten; das gemeinschaftlich orientierte Projekt, zum Beispiel gemeinsames Wohnen im Alter; das Low-Budget-Bauvorhaben mit viel Eigenleistung; die Baugemeinschaft, bei der das Gewerbe eine große Rolle spielt usw. Es entsteht eine Ausdifferenzierung, die nicht nur Grundlage für einen lebendigen Stadtteil ist, sondern auch vielen verschiedenen Interessenten mit ihren unterschiedlichen Vorstellungen die Möglichkeit gibt, ein geeignetes Projekt zu finden. Darüber hinaus ist es fast unnötig zu betonen, dass im Rahmen einer Baugemeinschaft gemeinsame Flächen finanzierbar sind, die für den konventionellen Häuslebauer unbezahlbar bleiben. So haben sich viele Projekte Gemeinschaftsterrassen und -räume erstellt; Projekt 14, die bislang größte Baugemeinschaft mit fast vierzig Parteien, hat neben einem Gemeinschaftshaus eine Sauna, eine Fahrrad- und eine Holzwerkstatt.

Innenhof *Projekt 14*

• Die Bauherren kennen ihre späteren Nachbarn schon lange vor ihrem Einzug und nicht erst dann, wenn das Gebäude fertiggestellt und nichts mehr zu ändern ist. Selbstverständlich laufen auch Baugemeinschaften nicht immer konfliktfrei ab – nur meist finden die entscheidenden Konflikte zu einem Zeitpunkt statt, wo sich Gruppen noch ohne größere finanzielle Verluste umstrukturieren oder trennen können.

Die früh wahrnehmbare Existenz der Baugruppen ist aus unserer Erfahrung auch für den gesamten Stadtteil vorteilhaft: die Identifikation mit dem Viertel ist hoch, die Gruppen interessieren sich für die Planung der Straße oder des nahen Platzes lange vor dem ersten Spatenstich. Sie »mischen« sich in die Planung ein, präsentieren sich bei Festen oder werden sogar, wie das *Projekt 14*, zum kulturellen Anlaufpunkt: dort fand, einen ganzen Bausommer lang, eine »Kneipe auf der Baustelle« statt, bei der mit Konzerten und improvisiertem Gaststättenbetrieb auf das Vorhaben aufmerksam gemacht wurde.

• Auch bei der Ansiedlung von Gewerbebetrieben haben sich die Baugemeinschaften als sehr einfallsreich erwiesen. Bei vielen Projekten fehlt anfangs ein fester Nutzer oder Investor für die Gewerbefläche, da Unternehmen meist versuchen, so spät wie möglich eine Festlegung zu treffen. Doch während Bauträgern oft nur die konventionellen Vermarktungswege wie Anzeigen, Makler oder ähnliches offenstehen, können

Lässt sich Stadtleben planen? Ziele und Werkzeuge

Planungsverfahren	Vermarktung	Baugruppenstatus
Aufstellungsbeschluss durch Gemeinderat gemäß Rahmenplan	Allgemeine Information über das Projekt	Interessenten für Wohnungen oder Gewerbeflächen
Bebauungsplanentwurf für einen Teilbereich 1. Bürgerbeteiligung mit Auslage Beteiligung der Träger öffentlicher Belange	Start der Vermarktung mit einer gemeinsamen öffentl. Veranstaltung Gespräche mit den Interessengruppen	Interessengemeinschaft mit Konzept und einigen Mitgliedern bewirbt sich um Grundstücksoption
Einarbeitung der Anregungen Auslegungsbeschluss durch Gemeinderat 2. Bürgerbeteiligung mit Auslage Beteiligung der Träger öffentlicher Belange	Vergabe der Grundstücksoptionen durch Südstadtausschuss (in Abschnitten) Abstimmung der Bauvorhaben mit Stadtsanierungsamt/Baurechtsamt	Planungsgemeinschaft mit Grundstücksoption konkretisiert Projekt, erstellt Baugesuch
Einarbeitung der Anregungen	Kaufbeschluss, Grundstückskauf	Baugemeinschaft realisiert Bauvorhaben
Satzungsbeschluss durch Gemeinderat Rechtskraft	Baubeginn nach §33 o. §30 (je nach Stand des Planungsverfahrens)	Wohn- und Teileigentümergemeinschaft verwaltet und nutzt Gebäude

Ablaufschema Planungsverfahren – parallele Vermarktung

die Mitglieder der Baugemeinschaft viele potentielle Interessenten aus dem Bekanntenkreis oder unter den Geschäftspartnern ansprechen. Die Vermarktung wird so auf viele Schultern verteilt, da meist ein großes gemeinsames Interesse in der Baugemeinschaft besteht, eine passende Nutzung für die Erdgeschossflächen zu finden.

Auch für den Fall, dass bis zum Baubeginn nicht alle Einheiten an die späteren Nutzer verkauft sind, haben die verschiedenen Gruppen interessante Ideen entwickelt. Zum Teil übernehmen Bauherren von Wohnungen die Gewerbeflächen als Investoren, zum Teil werden Investoren von außen als »Statthalter« gefunden. Das Modell des geschlossenen Immobilienfonds, in dem sich mehrere Investoren zusammentun, um jeweils einen kleineren Teil der Flächen zu finanzieren, existiert ebenso wie die Variante, einen Trägerverein für spezielle Nutzungen wie beispielsweise eine öffentliche Werkstatt ins Leben zu rufen.

Um die Baugruppen insbesondere in ihrer Anfangsphase zu unterstützen, hat das Stadtsanierungsamt einige zusätzliche Angebote entwickelt. Broschüren und Merkblätter informieren über das Prinzip der Baugemeinschaft, realisierte Beispiele und die juristischen Grundlagen. Für Einzelinteressenten gibt es die Möglichkeit, im Amt eine Kartei mit laufenden Planungsgruppen einzusehen; ebenso haben Gruppen die Möglichkeit, passende Interessenten zu finden. Die »Stadthausbörse«, die bei Interesse verschickt wird, informiert über die freien Wohn- und Gewerbeflächen, die sich bereits in der Herstellung befinden und nennt Ansprechpartner. Bei der »Stadthausbörse vor Ort« haben Planungsgemeinschaften die Möglichkeit, sich wie bei einem Flohmarkt zu präsentieren; Interessenten können mit den entsprechenden Projekten vergleichsweise unverbindlich und einfach Kontakt aufnehmen.

Das Blockheizkraftwerk der Stadtwerke: Fernwärmeanschluss ist Pflicht, alle Gebäude entstehen in Niedrigenergiebauweise

Das Prinzip der privaten Baugemeinschaft hat inzwischen nicht nur die Situation des Tübinger Immobilienmarkts geprägt, sondern auch die lokale Baukultur verändert. Jede erfolgreich verlaufene Baugruppe, so unsere Erfahrung, ist über Bekannte und Freunde der Bauherren auch wieder der mögliche Anfang eines neuen Projekts. Es ist sicher nur eine Frage der Zeit, bis diese Art des Bauens auch jenseits der Grenzen des Entwicklungsbereichs ihren exotischen Charakter verliert.

Ein Aspekt sollte hier jedoch nicht vergessen werden: So interessant das Modell der privaten Baugemeinschaft auch ist, insbesondere in der Anfangszeit war die Arbeit einiger Bauträger und Investoren als »Lokomotiven« der Entwicklung entscheidend. Und auch in der Zukunft der Südstadt werden größere Bauträger in bestimmten Bereichen wesentliche Aufgaben übernehmen, die private Baugemeinschaften nicht leisten können oder wollen. Wichtig hierbei: die Aufgaben müssen klar definiert sein, die Planungshoheit bleibt auch weiterhin bei dem kommunalen Projektmanagement.

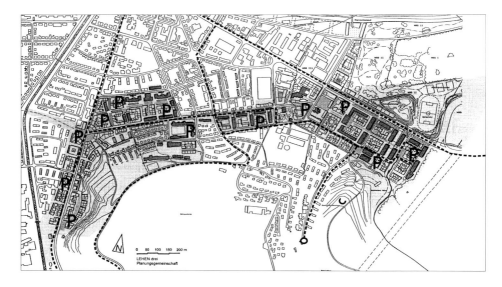

Buslinien und projektierte Parkierungsanlagen

Öffentlicher Raum und Verkehrskonzept

Gerade wegen der hohen Dichte und der städtischen Strukturen kommt der Gestaltung öffentlicher Räume, Plätze und Straßen in der Tübinger Südstadt eine besondere Bedeutung zu. Sie sind, so der städtebauliche Rahmenplan, nicht mehr nur Verkehrsträger, sondern in erster Linie Aufenthaltsraum für Bewohner, Beschäftigte und Besucher. Hieraus resultieren zwei grundsätzliche Folgerungen: zum einen müssen sie hohe Ansprüche an die Aufenthaltsqualität erfüllen (siehe auch das Kapitel Bürgerbeteiligung), zum anderen dürfen sie nicht in erster Linie als Verkehrs- und Parkraum dienen.

Das gesamte Verkehrskonzept zielt daher auf eine Gleichberechtigung der verschiedenen Verkehrsträger. Aber: autofreie Viertel waren – allen Missverständnissen zum Trotz – in der Südstadt nie geplant, sondern Quartiere, in denen parkende und fahrende Autos nicht den öffentlichen Raum dominieren. Grundgedanke ist, dass in der Südstadt nicht sämtliche Wege des Alltags mit dem Auto zurückgelegt werden müssen, da durch die dichte Mischung von Wohnen und Arbeiten viele Läden und Einrichtungen in unmittelbarer Nähe der Wohnungen vorhanden sind. Sowohl ein dichtes Busnetz, eine radfahrergeeignete Topographie als auch ein umfangreiches CarSharing-Angebot sind vorhanden. Im Innenbereich der Stadtviertel sind daher generell verkehrsberuhigte Bereiche mit Schrittgeschwindigkeit vorgesehen, lediglich die Erschließungsstraßen sind als Tempo-30-Bereiche ausgewiesen (siehe Isometrie mit Verkehrszonierung).

Die wohl größte Problemstellung von Anfang an bis heute ist die Suche nach dem bestmöglichen Parkierungskonzept für die Fahrzeuge, die bei einer solch hohen Dichte in großer Zahl vorhanden sind – selbst wenn der durchschnittliche Autoanteil pro Haushalt geringer als üblich ist. Eine intelligentere Lösung als das Parken auf Straßen und Privatgrundstücken musste gefunden werden, da die ebenerdigen Flächen in einem dicht bebauten Viertel zum Parken zu kostbar und flächenmäßig nicht ausreichend sind. Tiefgaragen unter den Gebäuden sind auch keine ernsthafte Alternative: bei kleinteiliger reeller Parzellierung lassen sie sich nur schwer realisieren, hinzu kommt die unerwünschte Konkurrenz von Einfahrten und Gewerbeflächen im Erdgeschoss.

Grundsätzlich gilt daher im gesamten Entwicklungsbereich: Parkplätze im öffentlichen Raum und Stellplätze auf den privaten Grundstücken gibt es nur in Ausnahmefällen, so für dringend darauf angewiesene Betriebe (beispielsweise im Handwerk), für Gehbehinderte, für Kurzzeitparker und für die Fahrzeuge des CarSharing-Anbieters. Das Be- und Entladen vor den Wohnungen und Betrieben ist selbstverständlich jederzeit möglich, für das dauerhafte Abstellen der Fahrzeuge von Bewohnern, Beschäftigten und Besuchern stehen automatische Parkierungsanlagen zur Verfügung.

Diese automatischen Parkierungsanlagen ähneln in der Technik industriellen Hochregallagern, sind in ihrer Bedienbarkeit aber fast so einfach wie Garagen: Wer sein Auto abstellen möchte, fährt es in eine Einfahrtbox auf einer Palette, steigt aus, verlässt die Box und gibt per Knopfdruck den Befehl zum Einlagern. Bei der Abholung liegen zwischen Auslagerungsbefehl und Auslagerung etwa zwei Minuten.

Die Panzerhalle vor und nach ihrem Umbau zu einem überdachten Platz

Die Anlagen befinden sich an den Rändern der Quartiere, maximal 250 m von den Wohnungen entfernt und damit etwa ebenso weit wie die Bushaltestellen in der Südstadt. Geplant, gebaut und betrieben werden sie von verschiedenen Gesellschaften, unter anderen auch von den Tübinger Stadtwerken. Wer dauerhaft einen Stellplatz für sein Fahrzeug braucht, dem stehen die Angebote dieser Gesellschaften zur Verfügung: angefangen bei monatlicher Miete bis hin zum Kauf eines Stellplatzes. In Betrieb ist bislang eine Anlage, drei weitere befinden sich in der Planung.

Dieses Konzept wirkt zunächst außergewöhnlich, bietet aber viele Vorteile. Städtebaulich interessant werden die Anlagen durch ihre Kompaktheit, die im Vergleich zu konventionellen Parkhäusern circa 50 % der Fläche spart, und durch die völlige Vermeidung unübersichtlicher Angsträume, die in Tiefgaragen fast zwangsläufig entstehen. Darüber hinaus bieten sie in gemischten Quartieren einen besonderen Vorteil: Bewohner fahren morgens mit ihren Fahrzeugen zur Arbeit außerhalb des Quartiers, die freiwerdenden Stellplätze können Beschäftigte und Besucher, die tagsüber einpendeln, nutzen. So steigt die Auslastung der Stellplätze, die Kosten sinken.

Aus Gründen der Kostengerechtigkeit war es der Stadt Tübingen bei der Konzeption wichtig, die Kosten für die Erstellung von Stellplatz und Wohnung zu entkoppeln. Nach Landesbauordnung müssen beim Bau einer Wohnung die erforderlichen Stellplätze nachgewiesen werden und gehen als Baulasten in die Baugenehmigung ein. In der Südstadt werden diese Baulasten vollständig auf die Grundstücke der Parkierungsanlagen übertragen. Der Bauherr einer Wohnung muss demnach keinen Stellplatz nachweisen oder ablösen, die Bauherren der Parkierungsanlagen erstellen alle erforderlichen Stellplätze – stellvertretend für die einzelnen Bauherren.

Großes Interesse: die Einfahrtbox der automatischen Parkierungsanlage im Loretto-Areal

Konkret bedeutet dies: Es gilt das Verursacherprinzip. Wer kein Auto besitzt, muss sich um einen Stellplatz keine Gedanken machen; wer ein Auto besitzt, wird einen Stellplatz in einer der Parkierungsanlagen benötigen, da andere Parkmöglichkeiten im Entwicklungsbereich nicht zur Verfügung stehen.

In der Realisierung hat dieses Modell mit vielen Schwierigkeiten zu kämpfen, die hier kurz angerissen werden sollen. Die Entkoppelung von Wohnung und Stellplatz führt dazu, dass bei den einzelnen Bauherren auch nach dem Bau ihrer Wohnung noch eine Bereitschaft vorhanden sein muss, sich an dem Parkierungskonzept zu beteiligen, ohne dass ihre Baugenehmigung sie dazu zwingt. Solange jedoch im Viertel oder in seiner unmittelbaren Umgebung kostenlose Parkmöglichkeiten  vorhanden sind, ist diese Bereitschaft nicht bei allen vorhanden. Kontrolle wird notwendig, de facto also Parkraumbewirtschaftung auch in den angrenzenden Stadtteilen.

Ein zweiter Punkt ist die große Skepsis gegenüber dem technischen System »automatische Parkierung«, das auch in der ersten realisierten Anlage im Loretto-Areal wiederholt ausfiel oder Störungen produzierte. Es ist damit zu rechnen, dass sich die Störungen als »Kinderkrankheiten« erweisen werden, dennoch haben sie einen großen Einfluß auf die mittelfristige Akzeptanz des Konzepts.

Deswegen haben vorhandene und potentielle Betreiber mit dem Problem zu kämpfen, für die Finanzierung ihrer Anlage ausreichend Mitstreiter zu finden. Solange die Parkierungsanlagen nicht vorhanden sind, kann die Stadtplanung nicht auf die Bereitstellung von Parkplätzen verzichten. Gleichzeitig führt gerade diese Bereitstellung von Interimsparkplätzen dazu, dass das Fehlen der Anlagen zwar unangenehm auffällt, aber über einen längeren Zeitraum kein wirklich großer Handlungsdruck entsteht. Hinzu kommt, dass die Konzeptions- und Planungsphase der einzelnen Parkierungsprojekte sehr viel länger als die konventioneller Bauprojekte ist.

Inzwischen scheint mit den Stadtwerken ein geeigneter Investor gefunden worden zu sein, so dass weitere Anlagen noch im Lauf des Jahres 2001 entstehen sollen. Ein weiterer Akteur ist die private Planungsgemeinschaft »Parkierungsanlagen Französisches Viertel« (PFV), die sich überwiegend aus Bewohnern zusammensetzt und eine Lösung des Parkproblems aus dem Quartier heraus anstrebt.

Bürgerbeteiligung und die Gestaltung des öffentlichen Raums

Der Gestaltung und Nutzung öffentlicher Räume kommt im Rahmen der Umsetzung der Entwicklungsmaßnahme eine große Bedeutung zu: Der öffentliche Raum soll in erster Linie nicht dem Aufenthalt der Fahrzeuge, sondern den Menschen des Viertels dienen. Das sich in einer Stadt entwickelnde Leben braucht geeignete Orte und Plätze, um sich zu entfalten, an denen Austausch, Auseinandersetzung und Kontakte möglich werden.[2]

Ein weiterer Aspekt ist die Identifikation der Menschen mit diesen Orten; damit sich Leben in öffentlichen Räumen entwickelt, müssen diese Räume auch den Bedürfnissen der Menschen vor Ort entsprechen. Wesentlich hierfür ist die Einbeziehung der Bürgerinnen und Bürger bei den Planungen für die Gestaltung solcher Orte.

Im Entwicklungsbereich sind Bewohner und Beschäftigte, weit über die gesetzlichen Vorgaben hinaus, sehr umfangreich an der Planung des öffentlichen Raums beteiligt. Für die beiden Teilbereiche Französisches Viertel und Loretto-Areal wurden analoge Beteiligungsverfahren angewandt, die die Interessen der jetzigen und späteren Bewohner weitgehend berücksichtigen.[3]

Die Bürger aus dem Entwicklungsbereich und den angrenzenden Straßen wurden von der Stadt zu einer Veranstaltung (je Teilgebiet) eingeladen. Zunächst wurden die Bürger über die Grundlagen der Planung, die Ziele und Inhalte der Beteiligung sowie die Gestaltungsmasse informiert (vgl. hierzu die Abb. unten). Es bildeten sich dann nach eigener Zuordnung und Vorschlägen der Bürger verschiedene Gruppen, die während des Beteiligungsprozesses die Interessen bestimmter Zielgrup-

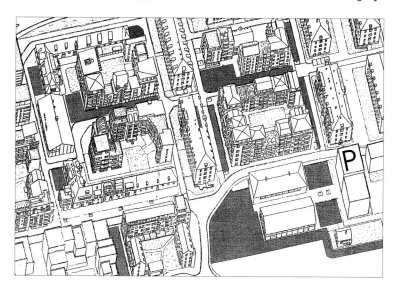

Von der Bürgerbeteiligung beplante Flächen im Französischen Viertel

pen vertraten (Familien mit Kindern, ältere Menschen, Erwachsene ohne Kinder, Gewerbetreibende, Jugendliche).

Schon im Verlauf dieses ersten Abends sammelten alle Gruppen unter Unterstützung jeweils eines Moderators mit Metaplan-Materialien ihre Ideen und Bedürfnisse und präsentierten diese anschließend dem Plenum. Bei diesem ersten Brainstorming zeichnete sich bereits eine enorme Vielfalt an Wünschen und Ideen ab. Am Ende der Veranstaltung wählten alle Gruppen jeweils zwei Sprecher, welche die Gruppe im weiteren Prozess in einem sogenannten Arbeitskreis vertreten sollten. In dem aus den Sprechern und einem neutralen Moderator bestehenden Arbeitskreis wurden die Vorschläge der verschiedenen Gruppen aufeinander abgestimmt, bei Bedarf Möglichkeiten eines Interessenausgleichs und Kompromisse gesucht und ein gemeinsamer Gestaltungsvorschlag erarbeitet. Im weiteren Verlauf des Beteiligungsprozesses trafen sich zeitversetzt jeweils die Interessengruppen und dann deren Sprecher in dem gemeinsamen Arbeitskreis.

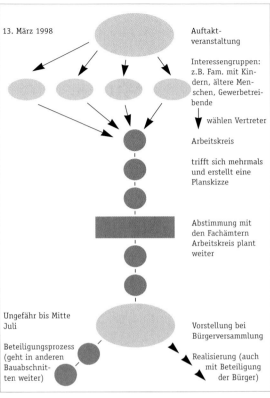

Ablaufschema Bürgerbeteiligung

Die Interessengruppen standen auch nach der Auftaktveranstaltung, also während des gesamten Prozesses, für weitere interessierte Bürger offen. Bei entsprechenden Nachfragen vermittelte der für den gesamten Beteiligungsprozess zuständige Moderator den Kontakt zu einer entsprechenden Interessengruppe und informierte über den Stand des Beteiligungsprozesses. Die Interessengruppen informierten sich in weiteren Treffen über zusätzliche Gestaltungsmöglichkeiten und -ideen, überarbeiteten ihre Vorschläge und bündelten diese dann gemäß verschiedener Moderationsvorgaben.

In der zweiten Hälfte des Beteiligungsprozesses wurde eine Landschaftsplanerin zu den Arbeitskreistreffen hinzugezogen, welche die im Arbeitskreis erarbeiteten und abgestimmten Vorschläge zur Gestaltung der verschiedenen Flächen in eine Planskizze umsetzte. Diese wurde als Konsens der Interessengruppen den zuständigen Ämtern zur Begutach-

Auftaktveranstaltung

tung vorgelegt. In einem gemeinsamen Besprechungstermin von Amtsvertretern und Arbeitskreis wurden dann vereinzelte behördliche Vorbehalte, beispielsweise feuerwehrrechtlicher oder finanzieller Art, erläutert und alternative Lösungen diskutiert. Nach einer Rückkoppelung mit den Interessengruppen erfolgte entsprechend den Vorbehalten eine Überarbeitung des ersten Entwurfs. In einer öffentlichen Abschlussveranstaltung präsentierten nach einem etwa zehn Monate dauernden Beteiligungsprozess die Bürger »ihren« Plan – und erhielten dafür überwiegend Lob und Zustimmung. Die daraufhin in Auftrag gegebene Ausführungsplanung erfolgt ebenfalls unter Information von und in Abstimmung mit den beteiligten Bürgern. Auch bei der Umsetzung wird versucht, die Bewohner durch Eigenleistungen an der Realisierung einzelner Bauvorhaben zu beteiligen. Die beschriebenen Beteiligungsverfahren laufen seit zwei Jahren; einige Planungen der Bewohner wurden bereits umgesetzt, andere stehen unmittelbar vor der Realisierung.

Ein wichtiger Nebeneffekt der Bürgerbeteiligung bestand darin, dass im Rahmen des Beteiligungsprozesses neben der längerfristigen Planung auch eine Vielzahl akuter Fragen und Bedürfnisse der Bürger angesprochen wurden. So konnten beispielsweise einzelne Flächen für eine Interimsnutzung hergerichtet werden, damit Spiel- und Bewegungsflächen schon während des noch laufenden Planungsprozesses zur Verfügung standen. Darüber hinaus erhielt das Stadtsanierungsamt eine Reihe von Informationen über aktuelle Probleme; es entstand der Eindruck, dass die Kommunikation und das Verständnis zwischen Amt und Bürgern verbessert wurde.

Die von den Bürgern erarbeiteten Pläne wurden den politischen Gremien zunächst als Vorentwurf vorgestellt und fanden einstimmige Zustimmung. Auch die Ausführungspläne wurde beschlossen und auf dieser Grundlage die Ausschreibungen vorgenommen.

Während Skeptiker dieser Art der Bürgerbeteiligung eine große Praxisferne befürchteten, zeichnete sich die «Bürgerplanung» durch genau das Gegenteil aus: sehr detailliert und kompetent wurden die verschiedenen Interessen miteinander abgeglichen und stimmige Lösungen gefunden.

Die Erfahrungen aus dem Prozess zeigen, dass bestimmte Rahmenbedingungen für die vorgestellte Form der Beteiligung von Bürgern bei Planungsmaßnahmen gegeben sein sollten:

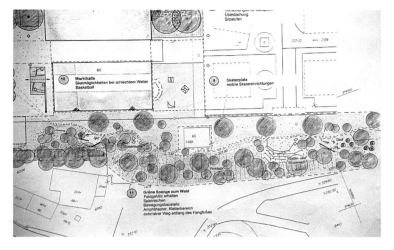

Bürgerplanung für Teilbereiche

- Man benötigt einen mehr oder weniger erfahrenen Moderator, der die Interessen der jeweiligen Gruppen zusammenfasst, der dafür sorgt, dass auch stillere Arbeitsgruppenmitglieder zu Wort kommen, und der die Ergebnisse zusammenfasst. Ziel sollte immer sein, Konsensentscheidungen herbeizuführen, um zu gewährleisten, dass die Planungsideen von allen mitgetragen werden.

Wichtig ist auch, dass die Interessen von Gruppen, die vielleicht nicht oder nicht immer bei den Arbeitskreissitzungen vertreten sind, vom Moderator mit berücksichtigt werden, um sicherzustellen, dass der Einfluss einzelner Interessensgruppen nicht zu groß wird.
- Die *zeichnende Hand*, also die ausgebildete Planerin, sollte in der Lage sein, die Ideen der Bürger für diese gut nachvollziehbar auf Papier zu bringen. Nur in Einzelfällen sollte sie ihre Meinung äußern, etwa wenn es um die Beurteilung von sinnhaften Kombinationen beispielsweise bei mehreren zu planenden Flächen geht oder wenn an der einen oder anderen Stelle ein fachlicher Input hilfreich sein könnte. Wichtig ist, dass die Planerin ihre Fachkompetenz grundsätzlich zunächst zurückstellt und die Bürger selbst den Plan entwickeln lässt.
- Die Verwaltung sollte den geschilderten Prozess anstoßen und die Rahmenbedingungen schaffen. Bei der ersten Stufe der Beteiligung ist es jedoch sehr hilfreich, wenn sie sich weitgehend aus dem Beteiligungsprozess heraushält, um nicht von vorne herein als Bedenkenträger die Bereitschaft zur Kreativität der Bewohner zu dämpfen. Wichtig ist es auf der anderen Seite jedoch auch, dass die involvierten städtischen Ämter einbezogen werden, nachdem sich die ersten Vorstellungen der planenden Bürger konkretisiert haben, um eventuell nicht umsetzbare Planungswünsche (wie Bäume auf Leitungstrassen, zu teure Einzelobjekte, Wartungsfragen) zu benennen.

- Es sollte von dem Moderator oder aber auch der Verwaltung darauf geachtet werden, dass zwischen den Vertretern der Interessensgruppen in der Arbeitsgruppe und den weiteren Mitgliedern der jeweiligen Interessengruppe während des Verfahrens Kontakt besteht, um zu verhindern, dass eine einzelne Person ohne »Rückendeckung« ihre persönliche Meinung durchsetzt.
- Für die Vertretung der Interessen kleinerer Kinder – also sechs- bis achtjährige – stellte es sich als sinnvoll heraus, einen moderierten Workshop mit Kindern durchzuführen. Da in der Regel die Kinder bei Planungen selten selbst zu Wort kommen, kann man mit einem solchen Verfahren direkte Aussagen über deren Wünsche erlangen und in den weiteren Planungsprozess integrieren. Im übrigen ist es sinnvoll, Kindern auf solche Art und Weise zu demonstrieren, wie Stadtplanung funktioniert.
- Es gab aus den Arbeitsgruppen die Rückmeldung, dass neben der inhaltlichen Arbeit auch das Kennenlernen der neuen oder sogar zukünftigen Nachbarn sehr wichtig war. Auch dieses Kennenlernen stellt, neben der formalen Struktur der öffentlichen Freiräume, eine wesentliche Voraussetzung für Begegnung und Kommunikation sowie die gemeinsame Nutzung der öffentlichen Flächen dar.

Das Ziel der Südstadtentwicklung, auch durch die Gestaltung der öffentlichen Räume einen attraktiven und lebendigen Stadtteil zu schaffen, wird mit Hilfe eines solchen Verfahrens unterstützt; die vorhandene gesellschaftliche Vielfalt soll im Viertel Platz finden und sich im Stadtteil abbilden. Dazu gehören unserer Ansicht nach die bereits erwähnten Voraussetzungen: das Schaffen von Freiräumen und Möglichkeiten durch die Verwaltung auf der einen Seite sowie Handlungsbereitschaft der Bürger auf der anderen Seite. Der Stadtbürger soll auch in diesem Bereich zum Akteur werden, dem sich je nach individueller Situation, Interessen und Fähigkeiten Möglichkeiten bieten, im Alltag des Stadtteils präsent zu sein. Durch die Möglichkeiten zur Einflussnahme auf Verwaltungsentscheidungen haben die Bürgerinnen und Bürger in der Südstadt die Chance, ihre Ideen zur Gestaltung ihrer Stadt einzubringen. Auf diese Weise wird den Bürgerinnen und Bürgern auch die Komplexität von Planungsmaßnahmen deutlich: Sie lernen, dass Kompromisse gefunden und Konflikte ausgetragen werden müssen und dass dies eine Aufgabe ist, die sich oft schwierig darstellt. Der Weg zu einer Entscheidung wird nachvollziehbarer, wenn man selbst zur Entscheidungsfindung beigetragen hat. Die Zufriedenheit mit den Ergebnissen der Planung ist höher, wenn man weiß, wie sie zustande kamen. Die Akzeptanz der Gestaltung und die Belebung des öffentlichen Raums gelingt besser, wenn die wirklichen Bedürfnisse der dort Lebenden Berücksichtigung finden. Das Gefühl des eigenen Stadtteils, der Identifikation ist größer, wenn man an der Gestaltung hat mitwirken können.

Projektmanagement und Finanzierung

Projektmanagement
Anders als in vielen Kommunen üblich hat sich Tübingen dazu entschlossen, das Management für die Durchführung der städtebaulichen Entwicklungsmaßnahme und damit für die Umsetzung der im Rahmenplan definierten Ziele selbst in der Hand zu behalten. Hintergrund für diese Entscheidung war unter anderem, dass das Projektmanagement bei der Einschaltung eines Entwicklungsträgers – oder bei der Wahl eines anderen Verfahrens wie beispielsweise eines städtebaulichen Vertrags – in einer Institution angesiedelt wäre, die zunächst kein ausgeprägtes Interesse für städtische Strukturen entwickelt.

Mit einer Besetzung von fünf Personen obliegt dem Stadtsanierungsamt nach der Beendigung der Altstadtsanierung seit dem Ende der achtziger Jahre die Projektsteuerung. Von hier aus werden die erforderlichen Zuarbeiten anderer städtischer Ämter koordiniert und die notwendigen Akteure an einen Tisch gebracht. Diese *Querschnittsorganisation* hat sich in der Vergangenheit als äußerst effektiv erwiesen.

Mit der finanztechnischen Abwicklung der Maßnahme wurde die LEG Baden-Württemberg beauftragt, die treuhänderisch die Bewirtschaftung der Mittel übernommen hat.

Die konkreten Aufgaben des Stadtsanierungsamtes beziehen sich in erster Linie auf
- die Erarbeitung der Konzeption insgesamt und der Konkretisierung der Rahmenplanung;
- die Koordination aller Akteure, die an der Umsetzung der Entwicklungsmaßnahme beteiligt sind;
- die Erarbeitung der Bebauungspläne in Zusammenarbeit mit externen Büros;
- die Koordination der Erschließung;
- die Maßnahmen- und Finanzplanung für die jeweiligen Entwicklungsabschnitte;
- die Vermarktung der Grundstücke (Flächenmanagement);
- die anfängliche Betreuung von Baugemeinschaften;
- den Aufbau von Beteiligungsstrukturen für die Bewohner;
- die Erarbeitung von Vorlagen für notwendige politische Entscheidungen;
- die Öffentlichkeitsarbeit im Entwicklungsbereich.

Vor allem in Hinblick auf die Vermarktung der Grundstücke hat sich die Konstruktion als hilfreich für die Umsetzung der Maßnahme erwiesen. Der Anspruch, die Grundstücke in erster Linie an Baugemeinschaften zu veräußern, hat sich wie beschrieben als sehr zeitintensiv herausgestellt. Gleichwohl stellt dieses Vorgehen ein zentrales Element der Maß-

Kosten- und Finanzierungsübersicht

Gesamtübersicht (Basiswerte)	Gesamtkosten aller Maßnahmen bis 2008 (KUF)
Ausgaben	
Vorbereitung, weitere Vorber.	4.857.553
Grunderwerb	29.762.488
Ordnungsmaßnahmen	51.519.275
Baumaßnahmen	37.494.317
Vergütung, Finanzierung	3.579.019
Sonstige Maßnahmen	3.834.040
Summe Ausgaben	131.226.693
Einnahmen	
Ausgleichsbeträge	7.662.594
Grundstückserlöse	75.468.720
Mieten, Erbbauzinsen	4.112.411
Altlastenbeteiligung Bund	7.937.544
Fördermittel Landessanierungsprogramm	9.867.249
Haushaltsmittel Stadt	21.987.000
Sonstige Fördermittel	4.034.801
Ablöse Stellplätze, Sonstige	2.928.875
Summe Einnahmen	133.999.194
Saldo aus Summe Ausgaben und Summe Einnahmen	2.772.,501

nahme dar, das zunehmend auch in Baden-Württemberg Verbreitung findet.[4]

Finanzierung
Die Ziele des Städtebaulichen Rahmenplans lassen sich nur erreichen, wenn einerseits bei der Verwirklichung die Rechtsinstrumente des Baugesetzbuches konsequent gehandhabt werden und andererseits Investoren und Bauherren gefunden werden, die sich diese Ziele ebenfalls zu eigen machen. In einer Zeit der knappen öffentlichen Kassen ist die Finanzierung der Entwicklungsmaßnahme ohne Einbehalt der Wertsteigerungen an den Grundstücken – die gemäß §171 BauGB ohnehin vorgeschrieben ist – nicht möglich.

Für die Tübinger Entwicklungsmaßnahme gilt, dass die Finanzierung der Erschließung und der kommunalen Infrastruktur weitgehend aus Grundstücksverkaufserlösen und Ausgleichsbeträgen erfolgt. Voraussetzung hierfür ist, dass die Stadt die Grundstücke zu dem Wert erwirbt, den sie vor Beginn der Maßnahme besessen haben, zum sogenannten entwicklungsunbeeinflussten Anfangswert, der vom Gutachterausschuss der Stadt Tübingen festgelegt und, nach zum Teil schwierigen Verhandlungen, an den Eigentümer der Flächen, den Bund (beziehungsweise die zuständige Oberfinanzdirektion) bezahlt wurde. Die Quadratmeterpreise lagen durchschnittlich zwischen 40,00 DM/m² und 60,00 DM/m².

Die Veräußerung der Grundstücke erfolgt zu einem vom Gutachterausschuss festgesetzten Verkehrswert, in dem die entwicklungsbedingten Wertsteigerungen beinhaltet sind. Die Quadratmeterpreise variieren je nach Lage und Ausnutzbarkeit der Grundstücke zwischen 380,00 DM/m² und 660,00 DM/m² im Französischen Viertel und 530,00 DM/m² und 1170,00 DM/m² im Loretto-Areal.

Die Ausgaben und Einnahmen der Entwicklungsmaßnahme werden in einer Kosten- und Finanzierungsübersicht dargestellt, die jährlich fortgeschrieben wird. Die Finanzierung der Tübinger Maßnahme ist in der nebenstehenden Tabelle genau aufgeführt.

Die Übersicht zeigt, dass auf der Einnahmenseite vor allem die Grundstückserlöse mit rund 75 Mio. DM, der städtische Eigenanteil mit circa 22 Mio. DM sowie Landesfördermittel (LSP) zu Buche schlagen. Größere Ausgabeposten sind die Kosten für die Ordnungsmaßnahmen (wie Abbruch und Erschließung, öffentliche Freiflächen), städtische Baumaßnahmen (wie Kindergärten, Schulen, Ballspielhalle, Jugendtreff, Schülerhort) sowie Grunderwerbskosten.

Übertragbare Faktoren

Ziel der Tübinger Südstadtentwicklung ist die Schaffung eines lebendigen, attraktiven Stadtteils, bei der die Bürgerinnen und Bürger weit über gesetzliche Vorschriften hinaus beteiligt werden. Dabei geht es weniger um urbane Bilder und Symbole, sondern in erster Linie um »echte« städtische Strukturen. In den verschiedenen Wohnformen, im Gewerbe und in der sozialen und kulturellen Infrastruktur soll die vorhandene gesellschaftliche Vielfalt Platz finden und sich im Stadtteil abbilden. Dies bedingt bestimmte Voraussetzungen und Rahmenbedingungen, die gegeben sein sollten:
• Lage im Stadtgebiet: Eine Anbindung an innerstädtische Strukturen sollte vorhanden sein. Erfahrungen aus anderen Städten zeigen, dass auf der grünen Wiese solche »urbanen« Modelle schwierig umzusetzen sind.
• Größe der Stadt(-region): Vorhandene städtische Strukturen und die damit verbundene Vielschichtigkeit der Sozial- als auch Wirtschaftsstruktur bilden eine wichtige Voraussetzung für die Implementierung solcher Vorhaben.

- Ausweisung als Mischgebiet (§6 BauNVO): Die Ausweisung von Baugebieten als Mischgebiet erleichtert die Ansiedlung von Gewerbebetrieben und erhöht die Akzeptanz von Bewohnern gegenüber eventuellen Störungen, da von vornherein klar ist, dass anders als in Wohngebieten bestimmte Immissionen auftreten können.
- Altbausubstanz: Die Umnutzung vorhandener Altbauten kann eine Initialzündung für die Ansiedlung gewerblicher (handwerklicher) Betriebe sein, die wiederum andere Betriebe und auch Bewohner nach sich ziehen und das Viertel von Beginn der Maßnahme an beleben.
- Anwendung des gegebenen gesetzlichen Instrumentariums: Das Baugesetzbuch bietet die Möglichkeit der Anwendung städtebaulicher Ent-

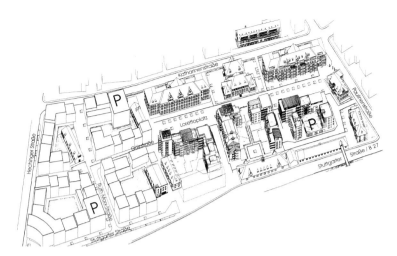

Isometrie Loretto, Stand Mitte 2000: links der aktuell entstehende Bauabschnitt Loretto-West

wicklungsmaßnahmen. Für die Realisierung städtebaulicher Maßnahmen, die auf eine nachhaltige Stadtentwicklung abzielen und die Nachfrage nach Wohn- und Arbeitsflächen befriedigen, bietet dieses Instrument eine sehr geeignete Chance zur Umsetzung.

- Politischer Wille: Ein Projekt wie die Südstadtentwicklung setzt sowohl in den politischen Gremien als auch in der Verwaltung Denkstrukturen voraus, die für neue Wege offen und an nachhaltigen Ergebnissen interessiert sein müssen. So ist es beispielsweise zunächst komplizierter und langwieriger, Flächen zu parzellieren und an einzelne Bauherrengemeinschaften zu veräußern als einen Block »en gros« an einen Bauträger zu verkaufen.
- Projektsteuerung: Die bisherigen Erfahrungen in Tübingen zeigen, dass die Projektsteuerung sinnvoller Weise bei der Stadt angesiedelt sein sollte, um zu gewährleisten, dass das gewünschte Produkt auch in der gewünschten Qualität in der Realität umgesetzt wird. Notwendig für diese Art der Umsetzung ist die Installierung einer Projektstelle, die als Stabsstelle die Koordination der Maßnahme steuert und ressortübergreifend in der sonst ressortorientierten Verwaltung agieren kann.

Fast in allen deutschen Städten finden sich die angesprochenen räumlichen Voraussetzungen, sei es auf Industrie-, Bahn- oder Militärbrachen. Selten jedoch wird von Seiten der Kommunen eine Planung vorgesehen, die versucht, wirkliche städtische Strukturen zu erhalten oder neu zu schaffen; die Segregation unterschiedlicher Nutzungen ist nach wie vor selbstverständliches Konzept bei der Realisierung der meisten städtebaulichen Vorhaben.

Andreas Pätz, Cord Soehlke

Anmerkungen

1 Vgl. z. B. auch Bunzel, Arno, Lunebach, Jochen: Städtebauliche Entwicklungsmaßnahmen – Ein Handbuch. In: Difu-Beiträge zur Stadtentwicklungsforschung, Bd. 11, Berlin 1994.
2 Vgl. Feldtkeller, Andreas: Die zweckentfremdete Stadt. Wider die Zerstörung des öffentlichen Raums, Frankfurt/New York 1994.
3 Vgl. Schmitz, Andreas, Pätz, Andreas: Lebendige Städte bauen. Bürgerbeteiligung im Rahmen der Gestaltung des öffentlichen Raumes – Ansatz, Ergebnisse und Evaluation des Prozesses. In: RaumPlanung 89, Dortmund 2000, S. 67–71.
4 Vgl. Wirtschaftsministerium Baden-Württemberg (Hrsg.): Baugemeinschaften. Ein moderner Weg zum Wohneigentum. Informationsschrift der Landesregierung, Stuttgart 1999.

Bauen in der Stadt der kurzen Wege

Die Stadt der kurzen Wege: Ihre Realisierung in der Tübinger Südstadt ist ein seit neun Jahren andauernder Prozess, der von vielen engagierten Bürgern, Baugemeinschaften, Architekten und Investoren mitgestaltet wird. Dieser Prozess begann mit einer Konzeption des Stadtsanierungsamts zur Entwicklung eines lebendigen Stadtteils, für den 1991 ein städtebaulicher Ideenwettbewerb ausgelobt wurde. Für uns Planer begann er mit der Überlegung, welche Struktur und Gestalt die zeitgemäße Stadt haben soll.

In der Fachwelt fand Ende der achtziger Jahre eine lebendige Auseinandersetzung über zukünftige Planungsstrategien statt, die stark von der großen Wohnungsnot in den Ballungszentren geprägt war. Die Fehler der Vergangenheit sollten vermieden werden: keine Monostrukturen, keine Großwohnsiedlungen, keine weitere Zersiedelung.[1]

Nach dem Wiederaufbau der kriegszerstörten Städte, den Stadterweiterungen der sechziger Jahre, den Großwohnsiedlungen der siebziger Jahre und den Flächensanierungen – die meist in Abriss und Neubau endeten – führten die behutsamen Stadtsanierungen der Altstädte gegen Ende der siebziger Jahre zu einer Rückbesinnung auf die Werte der traditionellen Stadt, auf urbane Lebenskultur und auf die bislang vernachlässigten Qualitäten des öffentlichen Raums. Die großen Visionen der Trabantenstädte, propagiert in der Worthülse »Urbanität durch Dichte«, waren zu diesem Zeitpunkt endgültig ausgeträumt und die gebauten »Programme« litten unter Leerstand, vegetierten als soziale Brennpunkte dahin oder wurden wie beispielsweise die »Neue Stadt Wulfen« notgedrungen abgerissen. Die »Charta von Athen« mit ihren Forderungen nach einer funktionalen Trennung von Wohnen, Arbeiten und Freizeit wurde zwar im Zuge der allgemeinen Gesellschaftskritik zunehmend in Frage gestellt, behielt dennoch in der planerischen Praxis ihre dogmatische Kraft.

Der Rückbesinnung und Neuentdeckung »gewachsener« Werte der Stadt folgte mancherorts aber auch der Umbau des Zentrums zur reinen Fußgängerzone oder zum Ort künstlicher Gemütlichkeit. Während sich der Blick der Stadtplaner oftmals auf die »Verschönerung« der Innenstädte richtete, fand die eigentliche Umwälzung am Rande der Städte statt: Allenthalben entstanden neue Einfamilienhausringe um die Städte, die

Kleinteilige Bebauung im »Dörfle«, Karlsruhe: 12 maßstäblich in das Stadtgefüge eingepasste Stadthäuser zeigen die Attraktivität des individuellen Wohnens in der Stadt

Parzellierte Stadthäuser im Freiburger Stadtteil Stühlinger. Die Gebäude mit gemischten Nutzungen fassen im Viertelkreis den »Lederleplatz« zu einem räumlichen Quartiersplatz

bald begleitet wurden von verkehrsgünstig gelegenen Einkaufszentren, Gewerbegebieten und wiederum weiteren Einfamilienhausgebieten.[2] Die Wanderungsbewegung von den Innenstädten in die Peripherie setzte bereits Ende der sechziger Jahre ein, die Städte verloren in der Folgezeit – bis heute nahezu ungebremst – ihre Einwohner.[3] Der Sorge um die Zukunft der Innenstädte folgte die bange Frage, wo sich gesellschaftliches Leben in einer zersiedelten Stadtlandschaft ohne Öffentlichkeit entfalten kann.

Mit dem sogenannten »Stadthauskonzept« schien Ende der siebziger Jahre ein Ansatz gefunden: Das »Stadthaus« sollte, wie 1978 der damalige Bundesbauminister auf einem Architektenkongress sagte, »eine echte Alternative zum heute bevorzugten Wohneigentum im Stadtumland« werden. Die Werkbundhäuser im Karlsruher »Dörfle«[4] zeigen nach einem ersten erfolgreichen Experiment in Freiburg, dem parzellierten Wiederaufbau der Konviktstraße[5], eine kleinteilige innerstädtische Struktur für Eigennutzer. Da jedoch die Autos in den Erdgeschossen der einzelnen Parzellen untergebracht werden, ist der öffentliche Raum von Garagentoren geprägt und sind gemischte Nutzungen nur sehr eingeschränkt möglich. Nutzungsmischung in Verbindung mit einer parzellierten Bebauung entstand dagegen im Freiburger Stadtteil Stühlinger am Lederleplatz – hier jedoch mit einer gemeinsamen Tiefgarage.

In den achtziger Jahren entstanden in vielen deutschen Städten Konzepte zur Revitalisierung der Stadt als Lebensraum, allerdings beschränkt auf den Bereich der Stadterneuerung. Die realisierten Projekte, wie etwa die »Bohnenviertel«-Bebauung in Stuttgart oder die Bebauung »Ritterstraße« im Zuge der Internationalen Bauausstellung 1987 in Berlin zum Thema »die Innenstadt als Wohnort«, bestehen zum überwiegenden Teil aus Projekten des sozialen Wohnbaus. Der Eigenheimbau scheint kein Thema mehr für die Stadt zu sein.

Bald darauf taucht das Schlagwort der »europäischen Stadt« auf, ein Begriff, der nach der deutschen Wiedervereinigung als städtebauliches Leitbild an Gewicht gewinnt. Von Kritikern als »steinerne Stadt« verachtet, wird vor allem in Berlin eine konsequente Form der Stadtreparatur und Abkehr von der aufgelockerten und gegliederten Stadt verfolgt. Neben der »kritischen Rekonstruktion der Stadt«[6] machen die Public Private Partnerships (PPP), privat investierte Bauvorhaben in der Größe eines ganzen Stadtviertels wie beispielsweise dem innerstädtischen »Potsdamer Platz« oder dem in der Peripherie Berlins gelegenen Wohngebiet »Kirchsteigfeld« bei Potsdam Schlagzeilen. Dabei scheinen die in PPP realisierten Projekte große Monostrukturen mit Stadtbildern übermalen zu wollen oder unter dem Schlagwort Urbanität kontrolliert zugängliche »Malls«, »Centers« oder »Cities« zu verstehen. Öffentlicher Raum, Parzelle, Block, die »Elementarteile« einer lebendigen Stadt, bleiben weitgehend formalästhetische Gestaltungselemente. Investition und Bauorganisation erlauben hier keine funktional-inhaltliche Feingliederung.

Dort wo genau dies, die funktional-inhaltliche Feingliederung, das Experiment mit der parzellierten Stadt gewagt wurde, in Freiburg oder Karlsruhe, erhielten die realisierten Projekte trotz aller berechtigter Kritik starken Zuspruch, sei es von der Bevölkerung, von kommunalpolitischer wie auch von planerischer Seite. Selten jedoch können sich Städte und Gemeinden zu einer großräumigen Umsetzung parzellierter Stadtkonzepte entschließen. Die Tendenz geht heute dahin, dass umfassende Planungsaufgaben möglichst schnell, vermeintlich kostenneutral – da privat finanziert – und unter Abbau der eigenen Personalressourcen umgesetzt werden sollen.

In Tübingen wird dagegen ein anspruchsvolles und langfristig orientiertes Projekt auf einer Fläche von fast 65 Hektar in eigener Regie realisiert. Im folgenden Abschnitt soll der gestalterisch-inhaltliche Entstehungsprozess der neuen Tübinger Stadtquartiere aus Sicht unseres Büros LEHEN drei sichtbar werden. Ausgehend vom städtebaulichen Wettbewerb 1991 über die einzelnen Stufen der städtebaulichen Planung bis hin zum gebauten Haus wird der gesamte Planungsprozess aufgezeigt, der auf einer intensiven Zusammenarbeit zwischen Stadt, Verwaltung, Planung (Stadtsanierungsamt, LEHEN drei) und der Öffentlichkeit gründet.

Bebauung in der Lilli-Zapf-Straße, Loretto-Areal, Tübingen. Gemischte Nutzungen werden nicht nur auf zentrale Bereiche beschränkt, sondern im gesamten Entwicklungsbereich realisiert

Die Südstadt zu Beginn der Entwicklungsmaßnahme

Die Tübinger Südstadt hat seit ihrer Entstehung einen schlechten Ruf. Vom Zentrum durch Neckar und Eisenbahn getrennt, werden hier alle Nutzungen und Personengruppen angesiedelt, die in der bürgerlichen Stadt keinen Platz haben oder unerwünscht sind. Es zeigt sich das Bild eines heterogenen Stadtteils, der geprägt ist von positiven und negativen Gegensätzen, Resträumen und Unorten. Solange die ausge-

oben:
Lorettokaserne zu Beginn der Entwicklungsmaßnahme

unten:
Hindenburgkaserne nach Abzug der französischen Truppen

dehnten militärischen Einrichtungen bestehen, sind Verbesserungen nur in kleinen Bereichen möglich.[7]

Der Abzug der französischen Truppen 1991/92 eröffnet die unerwartete Chance, nicht nur Flächen für den Wohnungsbau auszuweisen, sondern diesen benachteiligten Stadtteil von Grund auf neu zu ordnen. Das Tübinger Stadtsanierungsamt erkennt die Möglichkeiten, die in diesen Veränderungen liegen. Im Verlauf der Altstadtsanierung hat sich hier eine Vorstellung von »Stadt« entwickelt, die geprägt ist von funktionaler Mischung und Vielfalt. Vor diesem Hintergrund wird eine Konzeption für die Neuordnung der freiwerdenden Militärareale erstellt.

Nach der Formulierung der wichtigsten Ziele und deren Beschluss durch den Gemeinderat schreibt die Stadt im Sommer 1991 einen städtebaulichen Ideenwettbewerb aus. Aufgabe ist es, für die vorliegende abstrakte städtebauliche Konzeption eine optimale baulich-räumliche Gestalt zu finden.

Auszug aus der Auslobung des Städtebaulichen Ideenwettbewerbs »Stuttgarter Straße/Französisches Viertel«:
»Der Gemeinderat der Universitätsstadt Tübingen hat beschlossen, auf den durch die 1991/92 bevorstehende Auflösung der französischen Garnison freiwerdenden Flächen und im Zusammenhang mit der angestrebten Verlegung der Bundesstraße 27 in der Südstadt im Sinne einer »Innenentwicklung« einen neuen »Stadtkern«, also ein verdichtetes, gemischt genutztes Stadtgebiet zu schaffen. (...) Das neugestaltete Stadtgebiet soll die im Stadtgefüge peripher liegenden Bereiche beiderseits der Stuttgarter Straße aufwerten und sie intensiv untereinander und mit den benachbarten Bereichen (...) verknüpfen.
(...)
1. Städtebaulicher Bestand und Rahmenbestimmung
(...) Der im Wettbewerbsgebiet vorhandene Gebäudebestand bildet – soweit er von seinem Gebrauchswert her erhaltenswert ist – eine städtebauliche Grundstruktur, die erhalten und ausgebaut werden soll...
2. Verdichtung
... wird eine Verdichtung angestrebt im Interesse
• der Milderung der Wohnungsnot,
• der Beschaffung von Arbeitsplätzen,
• des sparsamen Umgangs mit Grund und Boden.

Bei der Verdichtung wird von einer Geschosszahl ausgegangen, wie sie die dicht bebauten historischen Quartiere in der Stadt Tübingen aufweisen...

3. Innerstädtischer Charakter

(...) Es ist nicht daran gedacht, das Gebiet in Wohnflächen und gewerblich genutzte Flächen aufzuteilen. Vielmehr soll ein gemischt genutztes Gebiet entstehen, das im traditionellen Sinn »innerstädtischen« Charakter trägt.

Die Mischung Wohnen, Arbeitsplätze und Infrastruktureinrichtungen soll sich auf engstem Raum vollziehen.

Anzustreben ist eine Parzelle für Parzelle mischungsfähige Grundstücks- und Gebäudestruktur, in der sich verändernde Bedarfe und Interessen flexibel immer wieder neu organisieren können...

4. Nutzungsmischung

(...) Die Nutzungsmischung soll grundsätzlich Wohnen + Gewerbe oder Wohnen + soziale/kulturelle Einrichtungen beinhalten...

5. Straßenräume, die für das Alltagsleben nutzbar sind

(...) Diese Straßenräume sollen räumlich eine große Vielfalt aufweisen und als »öffentliche« Flächen (Flächen, die nicht einem bestimmten privaten Zweck vorbehalten sind) in das Alltagsleben der Bevölkerung einbezogen werden.

Hierfür ist es unerlässlich, dass sich möglichst viele der angrenzenden privaten Nutzungen auch »auf die Straße« orientieren...

(...)

10. Vorrang für umweltfreundliche Verkehrsarten

(...)Abstellplätze für Autos sollen grundsätzlich nicht bei den Nutzungen, sondern in peripherer (aber gleichzeitig auch belebter) Lage untergebracht werden. Der Weg von Wohnung und vom Arbeitsplatz zum Autoabstellplatz soll weiter sein, als derjenige zur nächsten ÖPNV-Haltestelle...

11. Eigentumsformen

(...) Dabei wird eine kleine Parzellierung – bezogen auf jeweils wenige Nutzungseinheiten – angestrebt...

Schon der erste Satz in der Auslobung des Tübinger Wettbewerbs signalisiert, dass für die Gemeinde die »gemischte Stadt« und der »Stadtkern« höchste Priorität genießen. In den Unterlagen werden die Grundsätze der »europäischen Stadt« wie Verdichtung, Nutzungsmischung, die Bedeutung des öffentlichen Raums sowie umweltfreundliche Verkehrsarten stark hervorgehoben. Ein ausführlicher Anhang zur Wettbewerbsauslobung mit Texten zur Stadt – Dieter Hoffmann Axthelm: »Warum Stadtplanung in Parzellen vor sich gehen muss«, Bauwelt 1990, Heft 48, oder vom gleichen Autor »Städtebau für die produzieren-

Luftaufnahme Wettbewerbsgebiet

de Arbeit«, Bauwelt 1987, Heft 24, und Beiträge anderer Autoren – unterstreicht diese Absichten.

Viele zeitgleich ausgeschriebene städtebauliche Wettbewerbe zeigen ähnliche Anforderungsprofile, die in der Regel aber eher die zeitgenössische Fachdiskussion als ernst gemeinte Planungsvorhaben widerspiegeln. In Tübingen ist die Auslobung auch so gemeint, wie sie geschrieben ist. Hier gilt es, die verschiedenen Bereiche der Stadt zusammenzufügen, zu mischen, Gräben zu überwinden, ein neues »Ganzes« zu erzeugen.

Die Vorschläge – Ergebnisse des Städtebaulichen Wettbewerbes

Um ein breites Spektrum an Beiträgen zu erhalten, wurde der 1991 ausgelobte städtebauliche Wettbewerb durch Zuladungen – auch international – über den üblichen regionalen Rahmen hinaus erweitert. Der Auslobungstext betont in deutlicher Form die Zielvorstellung einer stadträumlichen Konzeption mit Schwerpunkten in den Bereichen Parzellierung, Mischnutzung und urbaner Identität.

Als wichtigste Beurteilungskriterien benennt das Preisgericht auf dieser Grundlage die besondere Bedeutung der räumlichen und strukturellen Vernetzungen mit dem Bestand sowie Maßstäblichkeit der Neuplanungen. Die Gesamterscheinung soll neutral und formal zurückhaltend bleiben, um eine große Vielfalt in den Gebäuden zu ermöglichen.

Die etwa 45 eingereichten Arbeiten greifen in unterschiedlichsten Konzepten vor allem die dominante Linie der Stuttgarter Straße und die

Rasterstruktur der Hindenburgkaserne auf. Dabei werden jedoch nur selten die vorhandenen Verkehrsbezüge erweitert oder neue Vernetzungen herausgebildet. Die Themen Parzellierung, Dichte und Kleinteiligkeit tauchen meist nur ansatzweise auf. Gemischte Nutzungen bleiben oft auf zentrale Punkte zur Dominanten- oder Zentrumsbildung beschränkt.

Die platzierten Arbeiten zeigen die Bandbreite der eingereichten Beiträge, heben sich jedoch durch Besonderheiten im Konzept oder Programm hervor.

Zur Einordnung des ersten Preises, auf dem die Realisierung aufbaut, werden im folgenden die ersten fünf Preise in einer kurzen Zusammenfassung vorgestellt.

5. Preis
Franz Wohnhaas, Stuttgart
Der Entwurf greift den vorhandenen städtebaulichen Maßstab auf und ordnet die Gebäude in Baufelder, die sich sowohl am Bestand orientieren, als auch die Straßenachsen aufnehmen. Die bestehende Straßenführung der Stuttgarter Straße sowie die vorhandenen Kreuzungspunkte bleiben erhalten. Die Kasernenflächen sind mit locker eingesetzten Baugruppen in Form von Halbblöcken, Zeilen und Punkthäusern gefüllt. Die Wohngebiete werden großflächig durchgrünt. Gemischte Nutzungen werden nur entlang der Haupterschließungen angeboten.

Lageplan 5. Preis

Ein 4. Preis
Bernd Strey, Tübingen
Die Arbeit ist aus detailliert ausgearbeiteten Gebäudetypen und einem dominanten Konzept zweier zentraler Parkterminals entwickelt. Maßstäbliche Blockstrukturen mit durchmischten Nutzungen werden geschickt in den weitgehend erhaltenen Bestand eingewoben. Während die Verkehrsführungen unverändert bleiben, führt die Stuttgarter Straße über eine geschwungene Raumkante tief in das östliche Kasernengebiet hinein. Die beiden Parkterminals sind Stadtteilplätzen zugeordnet, die

über eine nachverdichtete Stuttgarter Straße einen Gesamtzusammenhalt herstellen. Sie erzeugen jedoch auch eine hohe Verkehrskonzentration an wenigen Punkten und große Distanzen zu den Gebäuden. Die zentralisierte Parkierung lässt keine schrittweise Realisierung zu.

Lageplan 4. Preis

Ein 4. Preis
Baufrösche Kassel, Arbeitsgruppe Stadt/Bau, Kassel
Das Entwurfskonzept bietet keine gesamtheitliche Lösung an, sondern betont die Eigenständigkeit der einzelnen Teilgebiete. Ohne Veränderung der bestehenden Verkehrsführungen werden die Baufelder individuell mit meist lockerer Bebauung arrondiert. Der Vorstellung einer gemischten Struktur stellen die Autoren das Bild unterschiedlicher Milieus entgegen, bei dem jedes Gebiet sein eigenes charakteristisches Sozialgefüge mit eigener baulicher Ausprägung erhält. Der Entwicklungsbereich wird durch Portale an den Zugangsstraßen markiert und soll auf der Grundlage einer durch die Bewohner gemeinschaftlich beschlossenen Satzung realisiert werden.

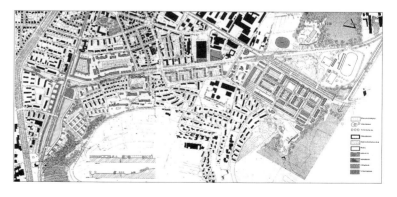

Lageplan 4. Preis

Lageplan 2. Preis

2. Preis
Sigi Haug und Rainer Mühlich, Tübingen
Dichte Blockstrukturen und räumlich stark akzentuierte Verknüpfungspunkte kennzeichnen den Vorschlag, der durch die Überdeckelung der Bundesstraße 27 den radikalsten Eingriff aller Arbeiten vornimmt. Dadurch werden die Stadtfelder bis weit nach Nordosten gezogen, so dass neben den bestehenden Anbindungen entlang der boulevardartigen Stuttgarter Straße weitere Verbindungen innerhalb der Südstadt erzeugt werden. Im östlichen Kasernengebiet (Hindenburg-Areal) sind die vorhandenen Unterkunftsgebäude strukturbildend. Das westliche Gebiet der Lorettokaserne zeigt dagegen ein eher uneinheitliches Gefüge von Halbblocks und Winkelgruppen. Wenngleich die Schwerpunktnutzungen den zentralen Plätzen zugeordnet sind, werden im gesamten Entwicklungsbereich gemischte Nutzungen angeboten, ohne jedoch ein durchgängiges Parkierungskonzept nachzuweisen.

1. Preis
LEHEN drei Planungsgemeinschaft, Stuttgart
Martin Feketics, Holger Kortner, Leonhard Schenk, Matthias Schuster, Dietmar Wiehl
Der Entwurf verbindet die Themen innerstädtischen Bauens aus Bausteinen in gemischter Nutzung mit den besonderen örtlichen Rahmenbedingungen. Das Planungsgebiet wird im Osten und Westen durch Hauptverkehrsstraßen begrenzt und im Süden durch den Galgenberg und den Wennfelder Garten gefasst. In diesem Dreieck werden dichte Baufelder aufgespannt, die sich in Maßstab und Ausrichtung dem Bestand anpassen und vorhandene Strukturen ergänzen oder klare räumliche Abschlüsse zur Landschaft bilden. Durch die vorgesehene Verlegung der Bundesstraße 27 kann die Stuttgarter Straße durch Nachverdichtung und Begrünung zum Südstadtboulevard aufgewertet werden, der mit zwei Plätzen im Westen und Osten Bestand und Neuplanung verknüpft. Ihre prägnante Form als Kreis und Rechteck ermöglichen eine klare Markierung als Stadteingänge und Quartierszentren.

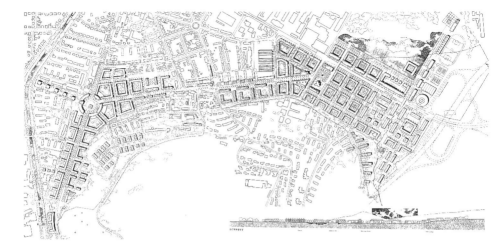

Lageplan 1. Preis

Als Teil der Stadtstruktur werden die Erschließungsstraßen mit großzügig gestalteten Straßenquerschnitten und begleitender Bebauung in den Stadtkörper einbezogen. Die bauliche Ausformulierung der Stadteingänge bewirkt eine wirksame Verlangsamung der ankommenden Fahrzeuge.

Die vorgeschlagene Blockrandbebauung ermöglicht eine einfache und klare Differenzierung von Privatzonen, Gemeinschaftsbereichen und öffentlichem Raum. Dabei bleibt die Gesamterscheinung zurückhaltend und ermöglicht ein hohes Maß an individueller Ausgestaltung des einzelnen Stadtbausteins.

Das Nutzungsprofil sieht eine gleichmäßige Streuung gemischter Bausteine über das gesamte Gebiet vor. Entlang der Haupterschließungen und an zentralen Plätze werden größere Gewerbeeinheiten angeordnet.

Während die notwendigen Stellplätze der Wohnungen auf den Parzellen untergebracht werden, nehmen dezentrale Parkierungsanlagen den weiteren Bedarf auf. Straßen und Plätze bleiben frei von Parkplätzen.

Modellaufnahme von Norden, 1. Preis

Auszug aus dem Preisgerichtsprotokoll:
»Der Entwurf formuliert einen neuen Stadtteil mit hoher städtebaulicher Signifikanz. Die parzellierten Blockstrukturen bieten erfahrungsgemäß große Nutzungsflexibilität, verbunden mit einer eindeutigen stadträumlichen Fassung.
(...) Die Umlenkung der Rasterstadt in die Stuttgarter Straße durch einen gut proportionierten Platz schafft einen Anfang und ein Ende für den begrünten Boulevard. Der runde Platz schafft ein Gelenk zwischen Hechinger Straße und Stuttgarter Straße und bildet den stadträumlichen Identifikationspunkt im westlichen Teil der Südstadt ...
Die Arbeit formuliert kräftigen Städtebau, der dennoch in den wichtigen Einzelgebieten sensibel auf den Bestand reagiert und diesen in die neue Struktur einbindet. Besonders im Bereich der Kasernen werden vielfältige Platz- und Straßenräume geschaffen, die die alte Bausubstanz positiv herausheben.
Die gleichmäßige Geschosshöhe in weiten Bereichen unterstreicht den städtischen Charakter in seinem Zusammenhang.
Die Verteilung von öffentlichen Straßenräumen, Plätzen und Grünflächen einerseits und privaten Freiflächen andererseits ist gut, besonders positiv ist die Mischung in den Blockhöfen von privaten und gemeinschaftlichen Freiflächen.
Die Verbindungslinien von der umliegenden Landschaft durch den neuen Stadtteil zu einem neuen Stadtpark, zum Volksgarten und zur Steinlach sind besonders überlegt ...«

Perspektive Boulevard Stuttgarter Straße mit Blick auf den Kreisplatz

Überlegungen von LEHEN drei

Nur selten hat ein Stadtteil die Chance auf der Basis einer durchgängigen Konzeption ein ganz neues Gesicht zu erhalten! Die besondere Herausforderung für den Stadtplaner ist es dann, unterschiedlichste Bereiche zusammenzubringen und eine neue Umwelt zu gestalten. Wir haben uns die Freiheit genommen, uns eine Welt auszudenken, in der wir gerne selber Zuhause wären. Wir gehen zu Fuß zur Arbeit, in die Kneipe oder ins Kino.

Die Stadt ist kein anonymer Apparat. Haus steht neben Haus, jedes unterscheidet sich von dem nächsten. Kleine Parzellen ermöglichen dem Bürger, die eigene Stadt mitzugestalten. Im großen gemeinsamen Rahmen, durch die Straßen und Plätze gebildet, kann sich das einzelne Haus frei entfalten.

Modellaufnahme.
1. Preis
Blick in die neugestaltete Stuttgarter Straße

rechte Seite oben:
Modell des Städtebaulichen Entwurfs zum Rahmenplan 1992

rechte Seite unten:
Plan des Städtebaulichen Entwurfs zum Rahmenplan 1992, Fortschreibung 2000

Ein heute häufig »nachgebeteter« Satz besagt, dass wir im Zeitalter von Internet und virtuellen Welten gar nicht mehr aus dem Haus müssen, dass wir alles vom Wohnzimmer aus mit der Maus erledigen können. Übertrieben gesagt, »zwingt« uns die Faulheit in unsere vier Wände. Weil wir das Haus nicht mehr verlassen müssen, wollen wir es auch nicht mehr verlassen? Das Gegenteil ist der Fall! Jetzt müssen wir nicht mehr, jetzt können wir auf die Straße gehen. Und da sollte auch etwas geboten werden, das über Autofahren und »Kehrwoche« hinausgeht. Wir brauchen den belebten »öffentlichen Raum« mit der Möglichkeit der gezielten und der zufälligen Begegnung. Wir brauchen die Vielfalt und keine Schlafstadt.

Was heute fehlt, sind Angebote für einen urbanen Lebensstil. An Nachfrage mangelt es nicht. Aus Bequemlichkeit, Starrheit und Besitzstandssicherung werden auf Seiten der etablierten Anbieter, aber auch seitens der Kommunen keine Experimente gewagt. Tübingen hat sich auf das Experiment »Stadt« eingelassen.

Die bauliche Umsetzung

Städtebaulicher Entwurf

Im Anschluss an die Durchführung des Wettbewerbs erarbeitet die Stadt einen städtebaulichen Rahmenplan, der die Grundlage für die Bebauungspläne und die Baumaßnahmen darstellt. Er besteht aus einem textlichen Teil, der die Ziele und Grundsätze beschreibt, und einem städtebaulichen Entwurf, der die baulich-räumliche Konzeption zeigt.

Dieser städtebauliche Entwurf wird von LEHEN drei gemeinsam mit dem Stadtsanierungsamt aus dem prämierten Wettbewerbsbeitrag entwickelt; die im Wettbewerb enthaltenen Vorschläge müssen jedoch auf die konkreten Vorstellungen und Wünsche der Kommune sowie auf teilweise veränderte Randbedingungen hin angepasst werden.

Zunächst werden fünf Realisierungsphasen festgelegt. Zum einen ist das ganze Gebiet des Rahmenplanes zu groß, um in einem Zug umgesetzt zu werden, zum anderen ist für die Bebauung zentraler Flächen die Verlegung der Bundesstraße B 27 notwendig.

Strukturelle Veränderungen ergeben sich vor allem aus dem gegenüber der Wettbewerbslösung vermehrten Erhalt von Altbauten. Es entstehen »Nischen« und »Westentaschenplätze«, Achsen werden gebrochen oder umgelenkt. Die Bestandsgebäude dienen als erste »Keimzellen« der Gewerbeansiedlung. In ihnen zeigt sich zudem die Geschichtlichkeit, gleichzeitig aber auch die Wandlungsfähigkeit des Ortes.

Die Erschließung durch den Fahrverkehr wird modifiziert und der

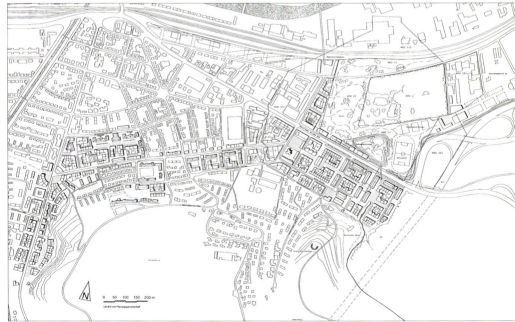

Bauen in der Stadt der kurzen Wege

Phasenentwicklung angepasst, die Parkierung geändert. War in der Wettbewerbsarbeit noch das Parken auf der Parzelle die Regel, so sind jetzt stattdessen kollektive, dezentral in Randbereichen angeordnete automatisierte Parkgaragen vorgesehen.

Daneben sind die Anforderungen der Ökologie zu berücksichtigen. So verkleinert ein Wasserschutzgebiet die Baufläche auf der gegenüberliegenden Seite der B 28, Grünzüge und Grünverbindungen durchziehen die Bebauung. Kaltluftschneisen werden freigehalten, die Bebauungshöhe und Ausrichtung einiger Gebäude so verändert, dass Frischluft besser nachziehen kann.

Die wesentliche Änderung entsteht aber durch die stärker berücksichtigte Stellung der Parzelle und der Altbauten. Die Parzelle, wie bereits im Wettbewerbsbeitrag vorgesehen, ist der Regelbaustein von Block und Quartier. Sie wird individueller, ohne aber ihren Bezug zum städtischen Zusammenhang zu verlieren. Nach wie vor muss das einzelne Haus an der Straße stehen, seine Höhe richtet sich nach der Lage am Platz und im Block.

Die räumlich-plastische Ausprägung des städtebaulichen Entwurfs und der daraus abgeleiteten Bebauungsplan-Abschnitte ist weder ein Zufallsprodukt noch eine mechanische Übertragung der Wettbewerbsvorlage. Zahlreiche Arbeitsmodelle werden von den Planern in verschiedenen Maßstäben gebaut, um eine wohldurchdachte Höhenabfolge zu entwickeln, um an bestimmten Stellen Akzente zu setzen und um die »Belichtungsfenster« zu positionieren. »Belichtungsfenster« sind die Bereiche innerhalb der Blockrandbebauung mit niedrigen Traufhöhen, die die Anforderungen der Innenhöfe an Licht, Luft und Sonne berücksichtigen. Am Modell lässt sich anschaulich untersuchen, wie die Wirkung von Straßen und Plätzen gesteigert und die Raumfolgen mit Spannung versehen werden können.

Arbeitsmodell
Bebauungsplanung
Loretto-Areal Ost
1994

Bebauungsplanung
Die Bebauungsplanung stellt eine gestalterisch verfeinerte, rechtlich wirksame Ausarbeitung der Rahmenplanung dar.

Die Bebauungsplan-Abschnitte werden vom Tübinger Stadtplanungsamt auf der Grundlage eines Bebauungsplan-Vorentwurfs der Architekten und Stadtplaner LEHEN drei gefertigt, der zuvor in einer intensiven Zusammenarbeit mit dem Stadtsanierungsamt entstanden ist. Die vorgezogene Bürgerbeteiligung und eine frühe Beteiligung der Träger öffentlicher Belange ist zu diesem Zeitpunkt bereits abgeschlossen. Da die Bebauungsplan-Vorentwürfe zusammen mit den Arbeitsmodellen im Maßstab 1:500 auch im Rahmen der vorgezogenen Bürgerbeteiligung eingesetzt werden, wird auf eine leicht verständliche Darstellung der baurechtlichen Festsetzungen in einer Mischung aus Gestaltungsplan und Genehmigungsplan geachtet.

Arbeitsmodell Bebauungsplanung Französisches Viertel/Wankheimer Täle 1998

Die Bebauungspläne beschränken sich bezüglich der Gebäude auf relativ wenige Vorgaben. So ermöglicht die Festschreibung als Mischgebiet die Mischung von Wohnen und Arbeiten. Neben den nicht ausparzellierten Baufenstern, der geschlossenen Bauweise, vereinzelt auch der Festlegung einer Baulinie werden die Grundflächenzahl (GRZ) und die zulässige Traufhöhe festgesetzt. Die Traufhöhe liegt in der Regel zwischen neun und sechzehn Metern und darf um bis zu zweieinhalb Meter unterschritten werden.

Die Vorbauten, die über die Baugrenzen hervortreten, sind über dem Erdgeschoss auf einen Meter Tiefe und maximal fünf Meter Breite beschränkt. Der zwischen zwei Vorbauten liegende Abstand muss so breit sein wie die Vorbauten selbst.

Einige relevante Vorgaben, die man im Bebauungsplan schwerlich regeln kann, sind im Kaufvertrag der Einzelgrundstücke festgelegt: Die Stadt schreibt beispielsweise beim Verkauf der Grundstücke vor, die Erdgeschosszonen mit einer lichten Raumhöhe von 2,75 m auszuführen und Gewerbeflächen darin unterzubringen. Mischnutzung ist somit Vorgabe für jede Parzelle und auch Vergabekriterium für die Grundstücksbewerber.

Arbeitsskizze Bebauungsplanung Französisches Viertel/Wankheimer Täle 1998 Blick Französische Allee

Eine besondere Freiheit findet sich in der Ausbildung der zulässigen Dachform: Alle Dachaufbau-

Bauen in der Stadt der kurzen Wege

Arbeitsmodell Bebauungsplanung Loretto-West 1999

Vorentwurf Bebauungsplan Loretto-West 1999 mit Eintragung der wesentlichen baurechtlichen Festzungen

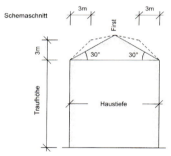

Schema der Hüllkurve:
Die Gestaltung der Dachform wird im Bebaugnsplan nicht vorgegeben, die Dachaufbauten müssen allerdings innerhalb der Hüllkurve liegen.

ten dürfen eine fiktive »Hüllkurve« nicht überschreiten. Die Wahl der Dachform, ob Steildach oder Dachterrasse, bleibt dem Bauherrn und seinem Architekten vorbehalten. Dachflächen mit einer Neigung unter 10° sind zu mindestens 50% zu begrünen. Kunststoffverkleidungen, grelle oder fluoreszierende Oberflächen, Spiegel- oder Rauchglas sind bei der Fassadengestaltung nicht zugelassen.

Trotz der angeführten Weiterentwicklungen, Änderungen und Ergänzungen erkennt man, dass der städtebauliche Entwurf des Rahmenplans und die Bebauungsplan-Abschnitte auf dem ausgewählten Wettbewerbsentwurf basieren. Die zentralen Plätze und die Hauptschließungsachsen sind in Form und Lage kaum verändert, die Blockgröße und die Art und Weise, wie öffentliche und private Räume zueinander stehen, sind gut wiederzuerkennen. Dichte, Räumlichkeit, Mischnutzung und Parzellierung bilden die Grundlagen der städtebaulich-räumlichen Konzeption vom Entwurf bis zur Realisierung der Bebauung.

Stadträumliche Gestaltungsprinzipien

Wesentlich für das Gelingen des »Projekts Stadt« sind neben den funktionalen, sozialen und politischen Aspekten die bewusste und konsequente Anwendung von räumlichen Gestaltungselementen, die ein urbanes Leben und den öffentlichen Raum erst ermöglichen: Ohne Raumbildung gibt es keinen »öffentlichen Raum«. Platz und Straße sind wie Behälter oder Gefäße, ohne deren Vorhandensein das öffentliche Leben buchstäblich wegfließt. Der öffentliche Raum verlangt nach seitlichen Begrenzungen in der richtigen Höhe und mit der richtigen Durchlässigkeit, im menschlichen Maßstab und mit einer Oberfläche, die ein Wohlbefinden erlaubt. Ohne Straße und Platz, ohne die Differenzierung zwischen öffentlichen und privaten Bereichen, kann »Stadt« nicht funktionieren. Man kann durch räumliche Arrangements in einseitig für das Wohnen bestimmten Quartieren keine Urbanität erzeugen; ebenso

Visualisierung der Bebauungsplan-Abschnitte Hindenburg-West und Wankheimer Täle (Französisches Viertel)

Visualisierung der Bebauungsplan-Abschnitte Loretto-Ost und Loretto-West

oben:
Der Lorettoplatz als übergeordneter »Quartiers-Platz«

Mitte:
»Nachbarschafts-Platz« als Endpunkt der Französischen Allee und Zugang in den Grünzug des Wankheimer Täles.

wenig scheint es möglich, dass sich ein dauerhaftes öffentliches Leben in einer »Parkstadt« einstellt.

Diesen Vorstellungen entsprechend achteten die Planer in allen Phasen darauf, dass räumliche Situationen entstehen: Plätze werden gefasst, Straßen umgeleitet; sie laufen nicht ins Leere, sondern erfahren einen räumlichen Abschluss. Die Dimensionierung der Straßen- und Platzräume richtet sich stets nach deren Bedeutungen und Lage.

Die abgebildeten Ausschnitte aus dem virtuellen Modell der ersten vier Bebauungsplan-Abschnitte verdeutlichen die gestalterischen Grundsätze.

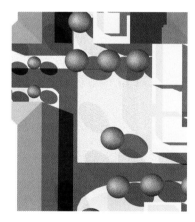

Quartiers-Platz

Die »Quartiers-Plätze« sind an zentralen Stellen gelegene Umlenk- und Verteilerpunkte, bedeutend für die Identifikation des Stadtquartiers.

Sie weisen eine höhere Bebauung (fünf bis sieben Geschosse) und eine gröbere Körnung auf (zentralere Funktionen wie beispielsweise Kaufhaus und größeres Bürogebäude).

Nachbarschafts-Platz

Die »Nachbarschafts-Plätze« sind kleiner und zahlreicher als die Quartiers-Plätze. Es sind Orte, an denen sich die Anwohner ungezwungen aufhalten und treffen können.

Die Bebauung ist niedriger und besteht teilweise auch aus Bestandsgebäuden; die Parzellierung ist kleinteiliger.

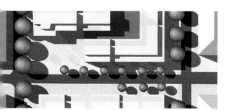

»Westentaschen-Platz« als Verbreiterung der Französischen Allee

Westentaschen-Platz

Die »Westentaschen-Plätze« sind Ausweitungen des Straßenraums oder Nischen in der Gebäudestruktur. Es sind Bereiche, die nicht vorstrukturiert sind, sondern die von den Bewohnern definiert und in Besitz genommen werden sollen.

Dichte und Weite

Dichte und Weite

Erst durch den Gegensatz von Dichte und Weite lässt sich der jeweils andere »Raumzustand« bewusst erleben. Der schmalere Bereich kann das Gefühl von Geborgenheit vermitteln, der weite Bereich kommt dem Bedürfnis nach Freiheit entgegen; erst das abwechselnde Auftreten der beiden sorgt für eine ausgewogene Stadträumlichkeit.

Trennung von öffentlich und privat

Ein wesentliches Prinzip der Stadtplanung im Entwicklungsbereich ist die konsequente räumliche Trennung von öffentlichen und privaten Bereichen. Auf der einen Seite belebte und dadurch sichere öffentliche Räume, »städtisch gepflastert«, jedermann zugänglich, umgeben von Gebäuden, die im Erdgeschoss öffentliche Nutzungen aufweisen wie Läden und Gewerbe. Auf der anderen Seite die Gärten- und Gemeinschaftsbereiche der Innenhöfe, begrünt und vor der Straße wohl geschützt.

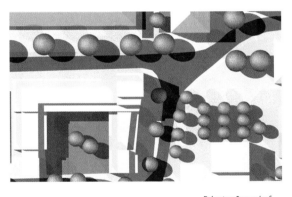

Privater Innenhof und öffentlicher Platz an der Aixer Straße

Parzellierung/Körnung

Kleine Parzellen mit verschiedenen Bauherren erzeugen Vielfalt und eine Identifikation mit Gebäude und Quartier.

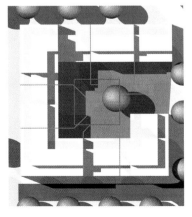

Typische Parzellierung einer Blockrandbebauung am Landkutscherweg

Bauen in der Stadt der kurzen Wege

Rahmenplan mit den großräumigen Grünverbindungen

Blick aus dem Grünzug im Wankheimer Täle, Französisches Viertel.
Die Blaulach wird als naturnahes Gewässer ausgebildet. Der Grünzug ermöglicht eine direkte Verbindung der städtischen Bebauung mit der Landschaft.
Planung/Realisierung: Hubert Reich, Freier Landschaftsarchitekt, Stuttgart

Freiflächengestaltung

Das Freiflächenkonzept des städtebaulichen Entwurfs wird in den weiteren Planungsschritten verfeinert und ergänzt. Stadtraum und Freiflächen gliedern die Baufelder und verbinden die Stadt mit der Landschaft. Die Freiräume bilden im Zusammenspiel mit den öffentlichen Räumen gleichsam eine Grundebene für die Bausteine der Stadt. Damit kommt der Gestaltung dieser Flächen eine wesentliche Aufgabe als Verbindungselement zwischen Baustrukturen, Raumfolgen und den individuellen Gebäuden zu. Im Zusammenspiel mit der Bebauung entsteht eine klare Zuordnung von privatem und öffentlichem Raum, die in Größe, Gestaltung und Erscheinung der Räume erlebbar wird.

Über diese Klammerfunktion hinaus müssen die Freiflächen das vielfältige Nutzungskonzept der Bebauungen stützen. Sie unterstreichen Nutzungsschwerpunkte an den Plätzen und dienen dank der Parkierungskonzeption nicht zur Aufnahme des ruhenden Verkehrs, sondern als Bewegungs- und Aktionsflächen für die Menschen.

Die Freiflächen lassen sich in vier Gruppen einteilen:
• übergeordnete Grünflächen als Ausgleichsflächen und Vernetzungselemente,
• Straßen und Plätze,
• gemeinschaftliche Freiflächen,
• private Freiflächen.

Die übergeordneten Grünflächen

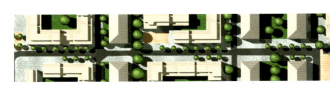

Die Baufelder werden je nach topografischer Situation und stadträumlicher Beziehung mit dem Stadt- und Landschaftsraum verwoben. Dabei bilden wichtige Grünbezüge Zäsuren oder Vernetzungen zwischen außen und innen. Die zurückgebaute Stuttgarter Straße, die Öffnung der Blaulach im östlichen Französischen Viertel und die Grünverbindung vom Galgenberg zur Steinlach im westlichen Teil des Entwicklungsgebiets verbinden die Landschaftsräume mit innerstädtischen Grünflächen oder ziehen eine »grüne Spur« durch das Stadtgebiet.

Die bestehenden Grünzüge werden unter Beachtung von Grundstücksgrenzen und klimatologischen Faktoren intensiviert, ohne den Stadtraum aufzulösen. Eine weitere Grünverbindung am östlichen Ende der Stuttgarter Straße wird eingeführt.

Französische Allee in der Computer-Visualisierung. Die Straßenbegrünung markiert stadträumliche Zusammenhänge und Grünzonen.

Straßen und Plätze

Der individuellen Ausformung von unterschiedlich hoher und breiter Blockrandbebauung steht eine klare und durchgehende Gestaltung der öffentlichen Flächen gegenüber. Die Gebäude stehen direkt an der Straße, die Hauswand bildet damit die eindeutige Grenze zwischen öffentlich und privat. Die niveaugleiche Ausbildung von Fahrzonen und Gehbereichen und die Verwendung von wenigen, sich wiederholenden Oberflächenmaterialien unterstreichen die Bedeutung des Straßenraums als zusammenhängendem öffentlichen Aufenthaltsbereich. Reihen kleinkroniger Bäume gliedern die Flächen und fassen die Straßenzüge über Plätze und Raumversätze zusammen. Neben den großen Quartiersplätzen, die aufgrund der schrittweisen Entwicklung später realisiert werden, entstehen in den Teilgebieten Platzräume, die die Straßenfluchten in übersichtliche Einheiten gliedern.

Lageplan Französischer Platz im Französischen Viertel. Unversiegelte Flächen unter Bäumen als Treffpunkt im Quartier, Spielfläche, Veranstaltungsort oder kleiner Marktplatz. Entwurf/Planung/Realisierung: werkbüro für freiraum und landschaft, Susanna Hirzler, Thomas Frank, Beuren/Tübingen

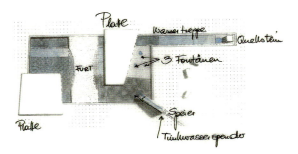

Entwurf für einen Brunnen mit Wasserspiel und Sitzplätzen am Französischen Platz. Entwurf/Planung/Realisierung: Susanna Hirzler in werkbüro für freiraum und landschaft, Beuren/Tübingen

Diese Plätze erhalten »städtische« Oberflächen und Elemente – Pflasterungen, wassergebundene Beläge, Wasserflächen etc. Sie werden also nicht als Abstandsflächen im Siedlungsraum verstanden, sondern als prägnante Orte des gesellschaftlichen Lebens. Die Ausgestaltung dieser Plätze erfolgt in Zusammenarbeit von Stadtsanierungsamt, externen Freiraumplanern und den Bewohnern, die damit nicht nur ihre Häuser in der Baugemeinschaft selber bauen, sondern auch den öffentlichen Raum mit eigenen Vorstellungen füllen und ihn sich so aneignen können.

Gemeinschaftliche Freiflächen und private Freiflächen

Nicht nur aufgrund der hohen baulichen Dichte haben die gemeinschaftlichen Flächen und Privatzonen eine sehr große Bedeutung innerhalb des Gebiets. Die klar umrissenen Flächen der Innenhöfe bilden das »grüne Zimmer«, Treffpunkt und auch den »Laufstall« für die kleinsten Bewohner. Abgesehen von den Vorgaben des Bebauungsplans mit dem begleitenden Grünordnungsplan – u. a. dem Pflanzgebot eines Baums pro Innenhof – bestehen keine Gestaltungsvorgaben für die Innenhofflächen. Ein Streifen von etwa fünf Meter Tiefe dient in der Regel als private, dem Einzelhaus zugeordnete Freifläche, die übrige Fläche wird von allen gemeinsam genutzt. Die Höfe werden durch die Anlieger gemeinsam geplant und realisiert. So entstehen individuelle Freiräume mit unterschiedlichem Nutzungs- und Gestaltungsanspruch.

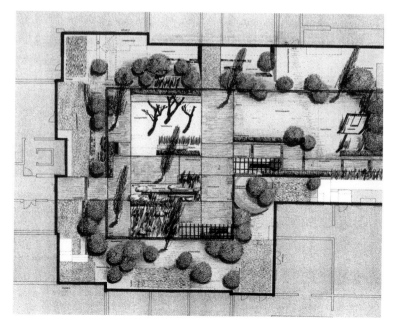

Freiflächenkonzept Block 26, Französisches Viertel. Die Freiflächen werden überwiegend gemeinschaftlich genutzt. Alle beteiligten Baugemeinschaften entscheiden gemeinsam über die Vorschläge der Landschaftsarchitekten. Entwurf/Planung/Realisierung: Jedamzik + Reinboth, Freie Landschaftsarchitekten BDLA, Stuttgart

Vom Bauen an der Straße – eine Zwischenbilanz

»Willst du bauen an der Straßen, mußt du die Leute reden lassen« lautet die steinerne Inschrift an einem Gründerzeithaus im Stuttgarter Westen. Welch entspannten Umgang hatte man doch Ende des neunzehnten Jahrhunderts mit der Öffentlichkeit! Den Wörtern nach verstehen wir den Spruch, nur die Semantik scheint sich heute grundlegend geändert zu haben: Lass die anderen doch reden, wenn du schon in der Stadt bauen willst – mit Gewerbe im Erdgeschoss, ganz ohne Abstandsgrün, hast du denn deinen schönen Traum vom Häuschen im Grünen aufgegeben?

In den neuen Quartieren in der Südstadt ist in der Tat vieles neu und anders als vom »Häuslebauen« landauf landab gewohnt. Die Häuser stehen im Baublock direkt an der Straße, in den Erdgeschossen haben sich Gewerbebetriebe eingerichtet, der Austausch zwischen Öffentlichkeit und Privatheit ist ausdrücklich erwünscht und muss von den Bauherren letztlich nicht nur akzeptiert, sondern aktiv mitgestaltet werden. Dafür sind Öffentlichkeit und Privatheit – wie es in aller Konsequenz fast nur in Blockstrukturen möglich ist – klar definiert. Der Straßenraum ist öffentlich – die Gebäude und der gemeinsame Innenhof sind privat.

Der Stadttheoretiker und Stadtplaner Dieter Hoffmann-Axthelm weist in vielen Artikeln darauf hin, dass die Verwendung der Blockstruktur als losgelöstes Wahrnehmungsthema noch keine Stadt ausmacht. Seine Forderung einer Rückbindung der Wahrnehmungsform an »aktive soziale Mischungsformen« scheitert seiner Meinung nach daran, dass Architekten Stadt nur abbilden wollen.[8] Eine bewusst gesetzte Provokation, die die Fachwelt auffordert, sie zu widerlegen, falls sie überhaupt in der täglichen Stadtplanungspraxis widerlegt werden darf. Tübingen ist auch in dieser Hinsicht eine der wenigen Ausnahmen. Hier wurden politisch die Rahmenbedingungen einer »aktiven sozialen Rückbindung« geschaffen, und die Einladung, Stadt mitzugestalten, an Nutzer und Architekten formuliert. In einer Art baulicher Zwischenbilanz sollen die Ergebnisse der ersten Halbzeit des »Bauens an der Straße« vorgestellt werden.

Das Haus und die Stadt

In seinem Buch »Die unsichtbaren Städte« lässt Italo Calvino seine Hauptfigur Marco Polo eine Brücke Stein für Stein beschreiben. »›Doch welcher Stein ist es, der die Brücke trägt?‹ fragt Kublai Khan. ›Die Brücke wird nicht von diesem oder jenem Stein

getragen‹, antwortet Marco, ›sondern von der Linie des Bogens, den diese bilden.‹ Kublai Khan verharrt in nachdenklichem Schweigen. Dann setzt er hinzu: ›Warum sprichst du von den Steinen? Nur der Bogen ist für mich von Bedeutung.‹ Polo erwidert: ›Ohne Steine gibt es keinen Bogen.‹«[9]

Bei den Bewertungen Kublai Khans fühlt man sich an den so genannten »Berliner Architektenstreit« der neunziger Jahre erinnert, bei dem die eine Fraktion, spezialisiert auf die dauerhafte Ausdrucksform städtischer Bebauung, und die andere Fraktion mit ihrem Ringen um gesellschaftliche, städtische Organisationsformen lautstark in den Medien über die Zukunft der Stadt stritten. Fernab der Hauptstadt wurde in Tübingen weniger um Architekturauffassungen gestritten, sondern nach den sozialpolitischen und planerischen Vorgaben des Rahmenplans konzipiert und gebaut. Daraus sind gleichwohl ganz unterschiedliche Vorstellungen, was ein Haus in der Stadt sein soll, hervorgegangen.

Zwei Bauvorhaben des ersten Realisierungsjahres, wie sie gegensätzlicher nicht sein könnten, spiegeln die bis heute aktiven Tendenzen in der Südstadt wider. Das kleine Stadthaus (F16) an der Französischen Allee nimmt mit einer streng gegliederten Fassade und geschossweise getrennten Funktionsbereichen ganz selbstverständlich seine Position im öffentlichen Raum ein. Vorbild für diese private Baugemeinschaft waren amerikanische Stadthäuser des letzten Jahrhunderts, gebaut auf kleinen Grundstücken, aber in der offenen Raumstruktur und Nutzungsvarianz noch immer zeitlos modern. Ganz im Gegensatz dazu Block 16 (F18): Formal gesehen werden alle Regelungen des Rahmenplans eingehalten, auch er besteht aus einzelnen Häusern. Dennoch wird man das Gefühl nicht los, dass sich die Bebauung dem städtischen Kontext entziehen will. Es ist nicht nur die ästhetisch überfrachtete Silhouette, die alle im Bebauungsplan zugelassenen Möglichkeiten von Erkern und Dachformen aufzeigt, sondern vor allem die fehlende Antwort der Bebauung auf die Frage einer städtischen Nutzung und der Bedeutung des öffentlichen Raums. Zu stark beugte man sich hier dem Diktat der Himmelsrichtung und der Vermarktbarkeit. Letztlich bildet der Block eine geknickte Zeile, die nur an wenigen Stellen auf die Umgebung eingehen kann und will. Trotz dieser Kritik war Block 16 wichtig für die Entwicklung des Französischen Viertels, da er eine grundsätzliche Bebaubarkeit des ehemaligen Militärareals in der geplanten Art und Dichte demonstrierte.

Beide Grundhaltungen sind bis heute symptomatisch für viele Bauvorhaben im Französischen Viertel und im Loretto-Areal geblieben: Die eine akzeptiert den öffentlichen Raum und die gemeinsame Nutzung, die andere negiert, dass das Haus Teil des Stadtgefüges ist.

Das Haus und die Straße

Wenn die Fassade, mit der sich das Haus zu erkennen gibt, »a gift to the street«[10], ein Beitrag zur Funktion und zur Schönheit der Stadt sein kann, haben Bauherren und Architekten eine große Verantwortung auch bei der Gestaltung der äußeren Hülle ihres Gebäudes. Fassaden versenden Signale, die im Alltagsgebrauch jedoch eher unbewusst und im Vorübergehen wahrgenommen werden.[11] Selbst kleine Details verraten dem Unterbewusstsein, ob die Nutzer hinter der Fassade am öffentlichen Leben teilhaben oder sich in die Privatheit zurückziehen wollen, welchen Stellenwert Arbeiten und Wohnen im Gebäude einnehmen sollen oder wie das Gebäude funktioniert.

Beim Gang durch die Quartiere scheint der architektonische Ausdruck der Mischung von Wohnen und Arbeiten überall dort am besten gelungen, wo Wohnen und Arbeiten entweder jeweils für sich einen eigenständigen Ausdruck oder die Kombination aus beidem eine gemeinsame neue Ausdrucksform gefunden hat.

Völlig unspektakulär, dem klassischen Prinzip von Sockel und Wohnetagen folgend, ist zum Beispiel die Fassade des Gebäudes Aixer Straße 7 (F02). Der gewerblich genutzte Sockel löst sich über einen dunkelgrauen Bossenputz von den weiß verputzten Wohngeschossen ab. Andere Fassaden wie die von Gebäude Französische Allee 16 (F05) verzichten auf die Sockelbetonung und zeigen die dahinterliegenden Nutzungen mittels unterschiedlich proportionierter Fenstereinteilungen und -formaten an. Bei Projekt 14 (F11) dagegen treten im Zusammenspiel von Schaufenster und dem darüberliegenden Laubengang der Wohnungen Öffentlichkeit, Arbeiten und Wohnen nicht nur formal miteinander in Kontakt. Der Laubengang mit seinen balkonartigen Austritten lädt zum Aufenthalt und zu einem kleinen Gespräch über die Geschosse hinweg ein.

Als eigenständiges Bauteil und gleichzeitig Teil der Gesamtkomposition präsentieren sich dagegen der hellblaue Büroturm, ebenfalls Projekt 14, oder das aus dem Baukörper herausgeschobene Innovationszentrum in Block 7 (L13).

Den Typus des Wohnateliers greifen die »laufende Meter weise« bevorzugt an Künstler und Handwerker vergebenen ehemaligen Pferdeställe im Französischen Viertel auf. Hier hat beispielsweise ein Künstler – zugleich Bauherr und Bewohner – eigene Kunstwerke in die Fassade integriert (F07).

Schönheit als Beitrag der Fassade zur Stadt ist bezogen auf Einzelgebäude und auf das Straßenbild ein eher subjektives Qualitätsmerkmal. Als schön gilt gemeinhin was gefällt, was ein Gebäude von anderen Gebäuden abhebt, seien es besonders ge- oder misslungene Dachformen, Erker oder Farbgebungen. Es stellt sich die Frage, wieviel Schönheit, Vielfalt, Abwechslung und Individualität ein einzelnes Gebäude tatsächlich vertragen kann. Keine »Schönheitskommission« wie seinerzeit im

mittelalterlichen Siena überwacht das Nebeneinander von Proportionen und Fenstereinteilungen in einer Zeit, in der sich die Gestaltung lediglich über baurechtliche Festsetzungen definieren lässt.

Zahlreiche Beispiele zeigen im Guten wie im Schlechten, dass die radikale Konzentration auf wenige, dafür bewusst eingesetzte Themen dem Gebäude mehr dient als die Demonstration des gesamten entwerferischen Formenkanons. Klar strukturierte Gebäude wie Lilly-Zapf-Straße 4 (L04) oder Lilli-Zapf-Straße 11 (L09) zeigen eine selbstbewusste Individualität, die nicht marktschreierisch ist und dadurch dem Nachbarn die Möglichkeit zur eigenen Darstellung lassen. Aber auch eine einfache, fast schon reduzierte Lochfassade wie z. B. Lorettoplatz 6 (L01) oder die durch große Französische Fenster geprägte Fassade vom Mömpelgarder Weg 17 (F17) stärken den Straßenraum, ohne sich in den Vordergrund drängen zu wollen.

Während die Vielfalt der Gestaltungsmöglichkeiten den kleinen Maßstab des Einzelhauses überfordern kann, ist im großen städtebaulichen Maßstab durch die Addition der Einzelhäuser ein lebendiges urbanes Umfeld entstanden: eine Vielfalt an Klein und Groß, Schön und Hässlich, Verschlossen und Geöffnet, Alt und Neu, Geschichte des Ortes und »work in process«, durchaus etwas chaotisch; aber wie Andreas Feldtkeller bemerkt, »zur Wiederentdeckung der Urbanität gehört, dass auch ein Stück Chaos, eine gewisse Wildheit des Städtischen zurückkehrt.«[12]

Das Haus und der Bauherr

»Das ist ein tolles Projekt« verkündet der kleine Junge[13] dem Fremden, der Projekt 14 im Französischen Viertel besichtigt, »es ist das beste Projekt im ganzen Viertel« – und erst nachdem der Fremde dies bestätigt, fährt der sechsjährige Bub befriedigt mit seinem Spiel fort.

Das gemeinsame Ziel, die Wohnwünsche in die eigene Hand zu nehmen, und später die Identifikation mit dem fertigen Gebäude, schweißt die Baugemeinschaften zusammen. Die hohe Akzeptanz des Bauherrenmodells geht selbstverständlich auch über den Geldbeutel. Baugemeinschaften bieten ein hohes Potenzial an Kosteneinsparungen gegenüber dem klassischen Bauträgermodell, aber eben nicht nur. Neu und für viele anziehend ist das Produkt Individuelles Mehrfamilien-Stadthaus. Der Wunsch nach Individualität, Ausleben der eigenen Wohnvorstellungen, schien für lange Zeit mit dem Einfamilienhaus unauflösbar verkettet zu sein. Doch die ersten Bauvorhaben der »Baugemeinschafts-Pioniere« boten ein abwechslungsreiches, individuelles Bild, das in Verbindung mit den erzielten Gesamtbaukosten ein echtes Alternativmodell zum freistehenden Einfamilienhaus darstellte.

Gut ablesbar ist dies am Gebäude der »Baugruppe Süd«, Lorettoplatz 14 (L06). Kein Grundriss gleicht in der Aufteilung dem anderen, die bewegte Dachlandschaft ermöglicht einem großen Teil der Parteien, an den begehrten Dachterrassen zu partizipieren. Trotz der vielen Individualwünsche ist es der Baugemeinschaft und den Architekten gelungen, Themen zu finden, die den Baukörper formal zusammenfassen und gleichzeitig die Individualität der Bewohner berücksichtigen.

Ein weiteres Angebot der Baugemeinschaften, das im normalen Eigentumswohnungsbau nicht anzutreffen ist, sind Gemeinschaftsräume, die allen Hausbewohnern zur Verfügung stehen: so Hobbyraum und Dachterrasse bei Lorettoplatz 6 (L01), bei größeren Bauvorhaben wie Projekt 14 (F11) sogar ein ganzes Spektrum an Gemeinschaftseinrichtungen: Gemeinschaftshaus, Sauna, Fitnessraum, Holzwerkstatt, Bastelraum und Fahrradwerkstatt.

Natürlich muss das alles bezahlt sein, Baugemeinschaften unterliegen aber angesichts der günstigen Bodenpreise weniger dem Optimierungsdenken als beispielsweise gewerbliche Bauträger. So kann dann auch ein zusätzliches Dachgeschoss für die gemeinsame Dachterrasse freigehalten werden, die baurechtlichen Weichen dafür sind in der freien Wahl der Dachform innerhalb einer Hüllkurve bereits im Bebauungsplan gestellt. Vieles an den erzielten Einsparungen wurde in gehobene Wohnausstattungen, größere Wohneinheiten oder eben auch in gemeinschaftlich genutzte Einrichtungen reinvestiert.

Längst haben sich auch die gewerblichen Bauherren angepasst. Es wird schärfer kalkuliert im Gebiet, die Preise liegen teilweise nur noch circa 10 % über dem der Baugemeinschaften, dafür kauft man fertig und in der Regel auch stressfrei. Wer jedoch seine eigenen Vorstellungen realisieren will, und der Trend geht zum großzügigen individuellen Wohneigentum innerhalb eines Gemeinschaftsmodells, wird sich in einer Baugemeinschaft engagieren.

Das Haus und das Geld

Fertigpreise zwischen 2800 und 3600 DM[14] pro Quadratmeter Wohn- oder Gewerbefläche gehören sicherlich zu den überzeugendsten Argumenten für jegliche Arten von Bauvorhaben in der Tübinger Südstadt. Diese hervorragenden Preise sind auch in Tübingen nicht das Ergebnis einer Zauberformel, sondern haben vielseitige Ursachen. Neben den bereits bekannten Maßnahmen des Bauherrenmodells zur Kostenreduzierung, Minimierung und Ausschluss der »weichen« Baukosten wie Werbemaßnahmen, Gewinne weiterer am Bau Beteiligter und der Übernahme von Verwaltungs- und Koordinationstätigkeiten durch die Baugemeinschaftsmitglieder, werden von Baugemeinschafts- und Bauträgerseite immer wieder auch klassische Rezepte erwähnt: Eigenleistungen, ein hoher Vorfertigungsgrad bei den Bauelementen, vereinzelt ein reduzierter Ausbaustandard sowie der Verzicht auf Unterkellerung wie beispielsweise beim Gebäude Französische Allee 2–6 (F01). Bei privaten Bauvorhaben bislang ungewöhnlich ist, dass zur Kostenplanung und -kontrolle externe Spezialisten hinzugezogen werden; bei größeren Bauvolumina wie beispielsweise Projekt 14 eine Investition, die sich in der Kostensicherheit bezahlt gemacht hat.

Das größte Einsparpotenzial liegt aber bei allen Bauvorhaben im Grundstückserwerb. Relativ gesehen sind die Grundstücke günstig, aber kein Schnäppchen. Der Wert der Grundstücke wurde für den dritten Bebauungsabschnitt im Französischen Viertel vom städtischen Gutachterausschuss innerhalb des Tübinger Preisgefüges im Mittel bei 550 DM/m^2, für den vierten Bauabschnitt im Loretto-Areal im Mittel bei 800 DM/m^2 eingeordnet. Erst die hohe Dichte bei einer Überbaubarkeit des Grundstückes von 0,6 – in Ausnahmefällen auch 0,7 – führt zu verblüffenden Ergebnissen: Der Grundstücksanteil pro Quadratmeter Wohn- oder Gewerbefläche liegt in der Regel im Französischen Viertel bei knapp 300 DM[15], im Loretto-Areal teilweise etwas höher. Absoluter Spitzenreiter und zugleich auch Ausnahmeprojekt ist Provenceweg 12 (F15), das bei einem Grundstückspreis von 64 000 DM und 420 m^2 Gesamtwohn- und Gewerbefläche einen Grundstücksanteil von lediglich 152 DM, den Preis für einen besseren Parkettfußboden, erreicht. Bei besonderen Gebäudeformen wie »Wohnen + Arbeiten in Lofts«, Lilli-Zapf-Str. 4 (L04) kann aufgrund der großzügigen lichten Raumhöhen von einem 10 % höheren Grundstücksanteil ausgegangen werden, was bei 100 m^2 Wohnfläche nur mit circa 3000 DM zu Buche schlägt.

Das Haus und das Auto

Die Unterbringung der Fahrzeuge innerhalb einer dichten städtischen Struktur gilt seit langem als Kernproblem bei der Umsetzung parzellierter Stadtkonzepte. Auch das sogenannte »Stadthauskonzept« – städtische Ein- und Mehrfamilienhäuser auf der schmalen Parzelle –, das Ende der siebziger Jahre von Politik und Planern euphorisch als Lösung gegen die Stadtflucht propagiert wurde, konnte diesbezüglich nicht überzeugen. In einem Heft der Bauwelt aus dieser Zeit findet sich zu dem Thema eine skeptische Anmerkung der Redaktion: »Ein Tabu der letzten Jahre scheint sich zu lockern: das individuelle Parken am und im Haus wird wieder denkbar, die zentrale Tiefgarage beginnt abzudanken. Damit scheint auch ein Problem des innerstädtischen Wohnens gelöst zu sein: Was macht man mit der EG-Nutzung. Bisher gab es wahlweise Stützen, Läden oder unzumutbare Wohnungen. Nun Autos.«[16] Die Parkierung schien auf einfache Art und Weise Probleme des Einzelhauses zu lösen, die Frage nach der Bedeutung der Erdgeschosse für den öffentlichen Raum blieb dagegen unbeantwortet.

Für die Südstadtplanung wurden daraus Konsequenzen gezogen: Erdgeschossnutzungen werden nicht problematisiert, sondern als Chance begriffen. Die dichte, kleinteilige Parzellierung in Kombination mit dem gewerblichen Erdgeschoss gilt hier als essenzielle Rahmenbedingung einer urbanen Lebensart. Dank der dezentralen, nicht an die Einzelbebauung gekoppelten Parkierung in mechanischen Parkierungsanlagen wird weder im öffentlichen Raum geparkt, noch müssen die Fahrzeuge auf der Parzelle untergebracht werden. Nicht zuletzt gewährleistet dieses Prinzip[17] die Chancengleichheit von kleinen und großen Bauvorhaben hinsichtlich des finanziellen Aufwands für die Parkierung. Kleine, gemischt genutzte Stadthäuser auf der Minimalparzelle wie beispielsweise Provenceweg 12 (F15) hätten ohne die Trennung von Stellplatz und Parzelle keine Realisierungschance gehabt. Angesichts der großen Vielfalt an gebauten Haustypen kann man daher von einer »Befreiung des Hauses vom Auto« sprechen.

Die Häuser – die Projekte im einzelnen

Die im Folgenden dokumentierten Gebäude sind im Wesentlichen in den ersten drei Bebauungsabschnitten realisiert worden oder werden bis in ungefähr einem Jahr fertiggestellt sein.[18] Den besten Eindruck erhält man indes bei einem Besuch vor Ort, wo alle Häuser in ihrem stadträumlichen Kontext erlebbar sind.

Der eingangs zitierte Dieter Hoffmann-Axthelm hat einmal gesagt: »Alle Welt will Stadt, wenigstens für die anderen...«. Beim Gang durch die neuen Quartiere kann man sich davon überzeugen lassen, dass hier Menschen wohnen und arbeiten, die Stadt für sich selbst wollen.

LEHEN drei Architekten und Stadtplaner
Martin Feketics, Leonhard Schenk, Matthias Schuster

Anmerkungen

1 vgl. hierzu: »17 Thesen zum Wohnungsbau«; in: Humpert, Klaus: Einführung in die Stadtplanung; Stuttgart 1997, S.141ff.
2 vgl. hierzu: Siebel, Walter: Wesen der europäischen Stadt I. In: db10/2000, S. 42-46.
3 vgl. hierzu: Baldermann, Joachim, Hecking, Georg, Knauß, Erich, Wanderungsmotive und Stadtstruktur; Schriftenreihe 6 des Städtebaulichen Instituts der Universität Stuttgart, Stuttgart 1976.
4 vgl. hierzu: Bauwelt 1979, Heft 21, S. 884 ff. und Bauwelt 1988, Heft 47, S. 2018 ff.
5 vgl. hierzu: Bauwelt 1981, Heft 23, S. 858 ff.
6 Der Begriff »die kritische Rekonstruktion der Stadt« wurde von Joseph Paul Kleihues als Arbeitstitel der »IBA Berlin 1987« geprägt.
7 Zur ausführlichen Beschreibung der Geschichte der Südstadt siehe S. 176 ff.: Das Tübinger Projekt: Anfänge und Erwartungen.
8 Hoffmann-Axthelm, Dieter: Stadtblock auf der Wiese. In: Bauwelt 1998, Heft 38, S. 2163.
9 Calvino, Italo: Die unsichtbaren Städte; München 1985, S. 96.
10 Benevolo, Leonardo: Die Stadt in der europäischen Geschichte; München 1993, S. 61; Benevolo übernimmt dabei den Titel des Buchs »A Gift to the Street« von C. Orwell und J. Lynch Waldhorn, San Francisco 1976.
11 vgl. hierzu Benjamin, Walter: Das Kunstwerk im Zeitalter seiner technischen Reproduzierbarkeit; in: ders, Gesammelte Schriften Bd. 1.2, Frankfurt am Main 1974, S. 504/505
12 Feldtkeller, Andreas: Die zweckentfremdete Stadt. Wider die Zerstörung des öffentlichen Raums; Frankfurt, New York 1994, S. 171.
13 Erlebnis des Autors im Sommer 1999.
14 Bei Baugemeinschaften: 2800–3600 DM/m^2, je nach Ausstattung. Im Einzelfall wurde bei einem sehr hohen Eigenleistungsanteil und minimierten Ausbaustandard ein Fertigpreis von unter 2000 DM/m^2 erreicht (L04).
15 vom Autor ermittelte Werte nach Angaben der Architekten.
16 Bauwelt 1979, Heft 21, S. 854.
17 Für Stellplätze und Garagen für Betriebsfahrzeuge und Kraftfahrzeuge von Behinderten können Ausnahmen zugelassen werden, z.B. Tiefgarage Block 16 (F18), Tiefgarage Projekt 14 (F11).
18 Der vierte Bebauungsabschnitt »Loretto-Areal-West« ist bei Redaktionsschluss im Oktober 2000 noch in der Vermarktung, Baubeginn ist voraussichtlich im Herbst 2001.

Die Häuser: Projektdokumentation

Erläuterung der genannten Kosten:

Reine Baukosten (brutto): reine Erstellungskosten inkl. Mehrwertsteuer, jedoch ohne Grundstück, Außenanlagen, Honorare, Nebenkosten und individuelle Kosten wie Finanzierungskosten, Notargebühren, Grunderwerbsteuer etc.

Gesamtbaukosten (brutto): alle Gebäudekosten inkl. Mehrwertsteuer, Außenanlagen, Nebenkosten, Honorare, jedoch ohne Grundstück und individuelle Kosten wie Finanzierungskosten, Notargebühren, Grunderwerbsteuer etc.

Fertigpreis/m² Wohnfläche: entspricht in der Privaten Baugemeinschaft/Betreuten Baugemeinschaft dem Verkaufspreis/Kaufpreis bei einem Bauträgermodell

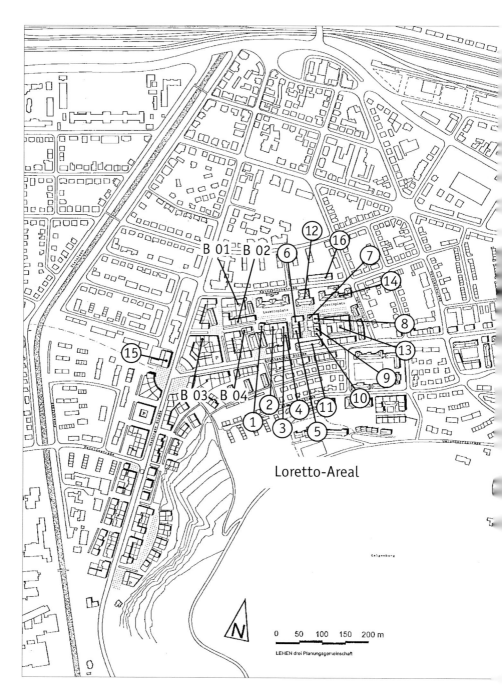

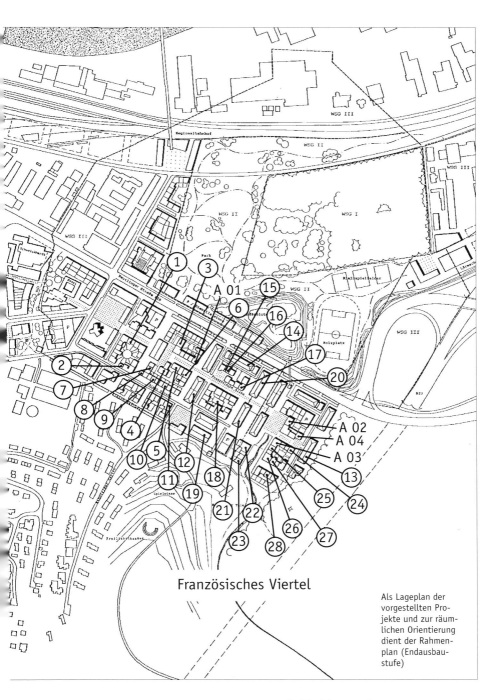

Französisches Viertel

Als Lageplan der vorgestellten Projekte und zur räumlichen Orientierung dient der Rahmenplan (Endausbaustufe)

Projektdokumentation 119

F01
Wohn- und Geschäftshaus
»Block 9«, Französische Allee 2–6,
Bei den Pferdeställen 9
Gewerbliche Bauträgerschaft

Architekt: Joachim Eble Architektur, Tübingen; Farbgestaltung: Lasuveda Atelier für Farbgestaltung; 34 Wohneinheiten 60 m² –160 m², überwiegend zwei- bis dreigeschossige Maisonetten; 2 Gewerbeeinheiten 61,3 m² und 80,1 m²; Wohn- und Gewerbefläche gesamt: ca. 3186 m²; Entwurf/Bezug: 1996/2000; Gesamtbaukosten (brutto): 9 300 000 DM; Grundstückskosten: 1 100 000 DM; Maßnahmen zur Kostenreduktion: Verzicht auf Unterkellerung

Ökologisches Bauen hatte bei allen Beteiligten oberste Priorität. Generell wurde bei der Baustoffwahl auf toxische Unbedenklichkeit, geringen Energieaufwand bei der Herstellung und Wiederverwertbarkeit geachtet. So sind die meisten Decken als Brettstapel-Beton-Verbunddecken mit fertiger Holz-Untersicht ausgeführt, die Holzständer-Leichtbau-Außenwände sind mit Zellulose gedämmt. Als Besonderheit bieten die dreigeschossigen Maisonettewohnungen die Möglichkeit einer von der Wohnung abtrennbaren Bürofläche. Dabei werden die Wohnungen über den Laubengang im ersten Obergeschoss erschlossen, die Büros im Erdgeschoss über den gemeinsamen Innenhof. Wenig überzeugend ist, dass im Erdgeschoss hin zur Französischen Allee die Kellerersatzräume angeordnet wurden.

Grundriss erstes Obergeschoss. Laubengänge über den Abstellräumen erschließen die Wohnungen

Der Baukörper ist zum Innenhof hin abgestaffelt, die Blockrandbebauung aufgelöst

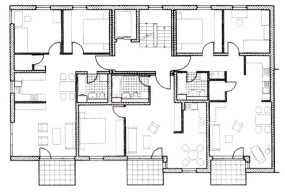

Regelgeschoss mit Zwei- und Dreizimmerwohnungen

F02
Wohn- und Geschäftshaus
Aixer Straße 7
Gewerblicher Baubetreuer mit Einzelbauherren,
Baugemeinschaft »Aixerstr. 7«

Architekten: Haasis + Mohr, Freie Architekten, Stuttgart; 12 Wohneinheiten 56 m² – 122 m², 1 Gewerbeeinheit 258 m²; Wohn- und Gewerbefläche gesamt: 1118 m²; Besonderheiten: erhöhter Schallschutz; Entwurf/Bezug: 1998/2000; Fertigpreis/m² Wohnfläche (gemittelt): ca. 3500 DM

Schnörkellos, ruhig, mit sorgfältig ausgeführten Stahldetails kann das Gebäude als Regelbaustein einer städtischen Bebauung gelten. Die Gewerbenutzung im Erdgeschoss hebt sich durch den horizontalen Bossenputz von den schlicht weiß verputzten Wohnungen der Regelgeschosse ab. Das angeschnittene Tonnendach, in dem sich die Schlafgeschosse der Maisonetten befinden, gibt dem Gebäude zum öffentlichen Raum hin einen zurückhaltenden, aber wirksamen oberen Abschluss.

Der Bossenputz betont die gewerbliche Nutzung im Erdgeschoss

F03
Kinderhaus Französische Allee 11
Bauherr: Stadt Tübingen

Architekten: Architekturbüro Michel Aguilar, Freier Architekt BDA, Tübingen; Mitarbeiter: I. Blakaj, S. Schönle; 2 flexibel einteilbare Kindergartengruppen, 2 flexibel einteilbare Ganztagesgruppen; Gemeinschaftseinrichtung: Mehrzweckraum; Gesamtnutzfläche: 760 m²; Entwurf/Bezug: 1996/1999; reine Baukosten (brutto): ca. 1 900 000 DM

Die Gruppenräume öffnen sich zum grünen Innenhof

Wie alle Gebäude im Französischen Viertel ist auch das Kinderhaus Teil einer klar definierten Blockrandbebauung. Ruheräume, Kleingruppenräume, Mitarbeiterbüros und Sanitärräume orientieren sich zur Anliegerstraße, die Gruppenräume öffnen sich in den grünen Innenhof. Da sämtliche Innenwände nicht tragend ausgeführt sind, können die Räume bei Bedarf neu geordnet werden. Selbst die erforderlichen Schallschutzmaßnahmen für geschossweise getrennte Nutzungen sind in der Realisierung bereits berücksichtigt.

Großformatige Schiebeläden nehmen der Straßenfassade ihre Strenge

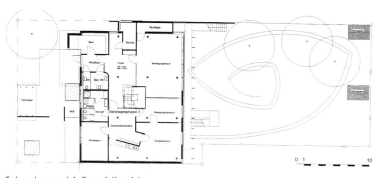

Erdgeschoss und Außenspielbereich

Die große Dachterrasse der Maisonetten orientiert sich zum Innenhof

F04
Wohn- und Geschäftshaus
Französische Allee 12
Gewerbliche Bauträgerschaft

Architekten: Ackermann und Raff, Freie Architekten BDA, Tübingen; Bauleitung: Baisch und Fritz; 9 Wohneinheiten 60 m² –125 m², 1 Büroeinheit 65 m²; Wohn- und Gewerbefläche gesamt: 810 m²; Entwurf/Bezug: 1998/1999; reine Baukosten (brutto): 2 161 000 DM; Maßnahmen zur Kostenreduktion: Optimierung der Außenwandfläche, Reduktion des Verkehrsflächenanteils

Der spannungsvolle Baukörper entwickelt sich aus einem dreigeschossigen Basisbaukörper und den beiden darauf aufgelagerten beiden Fünfzimmer-Maisonettewohnungen. Eine vorgelagerte Schicht aus Balkonen und Gitterrosten (Sonnenschutz) verstärkt die Horizontalität des Basisbaukörpers parallel zu den angrenzenden niedriggeschossigen »Pferdeställen« mit einfachen Mitteln.

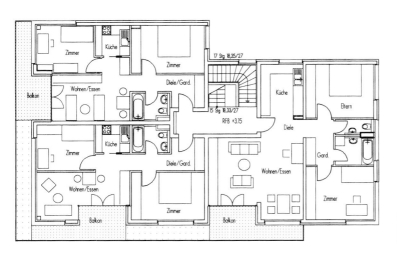

Basisbaukörper, Grundriss erstes Obergeschoss

F05
Mehrfamilienhaus mit Büroeinheit
Französische Allee 16
Private Baugemeinschaft

Architekten: OZZW Architekten, Stuttgart; Projektleitung: Dietmar Wiehl, Isolde Oesterlein; 8 Wohneinheiten: Zwei- bis Fünfzimmerwohnungen, 1 Büroeinheit ca. 45 m²; Wohn- und Gewerbefläche gesamt: ca. 655 m²; Entwurf/Bezug: 1995/1997; Fertigpreis/m² Wohnfläche: ca. 3500 DM

Das Gebäude ist als Zweispänner mit innenliegendem Treppenhaus organisiert. Parallel zum Treppenhaus liegen die funktionalen Zonen, Küche und Bad, die den Grundriss in Wohnen im Süden und Schlafen im Norden teilen. Nach Süden öffnet sich das Gebäude mit einem großen »Einschnitt« in der Putzfassade: hier fügen sich die Wintergärten und Balkone an, die – trotz der nach Bauherrenwunsch jeweils differenzierten Ausführung – gestalterisch in ein einheitliches Gesamtvolumen integriert sind.

Innerhalb des vorgegebenen Rahmens wurden die Balkone nach den Wünschen der Bauherren ausgestaltet

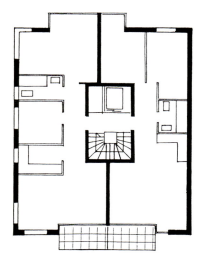

Grundriss zweites Obergeschoss

F06
Wohn- und Geschäftshaus
Cezanneweg 3/Französische
Allee 20
Gewerblicher Baubetreuer mit
Einzelbauherren,
Baugemeinschaft »Cezanneweg«

Architekten: Haasis + Mohr, Freie Architekten, Stuttgart; 21 Wohneinheiten 62 m² –109 m², 2 Gewerbeeinheiten 43 m² und 57 m²; Wohn- und Gewerbefläche gesamt: 1850 m²; Besonderheiten: Fahrradtiefgarage mit Zufahrtsrampe, verglaster Aufzug an der Außenwand; Entwurf/Bezug: 1996/1998; Fertigpreis/m² Wohnfläche (gemittelt): 3500 DM

Die Nachteile der Nord-Ost-Eckbebauung werden mit einem einfachen und effektiven Trick behoben: durch die Drehung des Grundrisses um 18° sind die im Inneneck liegenden Wohnungen nach Südwesten ausgerichtet. Zudem wird zugunsten einer großen Dachterrasse auf die baurechtlich mögliche Ausnutzung des Dachgeschosses verzichtet. Ein verglaster Aufzug erschließt die Wohnungen an der Französischen Allee: während der Fahrt öffnet sich in den oberen Geschossen der Blick auf die Hügel des Neckartals.

Der gemeinsame Innenhof lädt zum Spielen und Sitzen ein

Die Drehung der Grundrisse in der Innenecke gibt den Wohnungen, hier die Grundrisse des dritten Obergeschosses, Licht von Südwesten

Zuschauen erlaubt: Künstleratelier im Erdgeschoss

F07
Umbau eines Pferdestalls zu Wohnung und Atelier,
Bei den Pferdeställen 4
Private Bauherrschaft

Architekten: Architekturbüro Rainer Hekeler, Dipl.-Ing., Tübingen; 1 Wohneinheit 154 m², Maleratelier 145 m², Wohn- und Gewerbefläche gesamt: 299 m²; Entwurf/Bezug: 1993/1995; Gesamtbaukosten (brutto): 572 100 DM; Grundstückskosten inkl. Altbau: 87 780 DM; Maßnahmen zur Kostenreduktion: Verzicht auf nachträgliche Unterkellerung

Der Charakter der alten Pferdeställe sollte trotz der Umnutzung weitgehendst erhalten bleiben. Die alten Sprengwerke wurden daher durch eine Stahlkonstruktion statisch verstärkt und mit Gaupen versehen, die das Dachgeschoss in lichtdurchflutete Räume verwandeln. Ein angemessener Ersatz für den hier fehlenden Gemeinschaftsgarten sind die nach Osten und Westen hin orientierten Balkone sowie der kleine Wirtschaftshof an der Rückseite des Gebäudes. Die in die Fassaden integrierten Kunstwerke sind Arbeiten des Künstlers, Bewohners und Bauherrn Frido Hohberger.

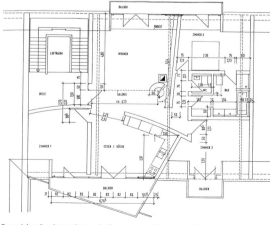

Grundriss Dachgeschoss: Balkone nach Osten und Westen ersetzen den Gemeinschaftsgarten

F08
Umbau und Erweiterung eines Pferdestalls zu einer Theaterbühne und Wohnungen, Ecke Aixer Straße/ Bei den Pferdeställen, Private Bauherrschaft

Architekten: Ackermann und Raff, Tübingen, mit Johannes Manderscheid, Rottenburg; Ausführungsplanung und Bauleitung: Johannes Manderscheid; 2 Wohneinheiten: ca. 156 m² (Neubau) und ca. 143 m² (Altbau), Theater inkl. Café ca. 256 m²; Wohn- und Gewerbefläche gesamt: ca. 555 m²; Entwurf/Fertigstellung: 1998/2001

Baustellenfoto: Kurz vor Fertigstellung im Dezember 2000

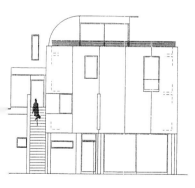

Über die Außentreppe werden die Wohnungen erschlossen

Grundriss 1. OG

Der würfelförmige Anbau an die bestehenden Pferdeställe mit seiner fast schwarz lasierten Schichtholzfassade ist das markante Erkennungszeichen des kleinen Theaters an der Aixer Straße. Durch das neu gebaute Café hindurch betritt man den Theaterraum im Erdgeschoss des ehemaligen Pferdestalls. Auch die Erschließung der Wohnungen ist wohl überlegt: Ohne die Erdgeschossnutzung zu beeinträchtigen, führt eine seitlich an den Anbau gefügte Außentreppe hinauf zu der dreigeschossigen Maisonettewohnung über dem Café und zu der großzügigen Etagenwohnung im Dachgeschoss des Altbaus. Eine Besonderheit der Etagenwohnung: Von der Straße kaum einsehbar, ist die zwischen Alt- und Neubau eingeschnittene Dachterrasse ein kleiner, privater Freibereich.

F09
Umbau eines Pferdestalls zu
Wohnhaus Aixer Straße 17
Private Bauherrschaft

Architekt: Stefan Herdtle, Reutlingen; 2 Wohneinheiten 105 und 107 m²; Wohnfläche gesamt: 212 m²; Entwurf/Bezug: 1995/1996; Gesamtbaukosten (brutto): 420 000 DM; Grundstückskosten inkl. Altbau: 64 000 DM; Maßnahmen zur Kostenreduzierung: Eigenleistung im Wert von ca. 200 000 DM, mit dem Nachbarhaus gemeinschaftlich genutzte Außentreppe zur Erschließung der Wohnung im Obergeschoss

Straßenfassade: drei Wohnebenen im ehemaligen Pferdestall

Durch die Ausnutzung der vorhandenen Geschosshöhe von 4,30 m und das Absenken des Erdgeschossniveaus um 1,40 m konnte eine zusätzliche Wohnebene im Gebäude eingefügt werden und so insgesamt zwei voneinander unabhängige Wohneinheiten realisiert werden. Die Dachgeschosswohnung wird über eine mit dem Nachbarhaus gemeinschaftlich genutzte Außentreppe erschlossen. Auch wenn das Gebäude als reines Wohnhaus konzipiert ist, bleibt das Prinzip der Mischnutzung im Gebiet dennoch gewahrt – die Bauherren haben einen weiteren Pferdestall (Bei den Pferdeställen 20) zu Atelier und Werkstatt umgebaut.

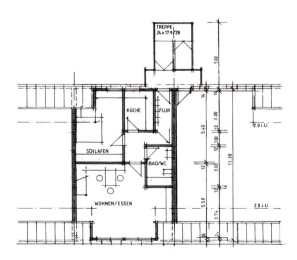

Hier kann das Dachgeschoss dank der Außentreppe eigenständig genutzt werden

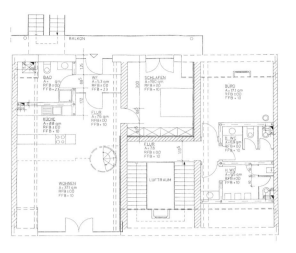

Im Dachgeschoss befinden sich neben einer Wohnung die Nebenräume der Gastronomie

F10
Umbau eines Pferdestalls zu Wohnung und Bistro (BRIO), Aixer Straße 23
Private Bauherrschaft

Architekten: Architekturbüro Rainer Hekeler, Dipl.-Ing., Tübingen; Innenarchitektin: Marlies Ohlbrock, Tübingen; 1 Wohneinheit 106 m², 1 Gewerbeeinheit (Bistro) 245 m²; Wohn- und Gewerbefläche gesamt: 351 m²; Entwurf/Bezug: 1996/1998; Gesamtbaukosten (brutto): ca. 971 500 DM; Grundstückskosten: 95 000 DM; Maßnahmen zur Kostenreduktion: mit dem Nachbarhaus gemeinschaftlich genutzte Außentreppe zur Erschließung der Wohnung im Obergeschoss

Bestehendes bewahren und Neues ohne falsch verstandene Nostalgie integrieren waren auch bei diesem Gebäude die Ziele des Architekten und der Bauherrschaft. So blieben das Sichtmauerwerk der Außenwände, die hohen Räume im Erdgeschoss, die alten Futtertröge und das schöne Treppenhaus erhalten. Hinzugekommen sind die wohl proportionierten vollflächig verglasten Gaupen und natürlich die neuen Nutzungen: Gastronomie und Wohnen.

Mediterrane Stimmung an der Aixer Straße

Der blaue Turm bildet die städtebauliche Dominante an der Ecke Aixer Straße/Wennfelder Garten

F11
Wohn- und Geschäftshaus
Aixer Straße 42–46 und
Wennfelder Garten 2–8
Private Baugemeinschaft
»Projekt 14«

Architekten: ikarus.architektur, Andreas Stahl, Freier Architekt, Dipl.-Ing. (FH), Tübingen; Mitarbeiter: H. Stoiber, S. Knöller, A. Hoffmann; Projektsteuerung: Ehring & Knies, Reutlingen; Farbgestaltung: Hülsewig & Vollmer, Stuttgart; Gartenplanung: Ulrike Wahl, Reutlingen; 29 Wohneinheiten 66 m² – 144 m², gesamt 3006 m², 11 Gewerbeeinheiten 48 m² – 130 m², gesamt 889 m²; Gemeinschaftseinrichtungen: Gemeinschaftshaus, Gartenhof, Sauna, Fitnessraum, Holzwerkstatt und Bastelraum, Fahrradwerkstatt, Naturkeller; Wohn- und Gewerbeflächen gesamt: 3895 m²; Besonderheiten: ökologische Bauweise (Brettstapeldecken, Ziegeldecken, Zellulosedämmung etc.), Tiefgarage für Fahrzeuge der Gewerbebetriebe; Entwurf/Bezug: 1995/1998; Gesamtbaukosten (brutto) inkl. Außenanlagen: ca. 12 422 000 DM; Grundstückskosten: 1 165 860 DM; Maßnahmen zur Kostenreduktion: exakte Kostenplanung und -kontrolle

Die Fassadenskizze rechts zeigt die formale Zusammenfassung von Laubengang und Gewerbeeinheit

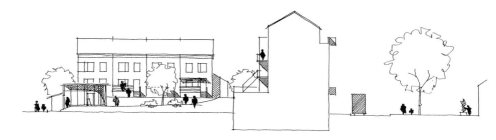

16 unterschiedliche Fensterformate spiegeln die Vielzahl an Bauherren wider, die sich im Projekt 14 zusammengeschlossen haben. Von der Kleinstwohnung bis hin zu Maisonette und von der Gastronomie bis hin zur elektrotechnischen Werkstatt sind in dem nach Süden geöffneten Baublock nahezu alle erdenklichen Wohn- und Arbeitsformen integriert. Selbst ein kleines ökumenisches Gemeindezentrum, die »Kirch' am Eck«, hat hier seinen Platz gefunden.

Im Gegensatz zur inneren Vielfalt steht das Gebäude mit seiner dominanten Ecke und den beiden zurückgesetzten Seitenflügeln ruhig und selbstverständlich am Straßenraum der Aixer Straße. Der schöne, leicht angehobene Innenhof ist den Bewohnern vorbehalten: Außen die Geschäftigkeit der Stadt, innen das kleine, gemeinsam geschaffene Paradies.

Der gemeinsame Innenhof – das private Paradies

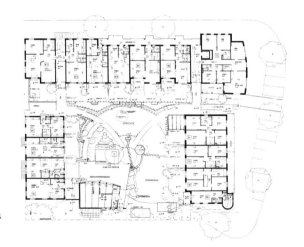

Grundriss erstes Obergeschoss

F12
Studentenwohnheim mit
Kindertagesstätte
Bauherr: Studentenwerk Tübingen
Provenceweg 1

Architekten: Richard Jäger und
Michael Jäger, Dipl. Ing. (FH), Freie
Architekten, Tübingen; 24 Wohneinheiten 25 m² –124 m² und eine
Kindertagesstätte 124 m²; Wohnfläche gesamt: 1545 m²; Baujahr
1935; Entwurf (Umbau)/Bezug:
1991/1993; Gesamtbaukosten
(brutto): ca. 3 156 000 DM

Grundriss Erdgeschoss Projekt 12

Konsequent dem inneren Aufbau des 1935 errichteten Mannschafts-gebäudes folgend, liegen die Wohnungen parallel zum zentralen Erschließungsflur. Von der Aixer Straße aus gelangt man über einen leicht abgesenkten Spielhof zu der im Sockelgeschoss integrierten Kindertagesstätte. Der kleine Hof trennt auf einfache Weise den Spielbereich vom öffentlichen Straßenraum.

F13
Studentisches Wohnen
Hindenburgkaserne,
Landkutscherweg 4/6
Bauherr: Studentenwerk Tübingen

Architekten: Krisch+Partner, Freie Architekten BDA, Tübingen; Mitarbeiter: H.-U. Braun, H. Dattler, A. Schlameuss; 30 Wohneinheiten 35 m² (1,5 Zimmerappartement) – 145 m² (Sechszimmer-Wohngruppe); Gemeinschaftseinrichtungen: Gemeinschaftsraum mit Kochzeile und WC-Anlage, 98 m²; Gesamtwohnfläche: 2440 m²; Baujahr 1935; Entwurf (Umbau)/Bezug: 1991/1993; Gesamtbaukosten (brutto): ca. 5 015 000 DM

Neben Einzel- und Doppelappartements werden hier auch Wohnungen für größere studentische Wohngemeinschaften angeboten. Der lange, typische Mittelflur des Kasernengebäudes wird geschickt durch Eingangsdielen, Gemeinschaftsküchen und kleinere Bäder verkürzt.

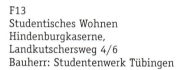

Grundriss Erdgeschoss Projekt 13

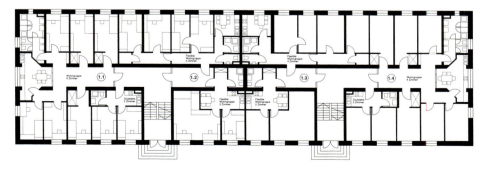

Schlichte großformatige Werbetafeln aus Edelstahl artikulieren die gewerbliche Nutzung

F14
Schreinerei mit Ausstellungsräumen »Holz + Form« im ehemaligen Casino und Wirtschaftsgebäude
Provenceweg 22
Bauherr: »Holz + Form« Schreinerei GmbH, Tübingen

Architekten: Noenen + Albus, Freie Architekten, Tübingen; Gewerbefläche gesamt: 1 900 m²; Baujahr: 1935; Entwurf (Umbau)/Bezug: 1995/1996; Gesamtbaukosten (brutto) 970 000 DM; Grundstückskosten inkl. Altbau: 670 000 DM; Maßnahmen zur Kostenreduktion: hoher Anteil an Eigenleistungen

Die zusammenhängenden Saalflächen des ehemaligen Casinogebäudes waren für die Umnutzung in einen Schreinereibetrieb ausschlaggebend. Dank der hohen Anzahl an tragenden Zwischenwänden im Untergeschoss konnten im Erdgeschoss die schweren Produktionsmaschinen ohne aufwendige Eingriffe in die Gebäudestatik aufgestellt werden.
Neben der Schreinerei haben im Gebäude auch Vereine, eine Kunstgalerie und eine Tanz- und Theaterschule Platz gefunden. Mittels einiger weniger, sorgsam gestalteter Details – der Farbgestaltung der Eingangstüren und der großformatigen Werbeschrift aus Edelstahlplatten – überzeugt die sanierte Fassade durch ihre fein akzentuierte, zurückhaltende Erscheinung.

Nutzungsvielfalt im Obergeschoss: Ausstellung »Holz+Form«, Kunstgalerie und Vereinsräume

Projektdokumentation 133

F15
Mehrfamilienhaus mit Atelier
Provenceweg 12
Private Baugemeinschaft

Architekt: Thomas Bürk M.A., Freier Architekt, Tübingen; 4 Wohneinheiten 3 x 74 m², und 1 x 108 m², 1 Gewerbeeinheit 90 m²; Wohn- und Gewerbefläche gesamt: 420 m²; Entwurf/Bezug: 1997/1998; reine Baukosten (brutto): 850 000 DM; Grundstückskosten: 64 000 DM

Das kleinen Mehrfamilienhaus überrascht durch seine innere Größe. Vier gut dimensionierte Wohneinheiten und eine Gewerbeeinheit sind in einen kompakten, großzügig nach Süden geöffneten Baukörper integriert. Der Zugang liegt am Provenceweg an der Rückseite des Gebäudes; das Atelier und die Balkone orientieren sich zum öffentlichen Raum, zu dem kleinen Platz an der Französischen Allee.

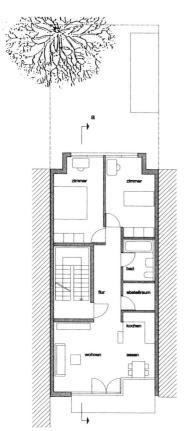

Außen kompakt, innen ein Raumwunder: vier Wohnungen und eine Gewerbeeinheit auf einer schmalen Parzelle

Grundriss erstes Obergeschoss

F16
Wohn-, Atelier- und Geschäftshaus
Provenceweg 14/1
Private Baugemeinschaft

Architekten: Feldtkeller + Klemm, Jena/Leipzig; 2 Wohneinheiten: Atelierwohnung 34 m² und Wohnung 74 m², 1 Gewerbeeinheit 40 m²; Wohn- und Gewerbefläche gesamt: 148 m²; Entwurf/Bezug: 1996/1997; Gesamtbaukosten (brutto): 576 000 DM; Grundstückskosten: 47 000 DM; besondere Maßnahmen zur Kostenreduktion: Minimalgrundstück

Die Bauherren wünschten ein kompaktes Stadthaus nach dem Vorbild amerikanischer Stadthäuser um ca. 1900: schmale, gemischt genutzte Häuser mit hoch aufstrebender Fassade. So stehen der minimalen Grundstücksbreite von 4,50 m im Inneren großzügige 3,50 m Raumhöhe gegenüber. In der Realisierung wurde auf industriell vorgefertigte Bauelemente zurückgegriffen, die Materialien im Ausbau soweit wie möglich unbehandelt belassen.

Die geschossweise getrennten Funktionen zeigen sich in der Fassadengliederung

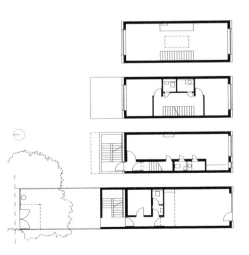

Grundrisse Erdgeschoss und erstes bis drittes Obergeschoss

Schnitt

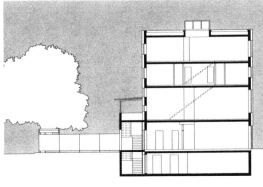

Projektdokumentation 135

Kompakter Grundriss des Regelwohngeschosses

F17
Wohn- und Geschäftshaus
Mömpelgarder Weg 17
Gewerblicher Baubetreuer mit
Einzelbauherren

Architekten: LEHEN drei Planungsgemeinschaft, Freie Architekten und Stadtplaner SRL, Feketics Schenk Schuster, Stuttgart; Mitarbeiter: D. Völkle; 7 Wohneinheiten 58 m² –101 m², 6 Gewerbeeinheiten 58 m² –106 m²; Wohn- und Gewerbefläche gesamt: 967 m²; Besonderheiten: 2 extern zugängliche Lagerräume im Erdgeschoss, Dachbegrünung, gemeinschaftlich zugängliches Behinderten-WC im Erdgeschoss; Entwurf/Bezug: 1998/2000; reine Baukosten (brutto): ca. 2 200 000 DM; Verkaufspreis/m² Wohnfläche: ca. 3750 DM

Großformatige französische Fenster geben der klar strukturierten Fassade einen städtischen Charakter. Die L-förmige Wandscheibe ist jeweils über leicht zurückgesetzte Balkone von der Nachbarbebauung abgelöst und betont dadurch die Ecksituation an der Französischen Allee. Ein Gebäude, das nicht mehr, aber auch nicht weniger sein will als ein Haus in der Stadt.

Die französischen Fenster geben dem Haus einen städtischen Ausdruck

F18
Wohn- und Geschäftshäuser
Block 16
Gewerblicher Baubetreuer mit
Einzelbauherren

Architekt: Architekturbüro Manfred Fritsch, Fellbach; ca. 85 Wohneinheiten, Zweizimmer- bis Viereinhalbzimmerwohnungen, ca. 3 Gewerbeeinheiten in 11 Einzelhäusern; Besonderheit: Tiefgarage für Gewerbetreibende; Entwurf/Realisierung: 1994/1998; Verkaufspreise: 3400 bis 4000 DM/m²

Block 16 war eines der ersten Bauvorhaben im Französischen Viertel. Obwohl es sich bei dem gesamten Block um ein Bauprojekt, entworfen von nur einem Architekten, handelt, bestand die Stadt auf dem Prinzip der Parzellierung und Realteilung. Leider wurden in den Erdgeschosszonen die Gewerbeflächen oftmals zu Wohnraum umgeplant. Es ist nicht erstaunlich, dass die Bewohner dieser Wohnungen sich stark zum öffentlichen Raum hin abschotten.

oben: An der Aixer Straße

unten: Fassaden zum gemeinsamen Innenhof

F19
»Alte Panzerhalle«
Bauherr: Stadt Tübingen

Architekten: Hochbauamt der Stadt Tübingen, Projektteam: C. Nerz, R. Klingenstein; Umbau 1999; reine Baukosten (brutto): 430 000 DM

Die ehemalige Panzerhalle bot vor Jahren noch ein tristes Bild. Seit der Entkernung und behutsamen Sanierung durch das Hochbauamt ist sie der Ort, an dem man sich gerne trifft und an dem man vom Wetter unabhängig Feste feiern kann.

Die geöffnete Panzerhalle ist der Quartierstreff im Französischen Viertel

F20
»Innovationszentrum Tübingen«,
Mömpelgarder Weg 8–10
Gewerblicher Bauträger

Architekten: Noenen + Albus, Freie Architekten, Tübingen; Gewerbefläche 3300 m², 2 behindertengerechte Wohneinheiten 200 m²; Gemeinschaftseinrichtungen Gewerbe: zentrale Sanitäreinrichtungen und Teeküchen; Wohn- und Gewerbefläche gesamt: 3700 m²; Baujahr: 1935; Entwurf (Umbau)/Bezug: 1997/1999; Gesamtbaukosten (brutto): ca. 4 080 000 DM; Grundstückskosten (inkl. Altbau): 1 430 000 DM

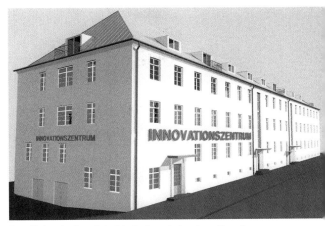

Zurückhaltend präsentiert sich die Fassade des ehemaligen Mannschaftsgebäudes

Bereits im Kaufvertrag hatte die Stadt Tübingen die Einrichtung eines Innovationszentrums für Multimedia-Firmen als zukünftige Nutzung fest verankert. Die Untersuchung der Tragstruktur des 1935 erbauten Mannschaftsgebäudes zeigte, dass das Gebäude sich für diese Nutzung ohne Einschränkungen eignen würde. Heute, ein Jahr nach Fertigstellung, sind dort eine Vielzahl an unterschiedlichen Büroflächen, Schulungs- und Seminarräume sowie ein Ladengeschäft und zwei behindertengerechte Wohnungen untergebracht. Im Erdgeschoss hat die Stadt Tübingen langfristig 300 m² Bürofläche angemietet, die mietsubventioniert an derzeit fünf Existenzgründerinnen und -gründer vermietet sind. Das gesamte Gebäude ist barrierefrei konzipiert.

Grundriss Erdgeschoss mit Existenzgründerzentrum

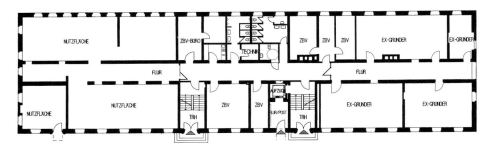

F21
Barrierefreies Wohnen und Gastronomie im ehemaligen Kasernengebäude Mömpelgarder Weg 4
Bauherr: Stadt Tübingen, Gemeinnützige Wohnungsgesellschaft Tübingen GWG

Architekten: Dipl.-Ing. Brigitte Cramer, Dipl.-Ing. Sigi Haug, Dipl.-Ing. Rosy Noenen – Freie Architektinnen, Tübingen; 29 behindertengerechte Wohneinheiten 40 m² – 100 m²; Gemeinschaftseinrichtungen: Sozialstation 50 m², Pflegebad 20 m², kleine Gemeinschaftsräume jeweils zwischen zwei Wohneinheiten; Wohn- und Gewerbefläche gesamt: 2410 m²; Baujahr: 1935; Entwurf (Umbau)/Bezug: 1991/1996; Gesamtbaukosten (brutto) 7 475 000 DM; Grundstückskosten inkl. Altbau: 910 000 DM

Das Konzept »barrierefreies, integriertes und gemeinschaftliches Wohnen« berücksichtigt die Bedürfnisse von Alleinerziehenden, behinderten und pflegebedürftigen Menschen. Baulich wurden die Planungsziele durch die Schaffung von gleichwertigen, nutzungsneutralen und zusammenschaltbaren Wohnungen, durch Vorbauten wie den großzügigen barrierefreien Balkon und durch den behindertengerechten Aufzug erreicht. Im Erdgeschoss liegen die öffentlich zugänglichen Nutzungen, das Restaurant mit der großen Freiterrasse, eine Arztpraxis und die rund um die Uhr besetzte Pflegestation mit dem behindertengerechten Gemeinschaftsbad. Die wohlüberlegte Belichtung, Materialität und Farbgebung des Eingangsbereichs sowie der Flurräume tragen ihren Teil dazu bei, dass aus dem ehemals nüchternen Kasernengebäude ein attraktives Wohnhaus geworden ist.

Die Zugänge zu den vorgestellten Balkonen sind allesamt behindertengerecht ausgeführt

Raumkonzept

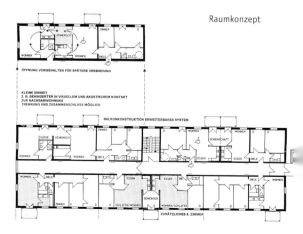

F22
Wohn- und Geschäftshaus
Aixer Straße 70
Private Baugemeinschaft
»Werkstatthaus«

Architekten: Projektteam Arge: Dorothea Riedel, Klaus Sonnenmoser, Ute Schlierf, Tübingen; 15 Wohneinheiten 35 m² –140 m², 4 Gewerbeeinheiten, zusammen 235 m²; Gemeinschaftseinrichtungen: Hobbyraum im Untergeschoss, Dachterrasse, Werkstatt; Wohn- und Gewerbefläche gesamt: 1372 m²; Entwurf/Bezug: 1999/2001; Gesamtbaukosten (brutto): ca. 4 530 000 DM; Grundstückskosten: 390 000 DM; Maßnahmen zur Kostenreduktion: Projektentwicklung und Projektsteuerung vorwiegend durch Mitglieder der Baugemeinschaft, Eigenleistung bei den Gemeinschaftsflächen

Das Besondere am »Werkstatthaus« ist die offene Stadtteilwerkstatt, ein privat initiierter und finanzierter Begegnungs- und Kommunikationsort, der von den Bewohnern aus dem Quartier, aber auch aus anderen Stadtteilen, für kreative und handwerkliche Tätigkeiten angemietet werden kann. Zur Finanzierung wurde eine Investorengemeinschaft gegründet, den Betrieb gewährleistet ein gemeinnütziger Verein. Zusätzlich zu dem Angebot der Stadtteilwerkstatt stehen den Hausbewohnern Hobbyraum, Dachterrassen und der nach Süden orientierte Garten als Gemeinschaftsflächen zur Verfügung.

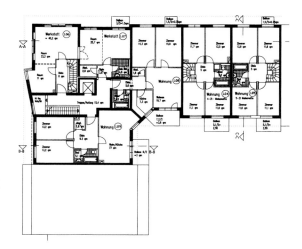

Grundriss zweites Obergeschoss

Fassadenstudie zum Werkstatthaus

F23
Passivhaus Aixer Straße 74
Private Baugemeinschaft
»Passivhaus B28«

Architekten: Projektteam Arge:
Klaus Sonnenmoser, Dorothea
Riedel, Ute Schlierf, Tübingen; 3
Wohneinheiten 84 m² –115 m²,
4 Gewerbeeinheiten 35 m² –144 m²;
Wohn- und Gewerbefläche gesamt:
671 m²; Besonderheiten: Energie-
kennwert 15 KWh/m²a, Photovoltaikanlage, Sonnenkollektoren,
kontrollierte Lüftung, Wärmerückgewinnung; Entwurf/Bezug:
1999/2001; Gesamtbaukosten
(brutto): ca. 2 400 000 DM; Grundstückskosten: 190 000 DM; Maßnahmen zur Kostenreduktion: Projektentwicklung und Projektsteuerung
überwiegend durch Mitglieder der
Baugemeinschaft

Ökologisch verträgliches Wohnen
und Arbeiten im Passivhaus: alle
Oberflächen bestehen aus ökologisch unbedenklichen Baustoffen.
Der Passivhausstandard wird durch
30 cm Zellulosedämmung, 3-Schei-

Fassadenstudie:
Photovoltaik-Ele-
mente dienen auch
als Sonnenschutz

Grundriss erstes
Obergeschoss

ben-Wärmeschutzverglasung, eine
dezentrale Lüftungsanlage mit Wärmerückgewinnung, interne Energie-
gewinne (Südfassade) und eine
thermische Solaranlage erreicht.
Dank des hohen Holz- und Holz-
werkstoffanteils weist das Gebäude
eine hervorragende CO_2-Bilanz auf.

F24
Wohn- und Geschäftshaus
Mirabeauweg 8
Private Baugemeinschaft
»Loft-Haus«

Architekten: LEHEN drei Planungsgemeinschaft, Freie Architekten und Stadtplaner SRL, Feketics Schenk Schuster, Stuttgart; Mitarbeit: D. Völkle; 2 Wohneinheiten 116 m² und 194 m², 1 Gewerbeeinheit 80 m²; Wohn- und Gewerbefläche gesamt: 390 m²; Besonderheiten: lichte Raumhöhe ca. 2,90 m, Kleinlastenaufzug, Solaranlage; Entwurf/Bezug: 1999/2001; reine Baukosten (brutto): ca. 1 100 000 DM; Grundstückskosten: 115 000 DM; Maßnahmen zur Kostenreduktion: Teilunterkellerung

Die Fassaden: zur Straße hin streng, zum Gartenhof offen strukturiert

Das Prinzip »Loft-Haus« steht für ein flexibles, nutzungsneutrales Raumkonzept, das ganz nach den Bedürfnissen und Wünschen der zukünftigen Nutzer ausgestaltet werden kann. Jedes der drei Meter hohen Geschosse ist, mit Ausnahme der schlanken Stahlbetonstützen, frei von tragenden Bauteilen.

Flexible Wohnformen: der Grundriss zeigt die Realisierung als Loft- oder als Familienwohnung

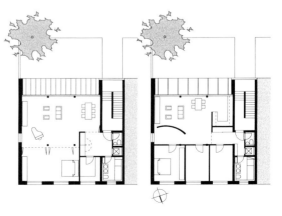

F25
Wohn- und Geschäftshaus
Mirabeauweg 2
Investorenbaugemeinschaft
»Kunst & Wohnen«

Architekten: ikarus.architektur, Andreas Stahl, Freier Architekt, Dipl.-Ing. (FH), Tübingen; Mitarbeiter: S. Knöller, M. Bahlo, G. Beyer; Fassadengestaltung: Frido Hohberger; 7 Wohneinheiten 83 m² – 98 m², 1 Gewerbeeinheit 93 m² (teilbar); Gemeinschaftseinrichtungen: Gemeinschaftsraum 23 m², gemeinsame Dachterrasse 81 m²; Wohn- und Gewerbefläche gesamt: 733 m²; Entwurf/Bezug: 1999/2000; Gesamtbaukosten (brutto) inkl. Außenanlagen: ca. 2 226 500 DM; Grundstückskosten: 183 520 DM; Fertigpreis/m² Wohnfläche: ca. 3350 DM

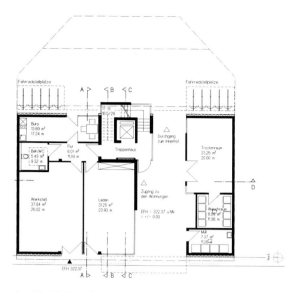

Grundriss EG: Gewerbenutzung und Durchgang zum Innenhof

»Kunst und Wohnen«: Mehrere Investoren bauen gemeinsam nach den Prinzipien der privaten Baugemeinschaft ein Mietshaus. Dass es sich dabei um mehr als ein optimiertes Einsatz-/Gewinn-Verhältnis handelt, beweisen die großzügigen Wohnungen und die gemeinschaftlich genutzte Dachterrasse. Die von dem Künstler Frido Hohberger gestaltete Westfassade ist als räumlicher Abschluss der Aixer Straße schon von weitem aus sichtbar.

Die schon von fern sichtbare künstlerisch gestaltete Fassade bildet den räumlichen Abschluss der Aixer Straße

F26
Wohn- und Geschäftshaus
Henriettenweg 1
Private Baugemeinschaft
»an der Blaulach«

Architekt: Ulrich Planthe, Freier Architekt BDA, Tübingen; 9 Wohneinheiten 72 m² – 140 m², 2 Gewerbeeinheiten 77 m² und 103 m²; Gemeinschaftseinrichtungen: großer Hobbyraum im Untergeschoss; Wohn- und Gewerbefläche gesamt: 1020 m²; Besonderheiten: hohe Wärmedämmung, Sonnenkollektoren zur Brauchwassererwärmung, Photovoltaikanlage; Entwurf/Bezug: 1999/2001; reine Baukosten (brutto): ca. 2 700 000 DM; Grundstückskosten: 270 000 DM, Fertigpreis/m² Wohnfläche: ca. 3600 DM

Fassadenstudie

Kostengünstiges Wohnen und Arbeiten unter ökologischen Gesichtspunkten: die Außenwände sind mit etwa 20 cm Wärmedämmverbundsystem überdurchschnittlich hoch gedämmt, die Brauchwassererwärmung erfolgt über Sonnenkollektoren. In den Regelgeschossen sind jeweils drei Dreizimmerwohnungen untergebracht, das dritte Obergeschoss und das zurückgesetzte Staffeldach bieten Raum für drei familienfreundliche Fünf- bis Sechszimmer-Maisonettewohnungen.

Kompakter Grundriss, hier des zweiten Obergeschosses

F27
Mehrfamilienhaus mit Grafikatelier
und Architekturbüro Henriettenweg
Private Baugemeinschaft

Architekt: Thomas Bürk M.A., Freier Architekt, Tübingen; 6 Wohneinheiten: 3 x 73 m², 3 x 81 m², 2 Gewerbeeinheiten à 53 m²; Gemeinschaftseinrichtungen: Gemeinschaftsraum im Erdgeschoss 25 m²; Wohn- und Gewerbefläche gesamt: 626 m²; Besonderheiten: passive Solarnutzung, Aluminiumfenster; Entwurf/Bezug: 2000/2001; reine Baukosten (brutto) ca. 1 250 000 DM; Grundstückkosten: 100 000 DM

Alle Räume ordnen sich um das zentral angelegte Treppenhaus. Der Erschließungskern ist äußerst kompakt gehalten, wirkt aber durch die repräsentative Eingangshalle großzügig. Über ein Oberlichtband und das vergrößerte Treppenauge fällt Tageslicht bis tief in den Erschließungsraum.

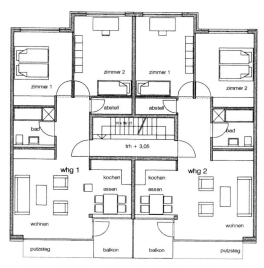

Grundriss zweites Obergeschoss – das innenliegende Treppenhaus schafft Platz für die Wohnräume an der Fassade

Studie zur Straßenansicht

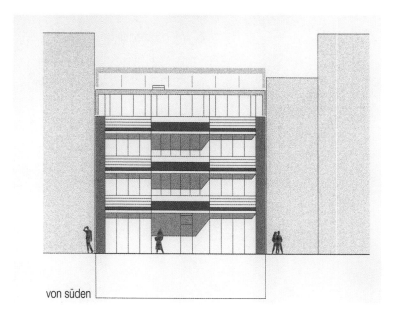

F28
Wohn- und Geschäftshaus
Henriettenweg 6,
Private Baugemeinschaft

Architekten: Noenen + Albus, Freie Architekten, Tübingen; 2 Wohneinheiten: 5-Zimmermaisonetten à 130 m², 1 Gewerbeeinheit 60 m²; Wohn- und Gewerbefläche gesamt: 320 m²; Besonderheiten: Beheizte Stahl/Glas-Fassade; Entwurf/Bezug: 1999/2001; Gesamtbaukosten (brutto): 975 000 DM; Grundstückskosten: 91 200 DM

Die komplett verglaste Fassade ist eine Entscheidung zugunsten einer offenen Wohn- und Arbeitsform, die Einblicke für Passanten und Ausblicke für die Bewohner zulässt. Die Grundrisse sind auf die momentanen Bedürfnisse der Bewohner ausgelegt, bei Bedarf lassen sich die Zimmer der Schlafgeschosse jedoch mit wenig Aufwand teilen. Alle verwendeten Materialien werden »brut« belassen: sägerau geschalter Sichtbeton, Fußböden aus geschliffenem Estrich oder Holzstabparkett, Leichtbau-Stahlbalkone, vorgehängter Sonnenschutz aus Leichtmetall-Lamellen etc.

Absolute Transparenz von und nach innen und außen zeigt die Fassadenstudie

Grundrisse der fünf Etagen

L01
Wohn- und Geschäftshaus
Lorettplatz 6
Private Baugemeinschaft
»Lorettoplatz 6«

Architekten: Ackermann & Raff,
Freie Architekten BDA, Tübingen;
Bauleitung: Baisch und Fritz;
9 Wohneinheiten 107 m² –150 m²;
3 Büroeinheiten 21 m² –33 m²;
Wohn- und Gewerbefläche gesamt:
1251 m²; Gemeinschaftsflächen im
Untergeschoss und Dachterrasse;
Entwurf/Bezug: 1996/1998; reine
Baukosten inkl. Außenanlagen
(brutto): 3 644 000 DM; Maßnahmen
zur Kostenreduktion: Optimierung
der Außenwandfläche, Reduktion
des Verkehrsflächenanteils

Das Gebäude entstand als Gemeinschaftsprojekt von acht Familien. Die Wohnungen sind auch nach Fertigstellung noch flexibel unterteilbar; so kann bei allen Wohneinheiten ein Teil als separate Wohnung genutzt werden. Der in dunklem Rot lasierte Außenputz verleiht dem Bauwerk die von der Baugemeinschaft gewünschte Erdverbundenheit.

Die auf Stahlbetonstützen reduzierte Tragkonstruktion ermöglicht eine flexible Raumaufteilung

Streng gegliederte Fassade zum Lorettoplatz

Die unterschiedlich hohe Fassade reagiert auf die im Bebauungsplan festgesetzten Traufhöhen

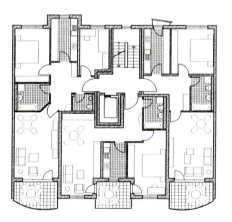

Grundriss 1. Obergeschoss

L02
Wohn- und Geschäftshaus
Lorettoplatz 8
Gewerblicher Baubetreuer mit Einzelbauherren,
»Baugruppe Lorettoplatz 8«

Architekten: Haasis + Mohr, Freie Architekten, Stuttgart; 12 Wohneinheiten 63 m² –118 m², 2 Gewerbeeinheiten 51 und 58 m²; Wohn- und Gewerbefläche gesamt: 1117 m²; Entwurf/Bezug: 1997/1999; Verkaufspreis/m² Wohnfläche (gemittelt) 3600 DM

Als Mittelparzelle der nördlichen Randbebauung des Lorettoplatzes vermittelt das Gebäude zwischen zwei dominanten Eckparzellen. Während die Nordfassade eher flächig organisiert ist, zeigt die Südfassade ein plastisches Spiel von zueinander versetzten Balkonen, Loggien und Dachterrassen.

L03
Wohn- und Geschäftshaus
Lilli-Zapf-Str. 2
Gewerblicher Baubetreuer mit
Einzelbauherren

Architekten: OZZW Architekten, Stuttgart; Projektleitung: N. Zimmermann; Mitarbeit: M. Kis, K. Hipp, E. Moosmann; 14 Wohneinheiten: Drei-, Vier- und Viereinhalbzimmerwohnungen, teilweise als Maisonettewohnungen, ca. 1135 m² Nettowohnfläche, 3 Gewerbeeinheiten 50 m²-100 m²; Wohn- und Gewerbefläche gesamt: ca. 1365 m²; Entwurf/Bezug: 1997/1999

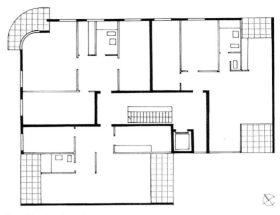

Grundriss Regelgeschoss

Die abgerundete Ecke mit den sich zurückstaffelnden Dachgeschossen verleiht dem zurückhaltenden Baukörper ein südliches, großstädtisches Flair. Gelb-, Blau- und Grüntöne in feiner Nuancierung akzentuieren die Balkonuntersichten und Innenseiten der Loggien. Diese Farbigkeit setzt sich auch im Treppenhaus fort. Über einen schmalen Lichtschlitz nach Süden fällt direktes Sonnenlicht in den zentral angeordneten Treppenraum.

Balkone und die beiden abgestaffelten Dachgeschosse betonen die »runde Ecke«

links:
Ungewöhnlich: die komplett verglaste Straßenfassade

rechts:
Aussteifende Stahlbetonscheiben schirmen vor allzu neugierigen Blicken ab

L04
Wohn- und Geschäftshaus
Lilli-Zapf-Str. 4
Private Bauherrschaft
»Wohnen + Arbeiten in Lofts«

Skizzen zur Solarkonzeption

Architekten: Malessa Architekten BDA, Rolf Malessa, Tübingen; 1 Wohneinheit 174 m², 1 Gewerbeeinheit 401 m²; Wohn- und Gewerbefläche gesamt: 575 m²; Entwurf/Bezug: 1998/1999; reine Baukosten (brutto): 788 000 DM; Grundstückskosten: 182 000 DM; Maßnahmen zur Kostenreduktion: Low-Budget-Bauweise, Ausbau im Baukastensystem mit fertigen Industrieprodukten, hoher Anteil an Eigenleistungen

Drei Schotten bilden die Grundstruktur des Gebäudes. Dazwischen die vom Architekten selbst entwickelte Ganzglasfassade, die zur Straße wie auch zum Hof hin dem Haus eine für ein städtisches Umfeld überraschende Transparenz verleiht. Raffiniert ist die Grundrissorganisation: die sensiblen Wohn- und Arbeitsbereiche sind mittels statisch aussteifender Scheiben oder vorgelagerter Pufferräume/Treppenräume subtil von der Straße abgeschirmt. Erst bei näherem Hinsehen entpuppt sich das Tragwerk der Haupterschließungstreppe als handelsübliches Baugerüstsystem.

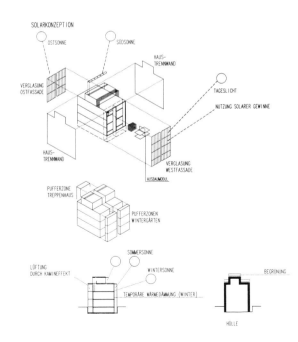

L05
Wohn- und Geschäftshaus
Lilli-Zapf-Str. 3
Private Baugemeinschaft

Architekt: Heinrich Johann Niemeyer, Freier Architekt BDA, Tübingen; 11 Wohneinheiten ca. 60 m² –120 m², 1 Gewerbeeinheit ca. 250 m²; Wohn- und Gewerbeeinheiten gesamt: ca. 1250 m²; Besonderheiten: bepflanzte Fassade, gehobene Ausstattung; Entwurf/Bezug: 1996/2000; Gesamtbaukosten (brutto): ca. 4 000 000 DM; Grundstückskosten: 340 000 DM; Maßnahmen zur Kostenreduktion: Verzicht auf Unterkellerung, hoher Anteil an Eigenleistung

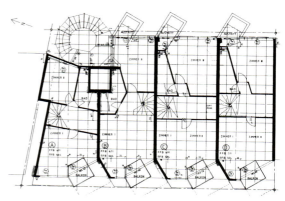

Grundriss zweites Obergeschoss. Schlafräume der Maisonettewohnungen

Über fünfzig integrierte Pflanztröge sorgen für das Einwachsen des gesamten Gebäudes mit Blumen, Büschen und Kletterpflanzen. Alle Zimmer der Wohnungen haben jeweils einen dreieckig auskragenden bugartigen Balkon. Durch die gestaffelte, verschwenkte Anordnung der Balkone wird die Verschattung der darunterliegenden Wohnräume minimiert, die Fassade erhält so aber auch ihren außergewöhnlichen expressiven Charme.

Expressiv auskragende Balkone prägen das Straßenbild

Ansicht Lorettoplatz

Grundriss viertes Obergeschoss. Für jeden Bauherrn wurde ein individueller Wohnungszuschnitt entwickelt

L06
Wohn- und Geschäftshaus
Lorettoplatz 14
Private Baugemeinschaft
»Baugruppe Süd«

Architekten: Projektgemeinschaft Gerd-Rüdiger Panzer und Plan 5 – Martin Frey, Tübingen; 13 Wohneinheiten 60 m² –160 m², 4 Gewerbeeinheiten 30 m² –100 m²; Gemeinschaftseinrichtungen: Gemeinschaftsraum im Erdgeschoss, Dachterrasse; Wohn- und Gewerbefläche gesamt: 1548 m²; Besonderheiten: Sonnenkollektoren; Entwurf/Bezug: 1996/1998; Gesamtbaukosten (brutto): ca. 3 715 000 DM; Grundstückskosten: 408 300 DM; Maßnahmen zur Kostenreduktion: Einzelausschreibung, Pauschalverträge, Übernahme von Verwaltungsaufgaben durch die Baugruppenmitglieder

Es ist keine leichte Aufgabe, elf ganz unterschiedliche Parteien unter ein Dach zu bringen. Und so sind es gleich mehrere Dächer geworden, wie die bewegte Dachlandschaft mit den zahlreichen Dachterrassen auf verschiedenen Ebenen zeigt. Kein Grundriss gleicht dem anderen! Den Architekten ist es jedoch gelungen, Themen zu finden, die den Baukörper zusammenfassen und gleichzeitig die Individualität der Bewohner ausdrücken.

L07
Wohn- und Geschäftshaus
Lorettoplatz 16
Private Baugemeinschaft
»Haus Loretto«

Architekten: Architektur- und Planungsgruppe Intlekofer, Tübingen; 4 Wohneinheiten 58 m² – 166 m², 2 Gewerbeeinheiten 35 m² und 63 m²; Wohn- und Gewerbefläche gesamt: 544 m²; Besonderheiten: offenes Treppenhaus, erhöhter Schallschutz; Gesamtbaukosten (brutto): ca. 1 630 000 DM; davon Grundstückskosten: 155 000 DM

Das offene Treppenhaus unterstreicht den individuellen Wohncharakter: jeder Bewohner tritt direkt vom Außenraum in sein eigenes »Zuhause«. Da auf einen Aufzug verzichtet wurde, können die oberen Etagen im Bedarfsfall mit einem fest montierten elektrischen Schwenkkran angedient werden. Für eine rationelle Erstellung wurde das gesamte Gebäude auf das Kalksandstein Plan-Block-Maß abgestimmt.

Fassadenausschnitt Gartenseite: die »Welle« schirmt die Dachterrasse der Maisonette ab

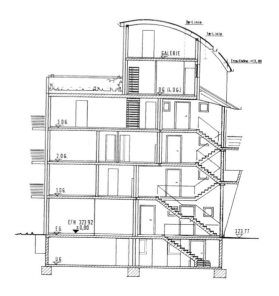

Schnitt durch das nach außen offene Treppenhaus

L08
Wohn- und Geschäftshaus
Lilli-Zapf-Str. 15
Gewerblicher Baubetreuer mit
Einzelbauherren

Architekten: OZZW Architekten, Stuttgart; Projektleitung: Iris Zerelles; 9 Wohneinheiten: Zwei-, Drei- und Fünfzimmerwohnungen, 1 Gewerbeeinheit ca. 100 m²; Wohn- und Gewerbefläche gesamt: ca. 775 m²; Entwurf/Bezug: 1996/1997

Der kompakte, quadratische Hausgrundriss ist in drei Zonen gegliedert. In den äußeren beiden Zonen befindet sich jeweils eine Wohnung, in der mittleren Zone liegt das Treppenhaus und ein flexibel zuordenbarer Wohnbereich. Die Architekten konnten dadurch unterschiedlichste Wohnungsgrößen anbieten und so individuell auf die Wünsche der Käufer reagieren. Zudem konnte mit der wohlüberlegten Ausrichtung der Balkone bewiesen werden, dass die Wohnqualität in einem Nord/Ost-Eckgebäude durchaus keine Vergleiche mit privilegierteren Lagen scheuen muss.

In einer Nord-Ost-Ecke lassen sich die Freibereiche nach Morgen- und Abendsonne ausrichten

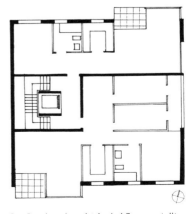

Das Regelgeschoss ist in drei Zonen geteilt

Projektdokumentation

L09
Wohn- und Geschäftshaus
Lilli-Zapf-Str. 11
Private Baugemeinschaft »Loretto«

Architekten: Baisch + Fritz, Freie Architekten, Tübingen; Projektleitung: S. Maier; 4 Wohneinheiten ca. 89,5 m² –139 m², 1 Gewerbeeinheit ca. 91,5 m²; Wohn- und Gewerbefläche gesamt: 569 m²; Besonderheiten: Lüftungsanlage mit Wärmerückgewinnung, 2,63 m lichte Raumhöhe; Entwurf/Bezug: 1997/1999; Gesamtbaukosten inkl. Außenanlage (brutto): 1 620 000 DM; Grundstückskosten: 255 000 DM; Maßnahmen zur Kostenreduktion: Baubetreuung teilweise durch Mitglieder der Baugemeinschaft, verputzte Wände wurden nur gestrichen

Zur Straße hin zeigt sich das Gebäude mit den versetzten geschosshohen Fensterschlitzen verschlossen. Die dunkel gestrichenen Metalleinfassungen und Klappläden der Fenster beleben die Fassade jedoch durch ein reizvolles, plastisches Licht- und Schattenspiel. Die Gartenseite dagegen ist nahezu vollständig offen konzipiert. Hier zeichnet sich die Stahlskelettbauweise des Gebäudes in Gestalt der Balkone und Fensteröffnungen auch nach außen hin ab. Die Konstruktion ohne tragende Innenwände ermöglichte Wohnungen mit flexibler Grundrisseinteilung, die sich entweder über mehrere Achsraster oder auch über mehrere Geschosse erstrecken können. Auf Grund des innovativen Konzepts wurde das Gebäude von der Landeskreditanstalt für »Kostengünstiges und Rationelles Bauen« besonders gefördert.

In der Struktur der Balkone spiegelt sich die Tragkonstruktion des Hauses

Licht und Schatten beleben die Straßenfassade

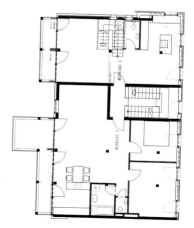

Grundriss zweites Obergeschoss: flexible Raumaufteilung dank Stahlbeton-Skelettkonstruktion

L10
Wohn- und Geschäftshaus
Lilli-Zapf-Str. 9
Gewerblicher Baubetreuer mit
Einzelbauherren

Architekten: OZZW Architekten, Stuttgart; Projektleitung: I. Oesterlein; Baubetreuung: W. E. Krimmel; 3 Wohneinheiten mit zusammen 325 m² Nettowohnfläche, 1 Büroeinheit 110 m²; Wohn- und Bürofläche gesamt: ca. 435 m²; Entwurf/Bezug: 1996/1998; Verkaufspreis/m² Wohnfläche: 3200 bis 3600 DM, je nach Anteil Eigenleistung

Das Gebäude gliedert sich in einen fünfgeschossigen Hauptkörper mit Tonnendach, einen dreigeschossigen Anbau im Westen mit großer Dachterrasse und eine zweigeschossige Auskragung nach Osten. Grundrisslayout, Materialität und kontrastreiche Farbigkeit spiegeln den dreiteiligen Aufbau wider. Gelungen ist auch die Integration der individuellen Bauherrenwünsche – wie der Klapp- und Schiebeläden oder des hoch aufstrebenden Tonnendachs – in das Gesamtkonzept.

Der holzverschalte Vorbau an der Lilli-Zapf-Straße schützt die Fußgänger vor Regen

Grundriss Regelgeschoss

Boogie-Woogie-Landesmeisterschaft 1996 in der neuen Sporthalle

L11
Umbau einer Exerzierhalle in das TRZ, Tanzsport + Rock'n'Roll Zentrum Tübingen,
Lilli-Zapf-Strasse 14–16
Bauherrschaft: TTC Rot-Gold Tübingen und Rock'n'Roll Sport Club Tübingen (in Abstimmung mit dem Hochbauamt der Stadt Tübingen)

Architekt: Architekturbüro ads, Dipl.-Ing. (FH) Dieter Schmid, Freier Architekt, Tübingen; Fläche für den Sportbetrieb 1107,64 m²; Baujahr: 1916; Entwurf (Umplanung)/Bezug: 1992/1995; Gesamtbaukosten (brutto): ca. 2 300 000 DM; Grundstück in Erbpacht; Maßnahmen zur Kostenreduktion: Einsparung von ca. 300 000 DM durch Eigenleistungen der Vereinsmitglieder

Es ist sicherlich ein Ausnahmeprojekt, wenn zwei Sportvereine eine Sporthalle bauen, die danach von der Kommune als Grundschulturnhalle mitbenutzt (und entsprechend mitfinanziert wird). Obwohl einige mit Schadstoffen schwer belastete Bauteile entsorgt werden mussten, wäre ein Neubau erheblich teurer ausgefallen.

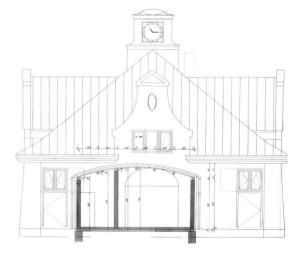

Schnittansicht

L12
Werkstatt für psychisch Kranke und Gastronomie »Loretto«, Katharinenstr. 22 und 24
Bauherr: Freundeskreis der beschützenden Werk- und Heimstätte für Behinderte eV, Gomaringen

Architekten: Riehle + Partner Architekten und Stadtplaner GbR, Reutlingen; Projektleiter: W. Riehle, J. Kühl, M. Hauß; 2 Gebäudeteile: Werkstatt ca. 1100 m^2, Gastronomie ca. 770 m^2; Pausen-, Aufenthalts- und Sozialräume im Gebäude; Werkstatt: ca. 100 m^2; Besonderheiten: Tübinger Wärmepass (durch Befreiung von erhöhten Wärmeschutzmaßnahmen konnten die Fassaden originalgetreu erhalten werden); Baujahr: 1916; Entwurf (Umbau)/Bezug: 1997/1998; reine Baukosten (brutto): ca. 3 720 000 DM; Maßnahmen zur Kostenreduktion: Eigenleistungen der Mitglieder des Vereins Gomaringen bei den Abbrucharbeiten

Bis zur Auflösung der Garnison 1991 wurden beide Gebäude als Casino und Verpflegungsküche genutzt. Seit dem Umbau 1998 haben in den hier untergebrachten Gastronomiebetrieben – Bistro, Weinkeller, Restaurant – und in der Werkstatt psychisch kranke und behinderte Menschen einen Arbeitsplatz im Rahmen der sozialen und beruflichen Rehabilitation gefunden. Besonders während der warmen Jahreszeit ist der neu angelegte Biergarten ein beliebter Treffpunkt im Loretto-Quartier.

Großzügig verglaster Eingangsbereich an der Katharinenstraße

Herbstlich-ruhige Stimmung – im Sommer lockt hier der Biergarten

L13
»Loretto 7« – 5 Wohn- und Geschäftshäuser mit integrierter automatischer Parkierungsanlage, Lilli-Zapf-Str. 17, Lilli-Zapf-Str. 19, Lilli-Zapf-Str. 25, Lilli-Zapf-Str. 27, Lorettoplatz 24
Gewerblicher Baubetreuer mit Einzelbauherren

Entwurfszeichnung der Fassaden am Lorettoplatz

Architekten: OZZW Architekten, Stuttgart; Projektarchitekten: N. Zimmermann, D. Wiehl, I. Zerelles, I. Oesterlein, Mitarbeit: U. Bartenbach, F. Hoppe, H. Langer, K. Wissmann, K. Hipp; Ein- bis Sechszimmerwohnungen, insgesamt 42 Wohneinheiten mit 3660 m² Nettowohnfläche, 5 Gewerbeflächen 35 m²–160 m², Innovationszentrum ca. 680 m², automatische Parkierungsanlage mit 126 Stellplätzen; Wohn- und Gewerbefläche gesamt (ohne Parkierungsanlage): ca. 4620 m²; Entwurf/Bezug: 1998/1999

Eine Vielzahl von Wohn- und Arbeitsformen ist das Kennzeichen von »Loretto 7«. Vom Einzimmerappartment für den Tübinger Studenten bis hin zu groß angelegten Sechszimmerwohnungen für kinderreiche Familien finden sich hier

ganz unterschiedliche Wohnformen wieder. Eine Besonderheit im Block, aber auch im gesamten Loretto-Areal, ist das 680 m² große Innovationszentrum: Kleingewerbetreibende und Jungunternehmer können hier in einer Art Innovations-Netzwerk zusammenarbeiten. Die gemeinsame Nutzung der Infrastruktur – wie Besprechungsräume, Schreibpool, Sanitär- und Technikräume – spart Miet- und Nebenkosten. Eine zweite Besonderheit ist die mechanische Parkierungsanlage mit über 120 Stellplätzen in den Untergeschossen der Häuser. Man stellt das Fahrzeug in der Einfahrtsbox ab, den Rest übernimmt der Computer.

Die Mischung bewährte sich auch im Entwurf. So spiegeln die unterschiedlichen Charakteristika der Häuser die individuellen Entwurfsansätze der Architekten innerhalb eines Büros wider. Dies drückt sich in den Wohnungsgrundrissen, den verschiedenen Fensterformaten, den Wintergärten, den Erkerarchitekturen, den Dachformen, den Eckausbildungen und der jeweiligen Farbgestaltung aus.

Das eingeschossige Innovationszentrum im Innenhof

linke Seite:
Die Einstell- und Ausfahrboxen der mechanischen Parkierungsanlage befinden sich an der Ostseite des Blocks

rechts:
Regelgeschoss

Projektdokumentation

Die vorgestellten Stahlbalkone werden von den Bewohnern rege angenommen

L14
Wohnhaus mit Büroeinheit und Polizeistation, Katharinenstr. 26 und 30
Gewerbliche Bauträgerschaft

Architekten: Mühlich & Haug Freie Architekten, Tübingen; 36 Wohneinheiten, Ein- bis Siebenzimmerwohnungen, 44 m² –184 m², 1 Gewerbeeinheit 83 m², Polizeistation 140 m²; Gemeinschaftseinrichtungen: Gemeinschaftsraum 61 m²; Wohn- und Gewerbefläche gesamt: 3114 m²; Baujahr: 1916; Entwurf (Umbau)/Bezug: 1996/1998; Verkaufspreis/m² Wohnfläche: 3750 DM

Die vorgestellten Stahlbalkone nehmen dem bis auf die Renaissancegiebel schmucklosen Gebäude die ehemals militärische Strenge. Was bei Puristen ein Kopfschütteln hervorruft, sehen die Bewohner entspannter – liebevoll drapierte Pflanzen, Sonnenschirme, Tischchen und Klappstühle beweisen, dass man hier gerne wohnt.

Grundriss zweites Obergeschoss

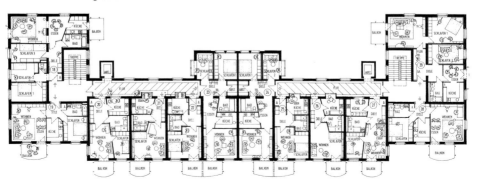

Das innovative Gebäude ist der erste Abschnitt der künftigen Platzrandbebauung

Unterschiedlichste Nutzungen im zweiten Obergeschoss: Wohnen, Praxisräume und Schule

L15
Schul-, Wohn- und Geschäftsgebäude »Hechinger Eck«, Hechinger Str. 64, Bauherrschaft: GWG/Stadt Tübingen

Architekten: Hochbauamt der Stadt Tübingen; Mitarbeiter: D. Schurer, I. Meckseper, R. Klingenstein; 1 zweizügige Grundschule, 3 Arztpraxen, 2 Läden, 14 Wohneinheiten; Schul-, Gewerbe-, Wohnfläche gesamt: 4 530 m²; Entwurf/Bezug: 1995/1999; reine Baukosten (brutto): 10 700 000 DM

Als Teil der künftigen Platzrandbebauung präsentiert sich am Hechinger Eck ein ungewöhnliches Gebäude. Mit einem innovativen Konzept zum Thema Mischnutzung setzte die Stadt Tübingen im Entwicklungsbereich ein bauliches Zeichen: ca. 60 % der Geschossfläche stehen für Wohn- und Geschäftsnutzungen zur Verfügung, ca. 40 % für eine zweizügige Grundschule. Der 20 Meter hohe Hauptbaukörper betont dabei die städtebauliche Sonderstellung an der Stadteinfahrt nach Tübingen, der dreigeschossige Seitenflügel leitet in den Freiraum des Steinlachtals über.

L16
Wohn- und Geschäftshaus
Economat, Katharinenstr. 24
Baugemeinschaft WEG Economat

Architekten: Architekturbüro
Michel Aguilar, Freier Architekt
BDA, Tübingen; Mitarbeiter:
T. Palmer; 4 Maisonettewohnungen,
gesamt
597 m², 10 Gewerbeeinheiten;
Wohn- und Gewerbefläche gesamt:
2019 m²: Entwurf/Bezug
1996/1999; reine Baukosten
(brutto): ca.1 834 000 DM

Auch der ehemalige Supermarkt der französischen Garnison, der Economat, wird heute zivil genutzt. Im Erdgeschoss haben sich Ladengeschäfte eingerichtet, das Satteldach über dem Bürogeschoss wurde zu Maisonettewohnungen ausgebaut. Sorgfältig ausgearbeitete Details veredeln den ehemals nüchternen Zweckbau: die durchlaufende Stahlkonstruktion der neuen Dachaufbauten und Dachterrassen korrespondiert elegant mit dem Rhythmus der enggerasterten Lochfassade des Bürogeschosses.

Fassade zur Katharinenstraße. Ein beliebter Treffpunkt zur Mittagszeit ist der kleine Imbiss im Erdgeschoss

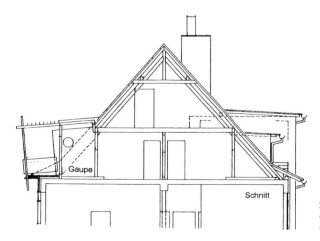

Schnitt Dachgeschoss. Unter dem großen Satteldach befinden sich die neuen Maisonettewohnungen

Ausblicke

A01 Wohn- und Geschäftshaus Französische Allee 19
Private Baugemeinschaft, Architekten: Nassal und Wiehl, Freie Architekten, Tübingen

A02
Wohn- und Geschäftshaus Parzelle 27
Private Baugemeinschaft »Haus am Platz«, Architekten: LEHEN drei, Freie Architekten und Stadtplaner SRL Feketics Schenk Schuster, Stuttgart

A03
Wohn- und Geschäftshaus Mirabeauweg 4
Private Baugemeinschaft, Architekten: Haasis + Mohr Freie Architekten, Stuttgart

A04
Wohn- und Geschäftshaus Parzelle 24/25
Private Baugemeinschaft, Architekten: Architektenwerkgruppe Rebmann Rettenmeier Garcia Elzel, Tübingen

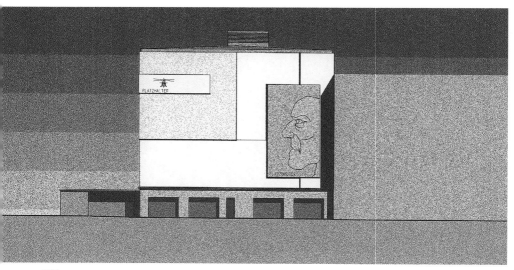

B01
Parkierungsanlage Block 11, Fassadenstudie
Architekten: Nassal und Wiehl, Freie Architekten, Tübingen

B02
Ökologisches Service-Haus
Parzelle 3/4
Private Baugemeinschaft,
Architekten: Projektgruppe freier Architekten, Armin Junger – aj –, Tübingen

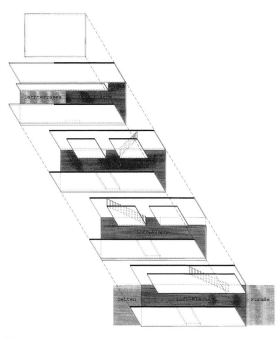

B03
»Loft-Wohnen-Arbeiten« Parzelle 28
Private Bauherrschaft, Architekten: Krisch + Partner,
Freie Architekten BDA, Tübingen

B04
Wohn- und Geschäftshaus Parzelle 9, Bebauungsstudie
Private Bauherrschaft, Architekten: LEHEN drei, Freie
Architekten und Stadtplaner Feketics Schenk Schuster,
Stuttgart

Robuste Quartiere: Erwartungen – Resultate

Sozialräumliche Polarisierung in den Städten

Die sozialräumliche Polarisierung in den Städten nimmt zu. Dafür gibt es vielfältige Symptome: Das Auseinanderdriften von Wohnbereichen sehr unterschiedlicher Qualität, die perfektionierte Trennung der Armen von den Besserverdienenden, aber auch das Verschwinden der Arbeitswelt aus den unmittelbaren Erfahrungsbereichen der Menschen, die Einschränkung der eigenständigen Bewegungs- und Lernmöglichkeiten für Kinder und Jugendliche, die systematische Benachteiligung von Produktionsmilieus für kleine und mittelständische Betriebe im Wettbewerb, die bisher nicht gelungene Integration von Zuwanderern, Gewalt bei Jugendlichen, eine überbordende Mobilität. Es liegt auf der Hand, dass diese Erscheinungen auch die Folgen verfehlter Stadtentwicklungspolitik und unkritischer Stadtplanung sind. Dennoch gibt es fast keine öffentliche Auseinandersetzung mit den Zusammenhängen und Ursachen dieser Erscheinungen – und ebenso wenig eine fundierte Neuorientierung der Regelungsmechanismen, die heute die Stadtentwicklung bestimmen.

Ein erster Ansatz könnte das 1999 aufgelegte Bund-Länder-Programm »Stadtteile mit besonderem Entwicklungsbedarf – die Soziale Stadt« sein. Dieses Programm gilt den »Stadt- und Ortsteilen, die infolge sozialräumlicher Segregation davon bedroht sind, ins soziale Abseits abzurutschen. Es handelt sich dabei meist um hochverdichtete, einwohnerstarke Stadtteile in städtischen Räumen, die im Hinblick auf ihre Sozialstruktur, den baulichen Bestand, das Arbeitsplatzangebot, das Ausbildungsniveau, die Ausstattung mit sozialer und stadtteilkultureller Infrastruktur sowie die Qualität der Wohnungen, des Wohnumfeldes und der Umwelt erhebliche Defizite aufweisen.«

Charakteristische Gebiete sind einerseits »innerstädtische oder innenstadtnahe (oft gründerzeitliche) Quartiere in benachteiligten Regionen mit nicht modernisierter Bausubstanz und deutlich unterdurchschnittlicher Umweltqualität«, andererseits »große Wohnsiedlungen aus der Nachkriegszeit und Wohnsiedlungen der abgezogenen Streitkräfte mit wenig individueller Architektur, fehlender Nutzungsmischung und unzureichender sozialer Infrastruktur«.[1]

Das Bemerkenswerte an diesem Programm:
- Soziales wird zum Thema und Ziel eines Städtebauförderungsprogramms – damit wird ein enger Zusammenhang zwischen räumlichen Bedingungen und sozialen Verhältnissen hergestellt (der zwar auch schon im Baugesetzbuch formuliert, aber kaum irgendwo konsequent umgesetzt ist);[2]

- es werden klare Prioritäten für politisches Handeln formuliert, auf die hin Ressourcen gebündelt werden sollen;
- das Programm setzt auf eine Kooperation aller städtischen Akteure (aus Wirtschaft, bürgerschaftlichem Bereich wie Verwaltung und Politik);
- es soll ein integriertes Handlungskonzept auf den Weg bringen, das alle Politikfelder zusammenführt (mit den Aufgaben: Bürgermitwirkung/Stadtteilleben; lokale Wirtschaft, Arbeit und Beschäftigung; Quartierszentren; soziale, kulturelle, bildungs- und freizeitbezogene Infrastruktur; Wohnen; Wohnumfeld und Ökologie) und
- in den benachteiligten Stadtteilen eine selbsttragende Entwicklung einleiten, »welche die sozialen Problemgebiete zu selbständig lebensfähigen Stadtteilen mit positiver Zukunftsperspektive machen« soll.[3]

Das Problem ist: das Programm setzt erst dort an, wo die sozialräumliche Spaltung schon entstanden und verfestigt ist. Zu fragen ist, welche Umstände zu dieser Entwicklung geführt haben – Umstände, die im Umgang mit der Stadt insgesamt liegen und nicht nur in den jetzt »benachteiligten« Stadtquartieren.

Manche Stadtteile waren von Anfang an für die »sozial Schwachen« da: Arbeiterviertel des 19. Jahrhunderts, Baracken-, Obdachlosen- und sogar Wohnwagenunterkünfte aus der Zeit nach dem Ersten Weltkrieg, Flüchtlingsviertel (mit den entsprechenden Straßennamen, die an die »verlorenen« Gebiete im Osten erinnern) und Großwohnsiedlungen aus der Zeit nach dem Zweiten Weltkrieg. Meist fanden sie dort Platz, wo auch schon anderes Störende war – das Gaswerk, die stinkende Fabrik – oder außerhalb der Stadt, wo man niemandem ins Gehege kam. Wo man schon an Flüchtlinge oder Obdachlose gewöhnt war, konnte man später auch noch die Asylbewerber oder Aussiedler unterbringen; und wenn Grundstücke in der Nachbarschaft von immer stärker belasteten Durchgangsstraßen nicht mehr recht zu vermarkten waren, konnte man sie immer noch für sozialen Wohnungsbau nutzen.

Weniger geradlinig ist die Entwicklung in den Gründerzeit-Vorstädten, die im Zuge der Stadterweiterung und nach Abriss der Stadtmauern im 19. Jahrhundert entstanden. Teils sind sie als urbane, lebendige und gemischte Viertel ausgesprochen begehrt, und man beklagt die »Verdrängung« der Alteingesessenen durch »neue Urbaniten«, Singles und junge Selbständige. In anderen Vorstadtvierteln verläuft die Entwicklung gerade umgekehrt; da man hier alles untergebracht hat, was anderswo keinen Platz hat – den Drogenkontaktladen wie das Übergangswohnheim, das lärmende Jugendhaus wie das islamische Zentrum –, da die Chance preiswerter Wohnungen zunehmend von zugewanderten Familien wahrgenommen wird und die Einheimischen sich irgendwann nicht mehr zu Hause fühlen, da schließlich anderswo mit ungestörtem Wohnen im Grünen geworben wird, beginnt an einem meist nicht genau feststellbaren Punkt eine fatale »Abwärtsspirale«.

Alltag im Quartier

»Wegen der mangelhaften Attraktivität und der ausbleibenden Entwicklungsimpulse haben ökonomisch aufstrebende, vor allem jüngere Familien diese Quartiere nach und nach verlassen. Haushalte mit sehr begrenzter ökonomischer Leistungsfähigkeit sowie geringem Integrationsvermögen sind nachgerückt. Die ›Spirale nach unten‹ ist dadurch verstärkt worden, dass die zeitgleich verlaufende Aufwärtsentwicklung in anderen Stadtteilen zur Verdrängung der ›Schlechterverdienenden‹ in die sozial benachteiligten Gebiete beigetragen hat.«[4]

Aber die sozialräumliche Polarisierung in den Städten entsteht nicht ohne die andere Seite, die »begünstigten« Stadtquartiere, die auf ihre Weise eine sich selbst immer weiter verstärkende Entwicklung erleben. Mit dem Häuschen im Grünen ist die Hoffnung auf ungestörtes Wohnen verbunden. In Kindergarten und Schule sind ganz überwiegend gleichermaßen Begünstigte versammelt. Gegen Unerwünschtes – wie die Unterbringung von Asylbewerbern oder obdachlosen Jugendlichen, selbst den Bau von Sozialwohnungen oder neue Arbeitsplätze – setzt man sich, meist erfolgreich, zur Wehr.

Für das Erlebnis von ein bisschen wohldosierter Urbanität reicht das gelegentliche Shopping in den schön hergerichteten Altstädten. Allenfalls vermisst man die nahen Einkaufsgelegenheiten (für das vergessene Päckchen Butter). Aber bei *diesen* Siedlungen beklagt keine Politik fehlende Nutzungsmischung, einseitige Bevölkerungsstrukturen oder das geringe Integrationsvermögen.

»Mehr desselben« hat Paul Watzlawick ein Motto in seiner »Anlei-

tung zum Unglücklichsein« formuliert.[5] Wo schon Störendes ist, kann auch noch mehr Störendes hinzukommen. Wo man bisher unter sich ist, möchte man dies auch in Zukunft sein. Das Prinzip »Mehr desselben« kennzeichnet auch die herkömmlichen Arbeitsweisen in Politik und Verwaltung. Man sucht nach »Maßnahmen« im vertrauten Repertoire des eigenen Fachs. So kommt nichts Neues in die Welt. Innovationen brauchen die Bereitschaft, Neues zu denken, Grenzen zu überschreiten, bisher Unterschiedenes zusammenzubringen, Unsicherheiten und Unübersichtlichkeiten auszuhalten und Fragen aufzugreifen, die gerade erst in der Luft liegen, ohne schon richtig formuliert worden zu sein.

Sozialräumliche Polarisierung entsteht nicht naturwüchsig; sie ist weder zwangs- noch selbstläufig. Immer haben zu ihr stadtplanerische Weichenstellungen und fachlich institutionalisierte Einzelentscheidungen beigetragen.

Robuste Quartiere

Die »Integrationsmaschine Stadt« funktioniert trotz allem noch da und dort ohne großes Aufsehen: Da gibt es den Kiosk, wo sich morgens die Alkoholiker und die Banker mit ihren Aktenköfferchen zum ersten Drink – Cappuccino oder Bier – einfinden; die Werkstatt, wo der Junge mit den lila Haaren zuerst betont desinteressiert vorbeiguckt, dann einmal mit anpackt, anschließend als Praktikant, schließlich als Azubi engagiert wird; den Laden, Frisörsalon oder die Sparkassenfiliale, wo die etwas verwirrte ältere Dame, die sonst schon lange im Pflegeheim gelandet wäre, immer noch Ansprechpartner findet (und einen Grund, überhaupt aufzustehen, sich zurechtzumachen und aus dem Haus zu gehen), das Büdchen, wo die Leute, die rund um die Uhr in ihrem neuen Medienbetrieb arbeiten, sich auch nachts noch mit dem Lebensnotwendigen eindecken können; den Metzger oder türkischen Imbiss, bei dem sich Schulkinder preiswerter und selbständiger versorgen können als bei einem städtisch subventionierten Mittagstisch.

Und es gibt Stadtquartiere, in denen solche städtische Mikrowelten gedeihen: Stadtquartiere, die robust genug sind, auch mit mancherlei Zumutungen des Städtischen fertig zu werden, wo Vielfalt und Umtrieb gar nicht einmal als Zumutung, sondern als Selbstverständlichkeit oder gar als Qualität erscheinen – Stadtquartiere, die es schaffen, sich außerdem immer wieder neuen Anforderungen anzupassen.

Es gibt viele wohlklingende Prädikate für eine »gute« Stadt, fachlich sortierte wie »kinderfreundlich« und übergreifende wie das verharmlosende »lebenswert«. Demgegenüber steht der Begriff »robuste Stadt« für Stadtquartiere, die sich im alltäglichen und strapazierenden Gebrauch durch ihre ganz unterschiedlichen Benutzer auf längere Zeit bewähren und die zeigen, dass die Stadt als »Integrationsmaschine« auch heute noch funktionieren kann.

Zur Robustheit des Stadtviertels hat immer die Bindung an ein Stück Arbeitswelt, an wirtschaftlichen Austausch, an Stadtteilökonomie gehört: »...die Hoffnung, dass die industrielle Stadt zur großen Integrationsmaschine werden könne, war doch nicht bloße Illusion. Ohne dass sie (gemeint sind die frühen Stadtsoziologen Simmel und Park, G.S.) dies explizit machten, war eine bestimmte Form ökonomischer Integration die Voraussetzung für ihre Theorie der angestrengten Koexistenz in heterogenen Gesellschaften. Wenn Differenzen zu Gegensätzen werden, wenn Benachteiligungen in Ausgrenzungen umschlagen, wenn die Perspektive der systemischen Integration grundsätzlich in Frage gestellt wird, dann hat Urbanität keine Chance mehr. Blasierte Indifferenz ist dann realer Zynismus, wird selbst Teil einer strukturellen Gewalt, gegen die die Ausgeschlossenen von Fall zu Fall rabiat rebellieren.«[6]

Robustheit, die diesen Zynismus meidet, beruht auf einer selbstverständlichen Akzeptanz für Zuwanderung und kulturelle Differenz und auf einem bestimmten Maß an einer immer noch weiter bestehenden ökonomischen Integration. Sie ist erfahrungsgemäß auf gemischte städtebauliche Strukturen angewiesen, wie sie auch heute noch etwa in manchen Stadtvierteln aus der Zeit vor dem Zweiten Weltkrieg vorherrschen. Die Akzeptanz solcher Robustheit gerät dort an ihre Grenze, wo die mit ihr verbundene Integrationsleistung von anderen, »feineren« Stadtteilen als Zumutung zurückgewiesen wird und sich insoweit Ungerechtigkeit und Ungleichbehandlung bemerkbar macht.

Die Waldwirtschaft hat das Thema der Nachhaltigkeit auf die Agenda gebracht und erkannt, welche Bedeutung dabei Mischkulturen (im Gegensatz zu den anfälligen Monokulturen) haben. Die Ökologie beschäftigt sich mit den Bedingungen, unter denen Pflanzen und Tiere gedeihen. Die Diskussion über die existenzielle Frage nach den Bedingungen menschlichen Zusammenlebens bleibt dahinter weit zurück. Welche Strukturen sind auf ungewisse Zukünfte am besten vorbereitet? Wie funktionieren städtische Mikrowelten, Synergien und Symbiosen? Was macht die Robustheit städtischer Strukturen aus? Dabei ist an städtische Strukturen gedacht, die Veränderungen einzelner Elemente und Nutzungen überdauern und die
- keine anfälligen und schwerfälligen Monostrukturen und Monokulturen, sondern integrationsfähig sind, um der Vielfalt der Stadtmenschen gerecht werden und Fremde aufnehmen zu können;
- konfliktfähig sind – denn Stadt ist keine Idylle, zu ihr gehören Auseinandersetzungen;
- weitgehend selbstregulierend sind, um nicht auf staatliche Unterstützung und Alimentierung angewiesen zu bleiben (ohne eine selbstgenügsame, in sich geschlossene »Nachbarschaft« zu werden);
- gestaltbar sind, so dass Zugehörigkeit und Identifikation entstehen können, und
- veränderbar sind, um sich wandelnden und noch weitgehend unbekannten Anforderungen anpassen zu können.

Lassen sich die zwangsläufig erscheinenden Entwicklungen hin zu Monostrukturen aufhalten, lässt sich ein robustes Stadtquartier, lässt sich Stadtleben planen? Kann man die Risse im städtischen Gefüge wieder reparieren? Und gibt es – als Alternative zur »Abwärtsspirale« und zur dauernden Abhängigkeit von staatlicher Alimentierung – so etwas wie eine positive stadtstrukturelle »selbsttragende Entwicklung«?

Auf solche Fragen gibt die Wissenschaft bisher jedenfalls keine Antwort; sie müssen überhaupt erst einmal gestellt werden. Deswegen kann man versuchen, etwas aus dem Stoff zu lernen, den konkrete Projekte und Fallgeschichten hergeben. Als einen solchen »Stoff«, nicht etwa als Erfolgsstory, verstehen wir das Tübinger Projekt mit all seinen Komplikationen. Deswegen fragt die folgende Zwischenbilanz: Welches waren die Ausgangsbedingungen und Erwartungen? Was wurde davon bislang umgesetzt? Wie weit lässt sich schon im derzeitigen Zustand beobachten, ob die Integrationsmaschine Stadt hier tatsächlich konkret in Gang kommt? Und was kann man daraus lernen für die Fragen, welche die Städte heute umtreiben?

Das Tübinger Projekt: Anfänge und Erwartungen

Tübingen im Herbst 1990
Vom Fall der Mauer ist hier im äußersten Süden wenig zu spüren. Die Stadt ist mit ihren eigenen Problemen beschäftigt. In der Stadt mit etwas über 80 000 Einwohnern und über 25 000 Studierenden herrscht Wohnungsnot: Tübingen ist eine Stadt mit dringendem Wohnbedarf[7], bei der Verwaltung sind 1780 »Fälle« (sprich: etwa 4500 Personen) wohnungssuchend gemeldet, über 1100 davon mit Wohnberechtigungsschein (davon ein Fünftel Alleinerziehende und ein fast ebenso hoher Anteil Ausländer), 550 werden bei der Stadt in einer Notfallkartei geführt. Tübingen befindet sich mit wenigen anderen baden-württembergischen Städten in der Mietenstufe 5 nach § 8 des Wohngeldgesetzes (d.h. 15 bis 25 % über dem Durchschnitt der Mieten vergleichbarer Wohnungen), eine höhere Mietenstufe gilt nur noch im Raum München, Frankfurt und einigen wenigen anderen Städten.[8]

Es gibt viele Aussiedler. Nun werden der Stadt laufend Asylbewerber zugewiesen, gleichzeitig soll eine Sammelunterkunft aufgelöst werden. Der Gemeinderat hat beschlossen, Asylbewerber dezentral unterzubringen – man baut gerade eine kleine Siedlung in der Weststadt –, aber weitere Erhöhungen der Quote deuten sich an. Die Unterbringung dieser Menschen in Turnhallen ist eine Schreckensvision.

Das große Projekt der Altstadtsanierung ist abgeschlossen. Das jüngste Wohnbaugebiet, Herrlesberg, ist gerade im Werden – wie alle »guten« Wohnlagen in dieser Gegend auf der Höhe gelegen, außerdem günstig für Pendler nach Stuttgart. Die Grundstücke erzielen Spitzenpreise. Die Stadt hat dort eine minimale Infrastruktur finanziert (Kindergarten, Sozialwohnungen), für ein richtiges Ortszentrum reicht die Größe des Projekts nicht aus. Aktualisierte Ziele für die Stadtentwicklung gibt es eigentlich nicht, die Diskussion um einen neuen Stadtentwicklungsplan beginnt gerade erst wieder.

Es gibt aktive Bürgerinitiativen, die in den vergangenen Jahren viel gegen die Verwaltung durchgesetzt haben. Zwei Fraktionen des Gemeinderats sind aus diesen Initiativen hervorgegangen. Der Gemeinderat ist mit 64 Mitgliedern ungewöhnlich groß und politisch ungewöhnlich differenziert: die größten Fraktionen sind CDU, SPD und Alternative Liste, danach die im Süddeutschen traditionell starken Freien Wähler, eine Freie Liste, FDP und DKP. Die Verwaltung beginnt sich zu verändern. Es gibt die ersten Frauen auf der Führungsebene, zwei Amtsleiterinnen, eine Frauen- und eine Umweltbeauftragte, eine Erste Bürgermeisterin. Viele soziale Verbesserungen sind erreicht oder auf dem Weg, etwa eine erweiterte und verbesserte Kinderbetreuung in Kindertageseinrichtungen und Grundschulen, mehrere Kindergärten sind in der Planung oder bereits in Bau. Planungen gibt es auch für einen Neubau für zwei Schulen – die Haupt- und die Realschule in der Altstadt –, für das Technische Rathaus, eine Sporthalle. Mehrere dieser Projekte werden in den kommenden Jahren der Finanznot zum Opfer fallen: Die Stadt verfügt traditionell über wenig eigene Steuereinnahmen, als Universitäts- und Behördenstadt hängt sie – so eine oft gehörte Klage – »am Tropf des Landes«. »Die Finanzplanung 1991 zeigt auf, dass die Stadt nach Abschluss des Investitionszeitraums bis 1994 am Ende ihres finanziellen Handlungsspielraums angelangt sein wird«.[9]

Es ist noch kein allgemeines Thema, aber man spürt es schon: der Ausbau – von Personal, Finanzmitteln, Räumen und Flächen – gerät an seine Grenzen.

Die Südstadt – das »Jenseits«

In dieser ganzen Diskussion spielt die Tübinger Südstadt bis dahin keine nennenswerte Rolle – ein Stadtteil, der immer als das »Jenseits« galt, durch Neckar, das Flüsschen Steinlach und die Bahnlinie vom alten Stadtzentrum getrennt, von zwei stark befahrenen Bundesstraßen durchschnitten, gemischter und internationaler als andere Tübinger Stadtteile. In der topografischen Gliederung süddeutscher Städte sind die Hierarchien auch räumlich deutlich ablesbar: In den Tälern befinden sich die Altstädte, frühen Vorstädte und alles Gemischte, auf den Höhen mit der schönen Aussicht die im wahrsten Sinne »gehobenen« Wohnlagen vor allem neuerer Zeit.

Die Entwicklung der Südstadt begann erst in der zweiten Hälfte des 19. Jahrhunderts im Zusammenhang mit der verkehrstechnischen Erschließung der Stadt – dem Anschluss an das Bahnnetz, später einem für die Stadt zentralen Straßendurchbruch, einer neuen Neckarbrücke. Am Anfang stehen das Gaswerk, das Wasserwerk, eine Essigfabrik und eine Kaserne, die Tübingen zur Garnisonsstadt machte. Später folgten in der neuen »Vorstadt« auch gutbürgerliche mehrgeschossige Wohnhäuser für höhere Beamte und Universitätsangestellte, im Anschluss einfachere Fachwerkhäuser mit Werkstätten und Gärten für Handwerker und anderes Kleingewerbe. Mit dem Bau des Güterbahnhofs siedelten sich weitere Gewerbebetriebe an – Beginn eines bescheidenen Viertels für die Industrie, die in der Universitätsstadt selbst ausdrücklich unerwünscht war. Weitere Kasernen entstanden: in der Zeit des Ersten Weltkriegs die Lorettokaserne, in den dreißiger Jahren die Hindenburgkaserne – jeweils am damaligen Stadtrand.

In der Südstadt waren schon immer (»Problem«-) Gruppen untergebracht, die in anderen Stadtteilen nicht erwünscht waren: »Zigeuner«, Eisenbahner in einfachen größeren Wohnanlagen, Obdachlose (in der Barackensiedlung »Backofen«), nach dem Krieg Flüchtlinge, Spätheimkehrer und sonstige auf städtischen Wohnraum Angewiesene. In keinem anderen Stadtteil fanden sich so viele Sozialwohnungen. Trotzdem gab es überzeugte und passionierte Südstädter. Mit einem Wohnumfeldprogramm begann die Stadt Ende der achtziger Jahre des vergangenen

Jahrhunderts, die von vielen trotz allem geschätzte Lebensqualität dieses gemischten Stadtteils aufzuwerten.

Die Loretto- und Hindenburgkaserne wurden seit Ende des Zweiten Weltkriegs von der Französischen Garnison genutzt. Mit ihren Mannschaftsgebäuden, großen Übungs- und Exerzierplätzen, Wohnungen unterschiedlichen Standards, ihrer Infrastruktur mit Offizierscasino, Foyer, Kindergarten, Schule und Supermarkt waren sie eine (großenteils durch Zäune und Mauern abgeschirmte) Welt für sich, eine Stadt in der Stadt, unbekanntes Terrain selbst für die direkten Anwohner, sofern sie nicht gerade als Hausmeister oder Handwerker bei der Garnison beschäftigt waren. Man sah am Wochenende die Soldaten beim Ausgang in die Altstadt oder morgens die Franzosenkinder in ihren Schuluniformen auf dem Weg in die Schule, ansonsten wusste man wenig voneinander.

Noch im Herbst 1990 erhielt die Stadt Tübingen die offizielle Auskunft, an einen Abzug der Franzosen sei nicht zu denken. Am 12. November 1990 gab die Garnison überraschend ihren unmittelbar bevorstehenden Abzug bekannt.

Erwartungen an das Projekt

Das Tübinger Südstadtprojekt muss – auch – aus der geschilderten Situation Ende 1990 heraus verstanden werden. Der Gedanke, erstens eine städtische Struktur zu schaffen, die sich deutlich von der in Arbeiten und Wohnen segmentierten Stadt der vergangenen fünfzig Jahre absetzt, und zweitens damit einen flexiblen und robusten Stadtteil zu stärken – insbesondere in seiner Fähigkeit, Anderes und Fremdes klaglos verkraften und integrieren zu können –, war eine Reaktion auf die sich abzeichnende sozialräumliche Problematik in der Stadt und ein Aufbruch zu einer neuen Stadtentwicklungspolitik, die Städtebau, Soziales, Kultur und Wirtschaften zusammenbringt: eine Strategie des Umbaus anstelle eines bloß immer weiteren Ausbaus (von Flächen, öffentlichen Zuwendungen und Stellen).

Der Begriff Innenentwicklung beschreibt recht gut die Ziele, die von Anfang an mit dem Projekt verbunden waren: Herstellen einer städtischen Struktur; Ausnutzung der frei gewordenen Flächenressourcen statt Zersiedlung; Angebot im Wohnungsbau für Personenkreise, die auf dem freien Markt sonst kaum geeignete Möglichkeiten haben (Familien mit niedrigem Einkommen, Alleinerziehende, Studierende, Zuwanderer); Reduzierung des Pendleraufkommens anstelle Stadtrandwanderung; Schaffung eines passenden Milieus für neue Arbeitsplätze.

Die Stadt – federführend das Stadtsanierungsamt – hat noch im Spätjahr 1990 die Idee von der Schaffung eines gemischt genutzten und relativ dicht bebauten neuen Stadtteils öffentlich vorgestellt und in der Folgezeit sehr nachdrücklich vertreten. In einem ersten grundlegenden

Gemeinderatsbeschluss vom 4. März 1991 wurden die wichtigsten planerischen Ziele[10] und die Absicht formuliert, das entsprechende Plangebiet als Städtebaulichen Entwicklungsbereich auszuweisen. Die angestrebten Ziele wurden im Sommer 1991 in der Ausschreibung zu einem offenen städtebaulichen Ideenwettbewerb noch einmal konkretisiert.[11] Der Wettbewerb sollte zeigen, »welche baulichen Strukturen geeignet sind, den besonderen Herausforderungen der nächsten Jahrzehnte gerecht zu werden«. Dazu gehört, »dass sich nicht nur die Bevölkerungsstruktur (etwa die Zusammensetzung der Wohnbevölkerung aus Einheimischen und Zuwanderern, aus Alten und Jungen, aus Erwachsenen mit und ohne regelmäßiges Arbeitsverhältnis), sondern auch die Beschäftigungsverhältnisse bei den Erwachsenen (etwa die Aufteilung der Lebensarbeitszeit, die Abnahme der Zahl ›normaler‹ Arbeitsplätze) und das Freizeitverhalten erheblich verändern werden. Die städtebauliche Gestaltung eines Stadtteils kann dazu beitragen, dass die Gefahr der Isolierung von Gruppen und Einzelnen, der Ghettobildung und der Ausgrenzung vermieden (oder wenigstens verringert) wird. Die europäische Stadt war von ihren Anfängen an ein Ort des Zusammenlebens unterschiedlicher sozialer und ethnischer Gruppen, ein gerade auch für Fremde offener Ort. Dieses Stadtkonzept ist neu zu bedenken und zur Grundlage konkreter Überlegungen und Planungen zu machen.«

Zu den Erwartungen des Projekts gehörte nicht zuletzt, mit dem gewählten Vorgehen einen Weg zu einer anderen Stadtentwicklungspolitik zu öffnen und Partner aus unterschiedlichen Tätigkeitsbereichen zu finden, die diesen neuen Weg und die zugrundeliegenden Ziele unterstützen würden. Die frühzeitig öffentlich präsentierten städtischen Ziele wurden in Bürgerversammlungen, Informationsveranstaltungen und Arbeitskreisen intensiv diskutiert. Die Nachfolgenutzung der Militärgelände begann sofort, lange vor Abschluss der Verhandlungen über den Grunderwerb: Sommernachtskino, Theater in der Panzerhalle und viele andere kulturelle Aktivitäten (auch solche, die bisher keinen Raum hatten) zogen Publikum an, abgewirtschaftete Gebäude boten Platz für wirtschaftliche Aktivität, Projektgruppen machten sich an Nutzungskonzepte für einzelne Gebäude – eine von vielen getragene sichtbare Aneignung und Zivilisierung eines bisher militärischen Geländes. Der Städtebauliche Rahmenplan für das Gesamtprojekt wurde vom Gemeinderat nach ausführlicher – auch öffentlicher – Erörterung im Dezember 1993 verabschiedet.

Was wurde bis jetzt umgesetzt?

Das Ergebnis kann man zunächst an einfachen Zahlen festmachen. Bis Ende 1999, sechs Jahre nach Verabschiedung des Rahmenplans, haben insgesamt etwa 3000 Personen im Entwicklungsbereich Wohnraum gefunden oder selbst geschaffen. Zusätzlich sind etwa 40 000 m² Nutzfläche für Gewerbe und soziale/kulturelle Einrichtungen in Betrieb genommen worden. Die Zielvorgaben des Rahmenplans für 2008 waren damit Ende 1999 beim Wohnraum zu 46 %, bei den Nicht-Wohnflächen zu 32 % erfüllt. Wie zu erwarten, gehen in diesen anfänglichen Ausbauphasen erhebliche Anteile auf die Umnutzung von Altbauten: im Wohnbereich ca. 60 %, im Nichtwohnbereich ca. 80 %.

	Bewohner	Arbeitsplätze
Gesamtziel für das Jahr 2008 laut Rahmenplan 1993 (geschätzte Fläche pro Arbeitsplatz 50 m²)	6 500 (100 %)	2 500 ca. 125 000 m² (100 %)
Erste Phase 1991–1995		
Neue Bewohner in ehemaligen Garnisonswohnungen	780	
Studierende in ehemaligen Mannschaftsgebäuden	550	
Erste Arbeitsplätze in Altbauten		15 000 m²
Zwischensumme	1300 (20 %)	15 000 m² (12 %)
Zweite Phase 1996–1999		
Neue Bewohner in Alt- und Neubauten	1700	
Neue Arbeitsstätten in Alt- und Neubauten		25 000 m²
Zwischensumme	1700 (26 %)	25 000 m² (20 %)
Zwischensumme Phase 1 und 2	3 000 (46 %)	40 000 m² (32 %)

Datengrundlage: Stadtsanierungsamt Tübingen; eigene Berechnungen

Nachdem das Interesse von Nutzern und Nutzergruppen an der Zuteilung passender Grundstücke nicht nur anhält, sondern sich sogar eher steigert (wohl weil das Ergebnis der Konzeption nun realiter in Augenschein genommen werden kann), ist es möglich, eine Vorausschau zu riskieren. Rein zahlenmäßig wird sich das Ergebnis in den kommenden fünf Jahren (dritte Phase bis 2005) bei gleichbleibender Bauaktivität auf etwa 70 % des Gesamtziels bei den Bewohnern und auf etwa 50 % bei den Arbeitsplätzen erhöhen; eine vierte Phase bleibt den Maßnahmen nach Baubeginn an der neuen B 27 vorbehalten (voraussichtlich nach 2008).

Interessanter als diese Zahlen ist die Tatsache, dass auch das Ziel neuer Qualitäten durch kleinparzellierte Nutzung keine bloße Utopie geblieben ist. Die Vielfalt der bisher realisierten Wohnformen, Haustypen, gewerblichen und kulturellen Einrichtungen hat das Quartier zu einer besonderen Adresse gemacht, die allgemeines Interesse weckt. Wichtig dafür waren vor allem: Die klare Präsentation des kleinparzellierten Mischkonzepts von Anfang an (statt eines problematischen Nebeneinanders von Wohngebiet und Gewerbefläche), der Erhalt auch abgewirtschafteter Altbauten, der Vorrang von Nutzern bei der Vergabe der neugeordneten Grundstücke, der Verzicht auf Bauträger (die bis jetzt mit dem Konzept wenig anfangen können).

Bis 1999 sind 62 Bauprojekte mit 379 Wohneinheiten durch überwiegend selbstorganisierte Bau-

Altbauten im Mischgebiet als Anstoß für private und städtische Angebote: Vorstadttheater (1), Schülerhort am Park des einstigen Infanterie-Lazaretts (2), Tanzsporthalle Loretto-Areal (3), Villa Kunterbunt: Kindergarten einer Elterninitiative in ehemaligen Garnisonswohnungen (4), Französische Schule (5)

gruppen konzipiert und realisiert worden. Nach der Zahl der jeweils zugehörigen Wohneinheiten lassen sich diese Projekte wie folgt gliedern:

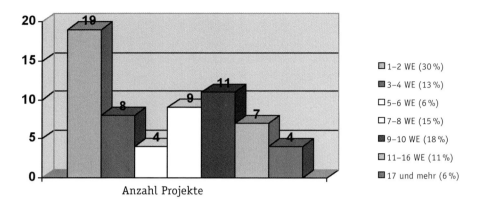

Baugruppen-Projekte nach Zahl der Wohneinheiten und Anteil an allen Baugruppen-Projekten (1999)
Datengrundlage: Stadtsanierungsamt Tübingen; eigene Berechnungen

Diese Aufstellung zeigt, wie durch den eingeräumten Spielraum bei der Zuteilung und Zuschneidung der Alt- und Neubauparzellen ganz verschiedene Vorstellungen über gemeinsames Bauen und Leben zu realisieren sind (und auch tatsächlich realisiert werden).

Das Entwicklungsgebiet als Rückgrat der Südstadt

Wechselwirkung mit anderen Quartieren

Eine weitere sozialräumliche Polarisierung in den Städten zu verhindern, wird ein wichtiges Ziel künftiger Stadtentwicklungspolitik sein müssen. Dazu ist es unumgänglich, möglichst viele Stadtteile mit einer hohen Robustheit auszustatten. Nur so kann einerseits das Umkippen von Stadtteilen und andererseits der Rückzug anderer Stadtteile aus dem Integrationsgeschäft vermieden werden. Tübingen ist sicherlich keine Stadt, in der sich diese Problematik krisenhaft zeigt; aber man kann auch hier demonstrieren, wie die Integrationsaufgaben in Städten real auf oben und unten verteilt sind (siehe Tabelle S. 183).

Das Ziel für das Südstadtprojekt konnte angesichts solcher Umstände nur sein, einerseits die traditionelle Aufnahmebereitschaft des Stadtteils zum Beispiel für Zuwanderer zu stärken, andererseits in gleichem Maße Haushalte zur Ansiedlung zu motivieren, die normalerweise in die Hanglagen der Nordstadt oder in die Umgebung ziehen würden. Gleichzeitig musste durch die Einbindung neuer Gewerbebetriebe und privater kultureller Angebote für die notwendige ökonomische Integration gesorgt werden.

Anteil an der Wohnbevölkerung nach Stadtteilen	Personen in höheren/leitenden Berufen	Ausländer insgesamt	aus früheren Anwerbeländern: Italien, Griechenland, damaliges Jugoslawien, Türkei
Nord/Wanne	14,5 %	9,3 %	2,8 %
Ortschaften	8,3 %	7,2 %	5,4 %
Gesamtstadt	9,6 %	11,9 %	6,6 %
Südstadt	6,2 %	16,7 %	7,7 %
Zentrum	7,4 %	17,2 %	11,7 %

Quelle: Tübingen in Zahlen 1989 (Stand 30.6.89)

Als Teil der Südstadt musste das Entwicklungskonzept drei Aufgaben erfüllen:
• die Verknüpfung der beiden bisher durch B 27 und Kasernen voneinander getrennten Siedlungsteile mittels eines neuen städtischen Rückgrats,
• Stärkung der Robustheit des Stadtteils durch eine Ergänzung der Sozialstruktur und durch das konzipierte »innovative Produktionsmilieu« sowie
• Vermeidung eines selbstgenügsamen Quartiers durch Eingliederung gesamtstädtischer Aufgaben für ein städtisches Publikum.

Die Vorstellung vom städtischen Rückgrat unterscheidet sich deutlich von der sonst üblichen Idee eines Stadtteilzentrums, das in der Regel all das aufnehmen soll, was laut Planung in den umliegenden Wohngebieten gerade nicht vorhanden sein soll. Das städtische Rückgrat stellt eher eine Verstärkung dar, eine Intensivierung der Synergieeffekte zwischen Wohnen und Arbeiten, Freizeit und Kultur, die auch in den angeschlossenen Gebieten (nur eben in geringerem Maße) vorhanden oder angestrebt sind. Durch diese Verstärkung und Ergänzung geht die Idee eines städtischen Rückgrats auch über die Vorstellung einer selbsttragenden Entwicklung in gerade wenig begünstigten Stadtteilen hinaus.

Die Darstellung Nutzungsmischung im Aufbau (s. Abb. S.58/59) und die Art und Weise, wie das neu entstehende bauliche Gefüge in die Umgebung eingepasst ist (und sich von ihr eben nicht als besondere Insel abgrenzt), vermittelt schon jetzt – wo erst die ersten Stufen des Projekts verwirklicht sind – sehr anschaulich das Wachsen des Rückgrats im Gesamtgefüge der Südstadt.

	Wohnbevölkerung gesamt (Einwohner mit 1. Wohnsitz)			darunter Ausländer			
	1989	1999	Zu-/Abnahme	1989	in %	1999	in %
Universität	7276	6595	-9%	801	11,0%	948	14,4%
Nord/Wanne	4845	4752	-2%	449	9,3%	603	18,7%
Nord/Waldh. Ost	9406	8932	-5%	1378	14,7%	1710	19,1%
Österberg	2316	2128	-8%	153	6,6%	166	7,8%
Zentrum	5942	5257	-12%	1024	17,2%	1020	19,4%
Au/Unt. Wert	993	1837	+85%	292	29,4%	546	29,7%
Südstadt	7570	8987	+19%	1266	16,7%	1570	17,5%
Weststadt	6766	7085	+5%	586	8,6%	1069	15,1%
Insgesamt	45114	45573	+1%	5949	13,2%	7632	16,7%
Ortschaften*	13328	14757	+11%	958	7,2%	1113	7,5%
Lustnau**	7056	8555	+21%	853	12,1%	1066	12,5%
Derendingen**	5168	5220	+1%	631	12,2%	635	12,2%
Tübingen gesamt	70666	74105	+5%	8391	11,9%	10446	14,1%

* 8 früher selbständige Gemeinden, vor rund 25 Jahren eingemeindet
** vor rund 70 Jahren eingemeindet

Quelle: Melderegister der Stadt Tübingen, 30.6.1989/31.12.1999; eigene Berechnungen

Soziale Mischung

Konnte der Anspruch eingelöst werden, die soziale Vielfalt im Südstadtgebiet zu erweitern und durch Nutzungsmischung neue Grundlagen für eine ökonomische und kulturelle Integration zu schaffen? Zunächst machen einige statistische Daten (s.o.) deutlich, wie das Entwicklungsprojekt in den vergangenen Jahren die Bevölkerungsstruktur beeinflusst hat.

Die Bautätigkeit in Tübingen konzentriert sich in diesen Jahren auf den Städtebaulichen Entwicklungsbereich (Südstadt und Au/Unterer Wert), auf die Neubau-Wohnsiedlung Herrlesberg (zu Lustnau) und Arrondierungen in den Ortschaften, die immer noch dörflichen Charakter haben. In den »gehobenen« Wohnlagen im Bereich Universität, Nordstadt und Österberg geht bei gleichbleibendem Baubestand und Flächenverbrauch die Einwohnerzahl leicht zurück, wobei der – geringe – Anteil der Zugewanderten etwas ansteigt. In der Weststadt wurde in diesem Zeitraum für Asylbewerber eine größere Sammelunterkunft in Betrieb genommen und eine kleine Siedlung gebaut, was zu einem höheren Ausländeranteil führte. In die Neubauten auf dem Herrlesberg und in den Ortschaften

Anteil an der Wohnbevölkerung:
frühere Anwerbeländer
(Italien, Griechenland,
damaliges Jugoslawien, Türkei)

1989	1999
5,2%	7,2%
2,8%	4,6%
4,3%	7,2%
2,4%	2,5%
11,7%	11,6%
25,3%	21,7%
7,7%	11,4%
5,3%	9,2%
5,7%	8,8%
5,4%	4,9%
8,5%	7,0%
8,6%	7,7%
6,6%	7,8%

Gartenarbeiten am Lorettoplatz

ziehen nur in geringem Umfang Menschen anderer Herkunft, in diesen Stadtteilen sinkt sogar der Anteil der Zugewanderten aus den früheren Anwerbeländern. Am höchsten ist dieser Anteil nach wie vor im Zentrum – und in den beiden Stadtteilen, die zum Städtebaulichen Entwicklungsbereich gehören.

In einer Diplomarbeit am Geographischen Institut der Universität Tübingen hat Doris Elfers 1998 durch eine Befragung die Bewohnerstruktur und die Einstellung der Bewohner zum Entwicklungsprojekt in der Südstadt untersucht.[12] Als Beispiel wurden das Französische Viertel (in dem damals bestehenden Umfang) und die direkt benachbarte Sozialbausiedlung der sechziger und siebziger Jahre, welche die früheren Obdachlosenunterkünfte ersetzt hat (Wennfelder Garten), ausgewählt und verglichen. Auch wenn der Stand von Anfang 1998 inzwischen überholt ist, zeigt die Untersuchung doch in einer Momentaufnahme, wie sich die Sozialstruktur des Stadtteils verändert, welche Einstellungen zum Entwicklungskonzept vorhanden sind und wie sich diese zwischen Entwicklungsgebiet und Nachbarbereich teils decken, teils unterscheiden.

1998	Wennfelder Garten	Französisches Viertel
Altersstruktur der Befragten	Durchschnittsalter 48 bis 25: 4% 26-45: 55% über 65: 23%	Durchschnittsalter 33 bis 25: 25% 26-45: 68% über 65: 2%
Haushalte mit Kindern	40%	56% (v.a. Kinder bis 6 Jahre)
Haushaltsgröße: - Einpersonenhaushalte - zwei Personen - drei Personen - vier und mehr Personen	 39% 22% 22% 16%	 29% 24% 18% 29% (u.a. Wohngemeinschaften)
Eigentumsverhältnisse der Wohnungen	78% Mieter	48% Eigentümer (deutlich steigende Tendenz)
Bildungsabschluss	je ca. 1/3 Hauptschule, Mittlere Reife/Fachabitur, Abitur	fast drei Viertel Abitur
Erwerbstätigkeit	56% erwerbstätig, 27% Rentner/in	61% erwerbstätig, 36% Student/in
Stellung im Beruf - einfache/mittlere Angestellte - freie Berufe (z.B. Architekt) - ltd. Ang./geh. o. höh. Beamte - selbst. Kaufleute - Facharbeiter - un-/angelernte Arbeiter	 32% 11% 14% 11% 11% 14%	 48% 23% 14% 3% 2% 6%
Beurteilung Nutzungsmischung - gut und eher gut - egal - eher schlecht - schlecht	 92% 6% 2% –	 91% 6% 3% –
Beurteilung soziale Mischung - gut und eher gut - egal - eher schlecht - schlecht	 65% 18% 10% 6%	 90% 7% 2% 1%
größte Probleme im Viertel	1. Parkplätze 2. z.Zt. Störungen durch Bautätigkeit	1. Verkehrslärm der Bundesstraßen 2. z.Zt. Störungen durch Bautätigkeit

Die neuen Bewohner standen bei der Befragung zur Hälfte kurz vor dem Einzug, die übrigen lebten schon bis zu fünf Jahre dort. Die Bewohner des Wennfelder Gartens lebten fast zur Hälfte schon über zehn Jahre in ihrem Viertel. Das Gebiet wird sich künftig aus einer Mischung von Alteingesessenen und neu Zugezogenen zusammensetzen. Die neuen Bewohner/innen des Entwicklungsgebiets ergänzen das angrenzende, in den sechziger/siebziger Jahren entstandene Wohngebiet durch eine deutlich jüngere Bevölkerung (dafür sind auch, aber nicht ausschließlich, die Studentenwohnheime verantwortlich).

Die neuen Bewohner/innen sind zu über 50% aus der Südstadt oder dem sonstigen Stadtgebiet zugezogen, können also den Wohnstandort hinsichtlich seiner Vor- und Nachteile gut beurteilen. Sie arbeiten zu über 60% in Tübingen, zu 6% bereits im Französischen Viertel. Von den künftigen Bewohnern stellt sich jede/r Sechste eine Verlegung des Arbeitsplatzes ins Französische Viertel vor. Bei den Zuzugsgründen stehen preisgünstiger Eigentumserwerb, Innenstadtnähe und geeigneter Wohnraum im Vordergrund, aber auch das städtebauliche Konzept spielt (insbesondere bei den offenen Antworten) eine Rolle.

Begegnung an der Haustür

Ein Fazit der Untersuchung: »Trotz einiger Einschränkungen im Entwicklungsbereich (keinen Garten, hohe bauliche Dichte, etc.) ist das Französische Viertel für viele Bewohner/innen attraktiv, die ganz verschiedene, individuelle Ansprüche an das Wohnumfeld stellen. Für viele Befragte sind soziale Kontakte in der Nachbarschaft und die Nachbarschaft zu anderen Lebensformen von großer Bedeutung. Deutlich wird, dass es für Familien und Lebensgemeinschaften mit Kindern auch andere Wohnstandortpräferenzen gibt als das suburbane Eigenheim...« Ein weiteres Fazit: »»Planung allein reicht nicht aus!«... Inwieweit die Vielgestaltigkeit des Stadtteils sich als attraktiv beweist und sich langfristig als Alternative zum Einfamilienhaus im Grünen anbietet, wird sich zeigen. Dass dabei noch so gute Planungen und ihre Verwirklichung zweierlei Dinge sind, schlägt sich auch in der empirischen Untersuchung nieder: Nicht alle sind begeistert. Schon jetzt werden die Konflikte deutlich... Aber in der Südstadt soll auch keine Idylle entstehen, sondern ein Stadtviertel, in dem Toleranz sowie Auseinandersetzung gelebt werden.«[13] Hinzuzufügen ist, dass Wechselwirkungen mit Nachbarquartieren gefördert werden können, indem beim Aufbau des neuen Rückgrats nicht nur im Bereich des Wohnens, sondern gerade auch bei der gewerblichen Entwicklung eine möglichst große Breite unterschiedlichster Formen und Angebote gesucht wird.

Nach wie vor ungleich verteilt: das schwierige Integrationsgeschäft
Die Entwicklung Tübingens in diesen Jahren beschränkte sich freilich nicht auf das Südstadtprojekt. Nach wie vor waren etwa in großer Zahl Asylsuchende und Aussiedler unterzubringen. Hierfür schienen die freiwerdenden Kasernengebäude geradezu prädestiniert. Das städtische Konzept der dezentralen Unterbringung wurde unter diesen neuen Bedingungen immer wieder in Frage gestellt, zumal jeder Neubau mit erheblichen Kosten verbunden war und in den betroffenen Nachbarschaften auf teils erbitterten Widerstand stieß. Die Nutzung der Garnisonsareale für die Unterbringung von Flüchtlingen und Aussiedlern hatte zudem für das Land Priorität. Nur mit Hartnäckigkeit und Mühe konnte ein Szenario abgewandt werden, bei dem die Mannschaftsgebäude in größeren Komplexen jeweils mit Asylbewerbern, Aussiedlern (auch noch nebeneinander) einerseits und Studenten andererseits belegt werden sollten. Dennoch mussten angesichts immer stärker steigender Zuweisungsquoten ein Mannschaftsgebäude der früheren Hindenburgkaserne und ein Bäckereigebäude im gegenüberliegenden (nicht zum Entwicklungsbereich, aber ebenfalls zur Hinterlassenschaft der Militärnutzung gehörenden) Depotgelände für Asylsuchende sowie ein Mannschaftsgebäude der Lorettokaserne für Aussiedler als Sammelunterkünfte dienen. Diese von Anfang an als vorübergehend vorgesehenen Nutzungen konnten nach und nach zugunsten einer dezentralen Unterbringung aufgegeben werden; bei dem Mannschaftsgebäude im Französischen Viertel gab schließlich ein Brandschaden den Ausschlag für eine Beendigung des Provisoriums. (Angesichts der mit dieser Zwischennutzung – gerade für die Bewohner – verbundenen großen Probleme erstaunt es etwas, dass sich hartnäckig bis in wissenschaftliche Arbeiten hinein die Legende hält, die Asylbewerber seien »über Nacht geräumt« worden.) In diesem Gebäude hat jetzt das Multimedia-Innovationszentrum Platz gefunden.

Auch die Nutzung der ehemaligen Garnisonswohnungen war durch gesamtstädtische Nöte geprägt. Angesichts der damaligen Wohnungsnot war es bemerkenswert, dass im Gemeinderat ein Beschluss durchgebracht werden konnte, im Sinne einer gemischten Bevölkerungsstruktur nicht mehr als 75 % der Garnisonswohnungen an Wohnungssuchende aus der Notfallkartei zu vergeben. Freilich sorgte auch diese Form der Unterbringung dafür, dass in der Südstadt wieder diejenigen Platz fanden, die sonst nirgendwo vorgesehen waren: die Kinderreichen, Zugewanderten und geringer Verdienenden.

Jahre später blieb die Südstadt einmal wieder als einzige Möglichkeit übrig: Mitten im Winter wurde dringend eine Unterkunft für eine kleine Gruppe junger Punks gebraucht, – nicht etwa, weil sie das Stadtbild störten, sondern weil sie, nachdem ihr bisheriger Unterschlupf nicht mehr zur Verfügung stand, wohnungslos und daher von der Stadt unterzubringen waren. Ein geeignetes Gebäude wurde in der Tübinger Nordstadt gefunden. Die Kirchengemeinde erklärte sich mit dem Vorhaben einverstanden und war bereit, das Ihrige zu einer möglichst konfliktfreien Situation beizutragen. Im Stadtteil schlug die Ablehnung des Vorhabens bald hohe Wellen. Manche erinnerten sich daran, dass man auch den Bau von Asylbewerberunterkünften erfolgreich verhindert hatte. Anfang Januar, kurz vor dem geplanten Einzug, brannte das Gebäude aus bisher immer noch ungeklärten Ursachen ab. Als Notlösung blieb nur das – früher mit Asylbewerbern belegte, viel zu große – Bäckereigebäude im Depot. »Die Südstadt wurde in ihrem Ruf als Ort für sozial Ausgegrenzte wieder einmal bestätigt«.[14]

Diese Beispiele machen deutlich, dass angesichts zunehmender sozialer Spaltung die Stabilität selbst robuster Stadtteile auf Dauer nicht in diesen Stadtteilen allein aufrechterhalten werden kann. Hinzukommen muss vor allem eine Strategie, die dafür sorgt, dass der Anteil robuster Stadtteile sich vergrößert – etwa durch mehr soziale und ökonomische Vielfalt in den bisher monofunktionalen (beispielsweise überwiegend aus Eigenheimen bestehenden) Gebieten und vor allem durch konsequentes Vermeiden neuer Monostrukturen. Auffallend ist ja, dass die Kritik der Sozialwissenschaften an der Alltagspraxis der Kommunen sich einerseits dagegen wendet, den robusten Stadtquartieren immer mehr Integrationsleistung abzuverlangen, sich andererseits aber sehr zurückhält, wenn es darum geht, vorhandene oder neu entstehende Eigenheimgebiete in ihrer sozialen Problematik zu durchleuchten. Ein entscheidender Prüfstein bei neuen Projekten (auch im Sinne einer von manchen geforderten »Sozialverträglichkeitsprüfung«) wäre daher gerade die Frage, inwieweit sie geeignet sind, auch zunächst »unerwünschte« Nutzungen aufzunehmen und so ihren Beitrag zum künftig sicher noch schwieriger werdenden Integrationsgeschäft zu leisten.

Soziale Mischung meint dabei nicht, Menschen mit unterschiedlichen sozialen Merkmalen und auch Bedürfnissen völlig gleichmäßig über ein Stadtviertel zu verteilen. »Für das Bestreben nach sozialer Mischung in einem Quartier gibt es ... keine Norm hinsichtlich der sozialstrukturellen Zusammensetzung... Im Rahmen dieser Vielfalt gewachsener Sozialstrukturen ist aber eine soziale Mischung wie in einem Mosaik-Muster erstrebenswert. Ideal ist es, wenn mindestens im Einzugsbereich einer Kindertagesstätte Wohnungen mit unterschiedlichen Standards, Rechtsformen/Zugangsberechtigungen und verschiedene soziale Milieus mit weichen Übergängen benachbart liegen. Dieses Mosaik-Muster vereint die Vorzüge sowohl einer breiten sozialen Mischung als auch von Homogenität, es vereint Vertrautheit und Vielfalt und kann außerdem flexibler auf Veränderungen des Marktes reagieren.«[15]

Um entstehen und dauerhaft stabil bleiben zu können, braucht dieses soziale Mosaik als »Bindemittel« konkrete Alltagsbeziehungen und räumliche Voraussetzungen. Dabei spielen gemeinsames Lernen und Aufwachsen im Stadtquartier und die Einbindung in einen wirtschaftlichen Austausch eine wesentliche Rolle. Diese Themen beleuchten die folgenden beiden Abschnitte.

Exkurs: Gewerbe im Stadtquartier

Als eine der Bedingungen für multikulturelles Zusammenleben nennt Jens Dangschat, »dass eine vielfältige Bau- und Nutzungsstruktur besteht, die alle Formen der Beschäftigung des ersten und zweiten Arbeitsmarktes und der informellen Ökonomie liefert«.[16] Welche Resultate ergeben sich nun konkret aus einer nutzerorientierten Strategie beim Aufbau einer kleinmaßstäblichen Mischung aus ganz unterschiedlichen Wirtschaftssegmenten und Wohnformen?[17]

Architekturbüro im ehemaligen Economat

Neue Unternehmen in alten Kasernen

In einer ehemaligen Panzerreparaturhalle haben sich Handwerkerwerkstätten eingerichtet. In einem früheren Mannschaftsgebäude arbeiten Unternehmen aus den Bereichen Software, Elektronik und Kommunikation neben Schulungsbetrieben und Existenzgründern. Die Tübinger Volkshochschule ist in ein renoviertes Kasernengebäude eingezogen. Daneben befinden sich eine Werkstatt für Behinderte, ein Copy-Shop, eine Gaststätte, ein kleines Theater und ein türkisches Lebensmittelgeschäft mit Imbiss. Kindergärten, Schulen und Sporthallen, Kunstateliers und soziale Initiativen tragen zur Infrastruktur und zu einer vielfältigen Nutzung bei.

Sport um die Ecke

Im Städtebaulichen Entwicklungsbereich Stuttgarter Straße/Französisches Viertel in der Tübinger Südstadt haben sich bis jetzt rund 120 unterschiedliche Kleinbetriebe, Selbstständige und freiberuflich Tätige aus den Bereichen Handwerk und Produktion, Dienstleistung und Ein-

Produzierendes Gewerbe im Quartier

zelhandel, Bildung, Kunst und Kultur angesiedelt. Die Entwicklungsmaßnahme hat bis jetzt etwa 600 Arbeitsplätze neu ins Viertel gebracht.

Es gibt Werkstätten für Schreiner, Maler, Zimmerer, Schlosser, Kfz- und Fahrradreparatur, Büros von Journalisten, Ingenieuren, Rechtsanwälten und verschiedenen Beratern. Mehrere Architekturbüros haben hier ein interessantes Ambiente gefunden oder selbst gebaut. Softwareentwickler, Schulungsunternehmen und Designer haben sich niedergelassen. Hebammen, Ärzte und verschiedene Therapeuten haben Praxen eröffnet, es gibt Schreibwaren und Computer zu kaufen, Getränke, Lebensmittel und vieles mehr.

Mehrere Unternehmen werden von ausländischen Inhabern geführt. Ein aus dem Ausland stammender Exporteur von technischen Anlagen begrüßt das aufgeschlossene Umfeld und die Akzeptanz für Zugereiste.

Bei den Betrieben handelt es sich in der überwiegenden Zahl um junge Unternehmen mit weniger als zehn Mitarbeitern und Mitarbeiterinnen, fast alle wurden in den achtziger und neunziger Jahren gegründet, die Inhaber sind meist zwischen dreißig und vierzig Jahren alt, der Anteil der Existenzgründer ist hoch.

Die Betriebsflächen liegen im Bereich zwischen 25 m² und 2000 m² mit Schwerpunkt bei circa 100 Quadratmetern. In den umgenutzten Altbauten ist der Eigentumsanteil mit knapp 50 % vergleichsweise hoch, in den Neubauten sind überwiegend Mietflächen zu finden.

Die meisten Betriebe zeichnen sich durch zeitgemäße Produkte und Dienstleistungen, hohe Ansprüche an Qualität und Service sowie kooperative Arbeitsformen aus. Auf ein angenehmes Arbeitsklima wird großer Wert gelegt. Die Identifikation der Gewerbetreibenden mit ihrem Viertel, Engagement und Beteiligung bei Veranstaltungen und Planungsfragen ist hoch.

In der Handwerkerhalle des Französischen Viertels

Holz+Form

Wie kommt das Gewerbe ins Quartier?

In Tübingen begann die gewerbliche Entwicklung auf den ehemaligen Kasernenflächen mit Existenzgründern und Kleinbetrieben, denen zu Beginn der Maßnahme, gleich nach dem Abzug der französischen Garnison, preiswerter Gewerberaum in Altbauten zur Verfügung gestellt wurde. Befristet für ein paar Jahre konnten einfache Werkstattgebäude und alte Hallen bis zu weiteren Entscheidungen über Umbau und Neuplanung genutzt werden.

Handwerker, Künstler, Bastler und Unternehmensgründer siedelten sich an. Gleichzeitig wurde das Kasernengelände von der Kulturszene entdeckt, es gab Konzerte, Theater, Open-Air-Kino, Ausstellungen und Tanzveranstaltungen. Diese Entwicklung fand auf einer Brachfläche statt, die von Abriss, Schutt und Dreck geprägt war. Abfälle lagen herum, in finsteren Werkstätten wurde auch nachts geschraubt, »Subkultur« hatte Platz, »Randgruppen« trieben sich herum. Was für die einen Aufbruchstimmung war, war für konservative Betrachter Chaos und Unordnung. Der Vorwurf kam auf, hier entstünde ein Viertel für Alternative und Chaoten.

Werbung für Gewerbe im Quartier

Dennoch war diese Phase des Übergangs wichtig. Menschen sind in die ehemals abgesperrten Areale gekommen. Die alten Hallen und Räume, denen noch ein Rest von Militär und Franzosen anhaftete, boten zum billigen Mietpreis Freiräume zum Arbeiten und Experimentieren, zur Begegnung und zur Kreativität. Mit der Chance, erst einmal klein und ohne großes finanzielles Risiko anzufangen, konnten einige Betriebe überhaupt erst entstehen. Wurden während dieser Experimentierphase positive Erfahrungen gemacht, kam es in den meisten Fällen zur Betriebsgründung oder -festigung, zum Kauf oder der Anmietung neuer

Künstlerateliers in den Pferdeställen

Räume und zur Schaffung von zusätzlichen Arbeitsplätzen. So war dieses Modell auch in Bezug auf Wirtschaftsförderung sehr erfolgreich.

Das Viertel selbst war von Anfang an durch Betriebe, Kultur und soziale Einrichtungen belebt und bekannt und konnte sukzessive gewerbliche Strukturen entwickeln. Wo bereits Gewerbe ist, siedelt sich auch leichter weiteres an.

Leben auf der Baustelle

Mit fortschreitenden Baumaßnahmen zogen weitere, auch bereits etablierte Betriebe zu. Dabei war der Zustand des Viertels als Dauerbaustelle für viele ein Problem. Bauarbeiten waren teilweise schlecht koordiniert und wurden verspätet fertiggestellt, Straßen mussten erst noch geteert werden, Kunden bekamen schmutzige Füße, es gab Klagen über schlechte Orientierung und Erreichbarkeit. Durch Planungsunsicherheit und Verzögerungen bei Baumaßnahmen demotiviert, sprangen interessierte Betriebe, die verlässliche Termine und Rahmenbedingungen brauchen, wieder ab. Lange Zeit war nicht klar, in welcher Form, zu welchen Kosten und wann das Parkierungskonzept umgesetzt wird. Andererseits ist vielen Beteiligten auch bewusst, dass mit experimentellen Projekten auch Schwierigkeiten politischer und organisatorischer Art verbunden sind. Schließlich bietet das Projekt den Unternehmen im Rahmen einer weitreichenden Planungsfreiheit und Bürgerbeteiligung auch große Mitgestaltungsmöglichkeiten.

Störungen

Das häufig gegen Nutzungsmischung angeführte Argument »Störung des Wohnens« ist im Fall von Konzerten und der abendlichen Nutzung einer Sporthalle für Veranstaltungen – also beim Freizeitleben – ein Problem. Dagegen gehen von den Produktionsbetrieben kaum Beeinträchtigungen aus. Andererseits berichten Gewerbebetriebe, dass es zuweilen auch störend sein kann, in einem belebten Viertel zu arbeiten, etwa wenn die Arbeit von neugierigen Besuchern unterbrochen wird. Eine Erfahrung: »Hier sind die Wege zwar kurz, dauern aber länger, weil man ständig jemanden trifft«. Trotzdem wird der Arbeitsplatz in einem belebten Viertel als positiv betrachtet, schließlich wollte man »nicht in einem Gewerbegebiet arbeiten, wo nach Feierabend der Gehsteig hochgeklappt wird.« Die Nachbarschaft wird als überwiegend tolerant empfunden: »Man kennt sich«, nimmt Rücksicht, und über Probleme könne man reden.

Arbeitsplätze für unterschiedliche Menschen und Bedürfnisse

Die Neue Arbeit
Die »Neue Arbeit e.V.« ist eine Beschäftigungsgesellschaft, die Langzeitarbeitslose beschäftigt, qualifiziert und vermittelt. Hierzu gehören im Städtebaulichen Entwicklungsbereich eine Gaststätte, Baubetriebe, hauswirtschaftliche Dienste sowie die Verwaltung. Der Bereich Elektroschrottrecycling, ein Pionierbetrieb auf diesem Gebiet, wurde bereits zu Beginn der zivilen Nutzung des Geländes in einer alten Halle aufgebaut und später mit wachsendem Material- und Transportaufkommen in ein Gewerbegebiet ausgelagert.

Für die »Neue Arbeit« ist das Französische Viertel mit seinen Kooperations- und Kontaktmöglichkeiten ein optimaler Standort, da Arbeitslose integriert werden und nicht unter sich bleiben. Durch die Kontakte bei Bautätigkeiten konnten mehrere ehemalige Arbeitslose vermittelt werden. Synergieeffekte kommen zum Tragen bei der Vergabe von Aufträgen oder beim Geräteverleih. Darüber hinaus entsteht durch die Präsenz im Viertel ein Bewusstsein in der Bevölkerung und wird Laufkundschaft erreicht. Die von der »Neuen Arbeit« getragene Gaststätte bietet preiswerten Mittagstisch an und hat sich zum Ort für Versammlungen und Treffen von Bürgerinitiativen und Baugemeinschaften entwickelt.

Elektrorecycling

Holz+Form: Ausstellungsräume

Handwerk und Design: Holz+Form

Die Schreinerei Holz+Form, 1987 in Reutlingen gegründet, war Mitte der neunziger Jahre mit sieben Mitarbeitern auf der Suche nach neuen größeren Betriebsräumen, um ein breiteres Spektrum im Bereich Innenausbau und hochwertiger Möbel anbieten zu können.

»Wir wollten keine Industriegebietsatmosphäre.« 1996 wurde im Französischen Viertel ein ehemaliges Mannschaftsgebäude mit 2500 m² Gesamtfläche gekauft und umgebaut. Im Erdgeschoss befindet sich eine modern ausgestattete Werkstatt, im Obergeschoss wurden Ausstellungsräume eingerichtet. Neben eigener Produktion werden nun auch Möbelstücke fremder Hersteller vertrieben. Mit einem Küchenstudio erfolgte 2000 eine weitere Ausweitung des Sortiments. Dazu wurden bisher untervermietete Räume zu zusätzlichen Ausstellungsräumen ausgebaut. Der namhafte Anbieter hochwertiger Küchenausstattungen hatte sich explizit für diesen Standort und Kooperationspartner entschieden. Das Dachgeschoss und weitere Teile des Gebäudes sind derzeit noch vermietet und bieten Raumreserven für weiteres Wachstum.

Das alte Gebäude mit den hohen Fenstern ist ein stilvolles Ambiente für die präsentierten Design-Objekte. Das Viertel an sich stellt eine positive emotionale Einstimmung für Kunden dar, die Lage trägt zur Bekanntheit bei. Geschäftliche Kontakte bestehen zu einem benachbarten Holzbetrieb beim Materialeinkauf. Die Fahrzeuge werden von der ansässigen Kfz-Werkstatt gewartet. Darüber hinaus war Holz+Form in mehreren Gebäuden beim Innenausbau tätig. In den Ausstellungsräumen werden Bilder einer benachbarten Künstlerin ausgestellt.

Die Mitarbeiterzahl hat sich seit dem Umzug ins Viertel mehr als verdoppelt. Die Firma ist bei Treffen der Gewerbetreibenden und Stadtteilveranstaltungen aktiv beteiligt. Kritisiert wurde, dass eine Straßenplanung ohne Beteiligung der ansässigen Betriebe erfolgte. Zwei der Geschäftsführer haben selbst Wohnungen im Viertel bezogen. Das Beispiel zeigt, dass der Entwicklungsbereich auch hochkarätigen und großflächigen Nutzungen Raum bietet.

Bewertung und Perspektiven

Die zunehmende Bedeutung weicher Standortfaktoren wie Umfeld und Kontaktmöglichkeiten bietet den Kommunen neue Gestaltungsmöglichkeiten in Bezug auf Wirtschaftsförderung. Betriebswirtschaftliche Anforderungen, gesellschaftliche Rahmenbedingungen und persönliche Bedürfnisse an das Arbeitsumfeld lassen eine neue Nachfrage nach Nutzungsmischung entstehen. Konversionsflächen, insbesondere in innenstadtnaher Lage und mit guter Verkehrsanbindung, bieten gute Chancen zum Aufbau kreativer Milieus für junge und innovative Unternehmen.

In Tübingen ist es auf dem Gelände der ehemaligen Kasernen gelungen, ein Umfeld zu schaffen, das unterschiedlichen Unternehmen und selbstständig Tätigen einen attraktiven Standort bietet. Dabei spielt die Atmosphäre des Viertels für die Betriebe eine wichtige Rolle, ebenso die Möglichkeit, Wohnen und Arbeiten zu verbinden. Viele junge Unternehmen haben einen Standort gefunden, der Anregung bietet, Kontakte und Kooperationen ermöglicht:

- Das Instrument des Städtebaulichen Entwicklungsbereichs, der sparsame Umgang mit Grund und Boden und die Vergabepraxis durch die Stadt ermöglichen vergleichsweise günstige Preise für Gewerbeflächen.
- Soll wirkliche Mischung entstehen, braucht es ein breites Spektrum unterschiedlicher Räumlichkeiten für unterschiedliche Bedürfnisse. Zum Tübinger Konzept gehörte es, für weniger rentable Nutzungen preiswerte Gewerbeflächen bereitzustellen. Zur Unterbringung von Arbeitsstätten mit geringerer Ertragserwartung und von sozialen und kulturellen Einrichtungen wurden Altbauten aus dem Militärbestand erhalten.
- Durch den Selbstbau und Umbau von Gewerberaum entstehen Kontakte und eine hohe Identifikation mit dem Umfeld. Für Betriebe mit dynamischem Bedarf und/oder geringer Kapitalausstattung braucht es ein Angebot an Mietflächen. Das im Städtebaulichen Entwicklungsbereich verwirklichte Konzept der privaten Baugemeinschaften berücksichtigt die Bedürfnisse der Nutzer bezüglich Raumzuschnitt und Ausstattung und bietet vielfältige und flexible Angebote an Gewerbeflächen.
- Möglichkeiten der gemeinsamen Ressourcennutzung in Werkstatt- und Bürogemeinschaften können dazu beitragen, Anfangsinvestitionen und Fixkosten für junge kapitalschwache Unternehmen gering zu halten. Explizit gefördert werden soll Kooperation und Vernetzung in den beiden Innovationszentren.
- Die dichte Bebauung trägt zu niedrigen Grundstückspreisen bei und ist eine Voraussetzung für Urbanität. Allerdings stößt Dichte auch auf Akzeptanzprobleme, die thematisiert werden müssen. Um bei hoher Dichte Aufenthaltsqualität zu ermöglichen, bedarf es eines ansprechenden und nutzbaren öffentlichen Raums. Dazu muss ein entsprechendes Verkehrs- und Parkkonzept durchgesetzt werden, das verkehrliche

Belastungen reduziert. Trotzdem muss den gewerblichen Bedürfnissen bezüglich Liefer- und Geschäftsverkehr Rechnung getragen werden.

Vielfältige Kleinbetriebe bereichern das öffentliche Leben und tragen zum eigenständigen Charakter des Viertels bei. Das Engagement der meisten Betriebe im Entwicklungsbereich – und nicht nur derjenigen, die auf Laufkundschaft ausgerichtet sind – zeigt ein großes Interesse am Standort. Das kreative Potential von Betrieben und Bewohnern bezüglich der Gestaltung ihres Umfelds muss genutzt werden.

»Die Stadt muss nicht alles machen – alle zusammen machen die Stadt.«[18]

Aufwachsen und Lernen im Stadtquartier

Was Kinder und Jugendliche auf der Straße verloren haben

»›Mich nervt, dass die Stadtplaner neue Sportplätze an die Peripherie von Stadtvierteln legen, das ist ein schwachsinniges Konzept‹, schimpfte Professor Hans-Hermann Dickhuth, Sportmediziner an der Universität Tübingen ... bei der Podiumsdiskussion ›Fußball als Element sozialer und kultureller Entwicklung‹ in Tübingen. Unisono plädierten die Experten auf dem Podium für mehr Bolzplätze... . Auch Joachim Löw, 1997 Pokalsieger mit dem VfB Stuttgart, stößt ins gleiche Horn: ›Bei meiner Trainertätigkeit in der Türkei habe ich erlebt, wie Kinder und Jugendliche ständig die Möglichkeit hatten, zu kicken. Das wirkt sich auf die spielerischen Fähigkeiten aus‹«.[19]

Der Verlust geeigneter Milieus für Kinder und Jugendliche ist ein altes Thema der Kritik am modernen Städtebau.[20] Während fortschrittliche Pädagogen schon im 19. Jahrhundert versuchten, die »Kinder von der Straße zu holen«, ist es im zwanzigsten den Stadtplanern endlich gelungen, die Straße im Quartier als Ort von Spiel, Bewegung und sozialem Lernen fast ganz aus ihrem Denken zu entfernen.[21] Die zonierte Stadt schützt vor allem das Leben der berufstätigen Erwachsenen vor jeder Umtriebigkeit, vor jedem Lärm. Ein Stadtquartier ist aber nur dann robust und vital, wenn in ihm Kinder und Jugendliche um die Ecke – und nicht nur innerhalb speziell für sie vorgesehener, pädagogisch gestalteter und betreuter Inseln – Räume zur Entfaltung ihrer Bedürfnisse finden.

Können Kinder und Jugendliche am »normalen« Leben teilhaben, können sie sich Räume erobern und zu eigen machen? Welche Rolle spielen Stadtstrukturen, das Milieu, das eigene Revier und die Aneignung von Räumen für das Aufwachsen von Kindern und Jugendlichen? Dies sind Fragen, die beispielsweise auch in der Diskussion über Jugendgewalt zu kurz kommen. Wenn Frust und Gewalt unter Kindern und Jugendlichen eine Antwort auf Gewaltausübung von Erwachsenen ist, dann gehört zu dieser Gewalt der Erwachsenen auch die Vertreibung der

Kinder von der Straße und ihr planmäßiger Ausschluss aus einem sozial erfahrungsreichen Alltagsleben.

Im Städtebaulichen Rahmenplan vom Dezember 1993 für das Tübinger Südstadtprojekt ist deshalb ein eigener Abschnitt den »Kindern in der Stadt« gewidmet:

»Heute wird vermehrt für eine ›kinderfreundliche‹ Stadt geworben. Das Problem ist aber nicht allein, dass auf die Probleme von Kindern (oder etwa von Frauen, von Alleinerziehenden usw.) nicht genügend Rücksicht genommen wird, sondern dass vor allem der derzeitige Städtebau das Zusammenleben der verschiedenen Gruppen weitgehend verhindert.

Die Aufenthaltsfunktion des öffentlichen Straßenraums ist so auszubilden, dass sie für Kinder ein abwechslungsreiches Betätigungsfeld bietet, auf dem sie spielen, sich treffen, alltägliche Erfahrungen machen können ...

Die Orientierung von Wohnungen und Arbeitsstätten auf die Straße trägt dazu bei, dass Kinder sich auf der Straße weitgehend ungefährdet aufhalten können.

Innerhalb des Stadtquartiers sollen für Kinder verschiedener Altersstufen, für Kinder verschiedener Neigungen und Fähigkeiten, für Mädchen wie für Jungen vielfältige Möglichkeiten vorhanden sein, sich zu treffen, sich zurückzuziehen, eigene Bezugsfelder und eigene Räume zu finden...

Kinder auf der Straße

Stadtkultur wird auch durch Kinder geprägt. Kinder haben ihren eigenen Anteil an der Stadtkultur. Schülerhorte, Jugendräume, Mädchentreffs, Spiel- und Sportgelegenheiten für die Kinder sollen im Stadtgefüge so angelegt sein, dass sie die unterschiedlichen sozialen Gruppen und Generationen sowie die Lebensbereiche (Wohnen, Arbeiten, Freizeit, Bildung) eher zusammenführen als trennen«.[22]

Diese allgemeinen Grundsätze wurden später durch einen interdisziplinären Workshop vertieft. Das Ergebnis wurde als »Tübinger Erklärung« veröffentlicht.

Tübinger Erklärung »Kinder brauchen Stadt«

1. Mit der überwiegend am wirtschaftlichen Erfolg ausgerichteten Modernisierung der vergangenen Jahrzehnte haben Kinder und Jugendliche den wichtigen Erfahrungsraum »Straße« verloren. Kinder von der Straße zu holen, ist nach wie vor für viele ein erklärtes Ziel. Das städtische Viertel mit dem öffentlichen Raum der Straße und der angrenzenden Vielfalt des Wirtschaftens und Wohnens bietet aber ein Modell des Zusammenlebens, das sich dort, wo es bis heute überlebt hat, als äußerst vital und anpassungsfähig erweist.
2. Raum in der Stadt ist erst dann öffentlicher Raum, wenn er Kinder und Jugendliche, deren erwerbstätige oder nicht erwerbstätige Eltern, alte Menschen, Kranke und Behinderte, Menschen verschiedener kultureller Herkunft und Menschen von verschiedenem sozialen Status zumindest zeitweise zusammenzuführen vermag. Kinder und Jugendliche brauchen neben Schule und Familie den leichten Zugang zur Wirklichkeit eines lebendigen Stadtquartiers, in dem sie Formen des Zusammenlebens unter Menschen, die sich nicht gegenseitig verpflichtet sind, erfahren und auch selbst erproben: z. B. Verantwortung, Einfühlungsvermögen, Zuwendung, das Leben mit Konflikten.
3. Die moderne Wohnsiedlung, die heute den Alltag der meisten Kinder und Jugendlichen prägt, kommt deren Bedürfnissen fast gar nicht nach: Spielstraßen, Kinderhäuser, Schulen und Jugendtreffs sind ohne Anschluss an die Welt des Arbeitens und Wirtschaftens nicht in der Lage, die Neugier, die Lust auf Selbstdarstellung und die Freude am eigenen Tätigsein zu befriedigen.

Weder die gängigen Konzepte des Städtebaus noch die Verfahren der ressortspezifischen Fachplanungen berücksichtigen ernsthaft die Bedürfnisse der nachwachsenden Generation. Dies stellt nicht nur eine Rücksichtslosigkeit gegenüber den Kindern und Jugendlichen dar, es führt wahrscheinlich die Zivilgesellschaft in eine verhängnisvolle Sackgasse.

4. Kinder in den öffentlichen Außen- und Innenräumen einer Stadt brauchen die Möglichkeit, immer wieder in Kontakt mit ihren Familienangehörigen zu treten, aber ebenso die Möglichkeit, sehr schnell in ihre – das heißt von ihnen auch gestaltbare – öffentliche Welt zurückzukehren. In diesem Sinne sind große Straßen mit Durchgangsverkehr kein öffentlicher Raum für Kinder. Spielplätze und Spielstraßen dürfen keine

zoologischen Gärten für kleine menschliche Lebewesen abseits der Öffentlichkeit sein. Notwendig ist eine Verbindung zwischen Wohnen, autofreien Plätzen, kleinen wirtschaftlichen Betrieben und Straßen mit nichtbedrohlichem Verkehr.

5. Jugendliche brauchen »annehmbare« Treffpunkte: Plätze, Brunnen, Treppen, Plastiken, Ecken und Nischen. Sie brauchen ferner mitgestaltbare Konsum- und Kulturangebote, z. B. Eisdielen, Cafés, Reparaturwerkstätten. Sie sollten auch unverbindlichen orientierenden Zugang zu Arbeitsstätten und beruflichen Ausbildungsstätten haben.

6. Jede Entscheidung in der Stadt, ob politisch, wirtschaftlich oder stadtplanerisch hat Auswirkungen auf das Wohlbefinden von Kindern und Jugendlichen; dies erfordert intensivstes Nachdenken und öffentliche Auseinandersetzung. Deshalb müssen sich auch Städtebau, Jugendhilfe und Pädagogik schleunigst von dem Ideal perfekter aber segmentierender Lösungen freimachen.

7. In einer Welt, die sich durch neue Telemedien geradezu explosiv erweitert, ist die Gesellschaft auf den Stadtteil als Fixpunkt des Austauschs und der unmittelbaren Auseinandersetzung mehr denn je angewiesen. Politik für Kinder und Jugendliche muss daher die Stadt und den öffentlichen Raum neu entdecken. Dies muss als gemeinsames Projekt von Politik, Planung, Verwaltung und Bürgern begriffen werden; davon profitieren letztlich alle Stadtbürgerinnen und Stadtbürger.

Die heutigen Erfahrungen von Kindern und Jugendlichen werden über die Zukunft der Stadt entscheiden.

Christian Achnitz, Umweltpsychologe, Tübingen/ Johannes Beck, Prof. Dr., Universität Bremen, FB Pädagogik/ Alfred Brennert, Sozialamt, Stadt Tübingen/ Christa Burghardt, Deutscher Kinderschutzbund, Hagen/ Suzanne Crowhurst Lennard, Prof. Dr., und Henry L. Lennard, Prof. Dr., Making Cities Livable Conferences, Carmel, California/ Reinmar du Bois, Prof. Dr., Universität Tübingen, Abtl. Kinder- und Jugendpsychiatrie/ Andreas Feldtkeller, Stadtsanierungsamt, Stadt Tübingen/ Anne Frommann, Dr., Erziehungswissenschaftlerin, Tübingen/ Peter Kürner, Deutscher Kinderschutzbund, Wuppertal/ Aldo Legnaro, Dr., Sozialwissenschaftler, Köln/ Peter Novak, Prof. Dr. Dr., Universität Ulm, FB Medizinsoziologie/ Jochen Schulz zur Wiesch, Prof. Dr., Fachhochschule für Verwaltung und Recht, Berlin/ Uta Schwarz-Österreicher, Sozialamt, Stadt Tübingen/ Gabriele Steffen, Erste Bürgermeisterin, Stadt Tübingen/ Gerda Zill, Wohnbund Frankfurt.

Wie weit das Tübinger Südstadtprojekt der in der Tübinger Erklärung proklamierten Zukunft entsprechen wird, muss sich zeigen, wenn in den ersten Bauabschnitten die öffentlichen Räume aus dem Stadium der Baustelle hinausgekommen sind. Dabei ist nicht das autofreie Gebiet die angestrebte Lösung, sondern eine relativ engmaschige Mischung aus Freiräumen unterschiedlicher Qualität.

Bereits jetzt ist festzustellen, dass zu den in den Entwicklungsbereich neu Hinzuziehenden auch ein großer Anteil an Haushalten mit Kindern gehört – wie sonst bei Neubaugebieten »im Grünen«. Durch die Vielfalt an Wohnformen und Nutzungen wird freilich die für übliche Neubaugebiete typische Homogenität vermieden, die spätestens dann zu erkennbaren Problemen führt, wenn diese Gebiete gleichsam *en bloc* altern. Viele der Haushalte mit Kindern schätzen in dem gemischten Stadtquartier gerade die Erfahrungsvielfalt und Lebendigkeit – man muss keine Sorge haben, wenn die Kinder einmal Lärm machen, und die Kinder brauchen keine dauernde Aufsicht oder Betreuung. Jedenfalls widerlegen diese Erfahrungen die verbreitete Behauptung, der Auszug von Familien mit Kindern aus der Stadt sei unaufhaltsam, und von diesen werde ohnehin nur das ruhige Wohnen im Grünen akzeptiert.

Schulkonzepte im Quartier

Die Schule, gerade die Grundschule, wird heute in der Siedlungsplanung als »Wohnfolgeeinrichtung« betrachtet; dabei ist sie eher eine »Wohnvoraussetzung«: Junge Familien, die für ihre Kinder »nur das Beste wollen«, machen ihre Entscheidung, in einem Stadtteil zu bleiben oder gar neu dorthin zu ziehen, immer mehr von der Qualität der dortigen Schule abhängig. Dies bekommen Schulen in benachteiligten Quartieren, die sich um eine Aufwärtsentwicklung bemühen (siehe das Programm »Soziale Stadt«), mit aller Härte zu spüren. Eine Grundschule, in der nicht selten 40 oder sogar 50 % der Kinder aus zugewanderten Familien stammen, scheint für die erfolgreiche Laufbahn eines Kindes nicht die richtigen Voraussetzungen zu bieten. Auch Migrantenfamilien versuchen neuerdings, einer Schule mit einem zu hohen Ausländeranteil auszuweichen. Durch die Abwanderung der Kinder Bessergestellter verändert sich die soziale Zusammensetzung – als sich selbst verstärkende Entwicklung – weiter. Auch in Tübingen mit seinem eher durchschnittlichen Ausländeranteil unterscheiden sich in den Grundschulen die Anteile ausländischer Kinder so erheblich (zwischen 8 % und 40 %, ohne die Kinder von Aussiedlern), dass auch hier Familien die Standortfrage von der Schulsituation abhängig machen.

Die Grundschule ist die zentrale Integrationsinstanz eines Stadtteils für die heranwachsenden Kinder. Anders als beim Kindergarten ist ihr Besuch für alle verpflichtend und kostenlos. Als einzige Gesamtschule unseres Schulsystems versammelt sie alle Kinder ungeachtet ihrer sozialen und ethnischen Herkunft (sofern sie nicht in Förderschulen ausgesondert, auf Umwegen in einem anderen Schulbezirk angemeldet werden oder in eine Privatschule gehen). Kinder machen hier ihre grundlegenden und gemeinsamen Lernerfahrungen.

Mit dem Verständnis von »Schule als Lebensraum« wird Schule oft zum Ersatz für das (fehlende) Stadtquartier. Die Alternative ist die Schule im Quartier.

Für die Südstadtplanung stand von Beginn an fest: Hier sollen gute, ansteckende Stadtteilschulen entstehen. Zur Frage der künftigen Schullandschaft lud die Erste Bürgermeisterin zu mehreren öffentlichen Veranstaltungen ein, aus denen eine Arbeitsgruppe »Schulplanung Südstadt« hervorging. Zunächst ging es um Standortfragen, bei denen sich der Grundsatz Umbau vor Neubau durchsetzte. Die bisherige (in den fünfziger Jahren gebaute) französische Schule sollte zur Grundschule für die Kinder des Quartiers werden. Gemeinsam mit der Schule entschied sich die Stadt für den sofortigen Einzug in die Schule unter noch provisorischen Bedingungen und für eine stufenweise Renovierung. Nach einer vorläufigen Instandsetzung in den Sommerferien zogen die ersten Klassen zu Beginn des Schuljahrs 1991/1992 ein. Der Anfang war wenig ermutigend: Es gab böse Leserbriefe, die Zeitung sprach davon, dass hier sechs Klassen »hausen«.

Französische Schule
Mittlerweile hat sich das Blatt gewendet, und die Französische Schule – diesen Namen hat sie bewusst beibehalten – ist zu einer weit über den Stadtteil hinaus begehrten Adresse geworden.

Denn die Schulplanung begnügte sich nicht mit der rein zahlenmäßigen Versorgung. Von Beginn an ging es ebenso um eine besondere Qualität der Schulen. In den Arbeitsgruppen – Primarschule, Sekundarschule – fanden sich begeisterte Lehrer/innen, Wissenschaftler und Eltern zusammen, die endlich eine gute Schule planen und auch realisieren wollten. Dies geschah unter schwierigen Bedingungen: Im Einzugsbereich der Französischen Schule leben im Vergleich zum gesamtstädtischen Durchschnitt

- dreimal so viele Alleinerziehende mit bis zu fünf Kindern,
- viermal so viele Bewohner ohne deutschen Pass,
- das Dreieinhalbfache an Sozialhilfeempfängern,
- neunmal mehr Wohngeldempfänger,
- die meisten Kinder pro Quadratmeter in Tübingen,
- insgesamt dreißig ethnisch, kulturell, religiös verschiedene Gruppen.

Schulträger und Schulverwaltung förderten das Grundschulprojekt (ohne förmlichen Modellversuch) vor allem durch weitgehende Ausschöpfung von Freiräumen – bei der Nutzung der Räume, der finanziellen Ressourcen, der Auswahl von Kollegium und Rektor, durch Unterstützung für das Konzept und durch Wahlmöglichkeiten zwischen unterschiedlichen pädagogischen Optionen. Die Französische Schule wurde zur ersten staatlichen Grundschule in Baden-Württemberg, in der die Kinder der Klassen 1 bis 3 durchgängig in jahrgangsübergreifenden Lerngruppen unterrichtet werden, wobei sogar ein flexibler Schulanfang möglich ist. Weitere Bausteine des Schulkonzepts sind das über die Schulstunden hinausreichende halb- bis ganztägige Angebot (zu dem auch ein von Eltern gestalteter Schülerkreis gehört), das vielfältige Schulleben, reformpädagogische Grundsätze wie Freie Arbeit, Wochenplan, Werkstattunterricht, Kreisgespräch, das Lernen mit allen Sinnen, die praktische Arbeit mit Drucken und Computer, die aktive Mitwirkung der Eltern, die Lernwerkstatt für Erwachsene und das selbst gestaltete Schulgelände, zu dem auch Schafe und Ziegen gehören, die von den Kindern betreut werden.

Was aus dem Konzept der Französischen Schule geworden ist, macht ein Auszug aus der Informationsbroschüre für Eltern deutlich.[23]

Pädagogische Leitideen

Die Französische Schule möchte ein Ort sein, an dem Kinder und Erwachsene gerne leben, lehren und lernen. Insofern soll die Französische Schule auch mehr als Unterricht bieten. Ihre Konzeption ist deshalb überschrieben mit den Stichworten Lernen – Erfahren – Entdecken. Damit wollen wir zum Ausdruck bringen, dass der Unterricht an unserer Schule in starkem Maße von den Kindern getragen und gestaltet wird. Sie sind die entscheidenden Mitarchitekten ihres Lern- und Entwicklungsprozesses. Deshalb haben die Formen der Freien Arbeit, des Werkstattunterrichts und des Projektlernens einen hohen Stellenwert ...

Besonders wichtig ist uns die Erziehung zur Selbständigkeit und Selbstverantwortung. Wir möchten das Selbstbewusstsein der Kinder stärken und ihnen erfahrbar machen, dass sie etwas können und etwas leisten. Das Lernen durch Freie Arbeit, am Wochenplan und durch fächerübergreifendes Arbeiten soll ihnen dies ermöglichen. Dies alles wird umgesetzt in jahrgangsübergreifenden Lerngruppen. Dabei will die Französische Schule bewusst die Lebensräume und das Wohnumfeld für die Kinder als Lernräume miteinbeziehen. Allen, die im Umfeld der Französischen Schule arbeiten, ist klar, dass die Eltern die wichtigsten Partner sind, die in vielen Bereichen gleichberechtigt das Schulleben mitgestalten.

Jahrgangsübergreifendes Lernen

In unserer Schule werden Kinder in jahrgangsgemischten Lerngruppen unterrichtet. In jeder Lerngruppe sind Kinder, die die erste, zweite oder dritte Jahrgangsstufe besuchen. (Zur Zeit besuchen die Kinder im vierten Schuljahr eine Jahrgangsklasse.) Bei der Zusammenstellung der Lerngruppen achten wir auf eine ausgewogene Mischung von Mädchen und Jungen, von Kindern unterschiedlicher Herkunft, Begabung und Temperament. Wichtig sind uns auch die sozialen Bezüge außerhalb der Schule; wir pflegen deshalb intensive Kontakte mit vor- und außerschulischen Betreuungseinrichtungen (Kindergärten, Kindertagesstätten, Kinderläden und Schülerhorte). Am Anfang eines neuen Schuljahrs wechseln innerhalb der Lerngruppe die Drittklässler über in die Klasse vier, Zweitklässler werden Drittklässler, Erstklässler werden Zweitklässler und ein Drittel der Klasse sind Schulanfänger. Jedes Kind gehört also einmal zu den Jüngsten, Mittleren und Ältesten. Gerade dieser Wechsel in der Lerngruppe macht vielerlei soziale Lernprozesse möglich: Helfen und sich helfen lassen, zuschauen, zuhören, miteinander arbeiten, lernen und spielen.

Schule im Stadtteil

Im Wohnquartier Südstadt wird die Schule einen neuen Stellenwert erhalten. Die Schule will die Lebensräume des Stadtteils als Lernräume begreifen und deren Bewohnerinnen immer wieder in Anspruch nehmen, z. B. als Zeitzeuginnen im Stadtteil, als Handwerker und Künstler, als Bauarbeiter oder als Angestellte in Ämtern. Umgekehrt will die Französische Schule auch erkunden, welche Aufgaben im Stadtteil verantwortlich übernommen werden können, z. B. Einkaufen für Seniorinnen, Vorlesen oder Vorlesenlassen, Kurzbetreuung von Kleinkindern, Gartenarbeit usw. Längerfristig möchte die

Französische Schule für die Bevölkerung des Stadtteils generationsübergreifender Treffpunkt und Kommunikationsraum werden. Sie soll den Eltern und den Einrichtungen im Stadtteil die Möglichkeit geben, unterschiedliche Angebote unter ihrem Dach zu vereinen. Wir streben Zusammenarbeit mit folgenden Einrichtungen/Initiativen an: Vereine und Arbeitskreise/Vor- und außerschulische Betreuungseinrichtungen/Künstlerinnen und Künstler, Theater, Musikgruppen/Kirchen und Verbände/Ausländische Kulturarbeit/Betreuungsstellen für Ausländerinnen und Ausländer/Handwerksbetriebe und Firmen/Volkshochschule und ihre Druckerei/Gesprächskreis für Eltern/Erziehungsberatungsstellen/kommunale Einrichtungen.

Konzept geblieben: die jugendtaugliche Schule

Aus der »Sekundarschulgruppe« entstand ein bemerkenswertes Konzept für eine »jugendtaugliche« Schule als Alternative zur Hauptschule als »Restschule«: Eine Sekundarschule für Jugendliche, »die bislang eher zu den Verlierern der gesellschaftlichen Modernisierungsprozesse, auch der Schulreformen, zu zählen sind. Für sie werden *schulartenübergreifende Bildungsgänge* geschaffen, die vor allem zwei Zielsetzungen haben: (1) Besser als bislang wollen wir diesen Jugendlichen den Zugang zum Beschäftigungssystem im unteren und mittleren Qualifikationsbereich sichern; und wir suchen (2) nach Mitteln und Wegen, die jungen Leute zu ermutigen und zu befähigen, ihr Leben als Grenzgänger zwischen Herkunftsmilieu und bürgerlicher Zivilisation selbstverantwortlich und befriedigend nach ihren Vorstellungen zu gestalten.«[24] Das Konzept wurde publiziert, auch von der Wirtschaft gelobt, viel beachtet und diskutiert. Dennoch blieb es Konzept. Offensichtlich griff es zu sehr in die Strukturen und in herkömmliche Zuständigkeiten (der Schularten und ihrer Verwaltungen) ein. Auch die gedachten Abnehmer, die Handwerker, ließen wissen, man gehe heute zunehmend zur Einstellung von Schulabgängern mit höheren Abschlüssen über – deprimierende Aussichten für diejenigen, die nicht zu diesen Begünstigten gehören.

Die Hauptschule, um die es bei diesem Konzept ging, hat sich nun in Richtung einer Werkreal- und Ganztagsschule weiter entwickelt. Andererseits ist aus der Französischen Schule heraus eine neue Sekundarschul-Arbeitsgruppe entstanden, die sich darüber Gedanken macht, wie die in dieser Grundschule angelegten Prinzipien in die weiterführenden Schulen hinein weiter verfolgt werden können.

Eine differenzierte Schullandschaft im Stadtteil

Um der vorhandenen Hauptschule die notwendige Erweiterung zu ermöglichen, wurde die bisher mit ihr verbundene Grundschule in eigene neue Räume ausgelagert. Das Neue daran: Die Schule – im Westteil des Entwicklungsbereichs – befindet sich in einem gemischt genutzten

Neubau, den sie mit Wohnungen und Gewerberäumen teilt. So wird Nutzungsmischung und damit eine Vielfalt von Erfahrungen für alle Seiten alltäglich konkret. Auch die schon früher in der östlichen Südstadt ansässige Grundschule hat ihr Angebot weiter entwickelt. So gibt es in einem Stadtteil Grundschulen mit unterschiedlichem Profil. Werden die Einzugsbereiche freier gehandhabt, haben die Eltern die Wahl zwischen unterschiedlichen pädagogischen Optionen und müssen die Kinder dennoch nicht aus ihrem vertrauten Quartiersmilieu hinaus transportieren. Dies ist nur in dicht besiedelten, kompakten Stadtstrukturen mit ihren kurzen Wegen möglich.

Ein lernender Stadtteil

»Lebenslanges Lernen für alle« – was man in der Industriegesellschaft noch als Forderung enthusiastischer Erwachsenenbildner bezeichnen konnte, ist in der grenzenlosen Wissens- und Industriegesellschaft zu einer Überlebensvoraussetzung geworden. Die einzelnen und die Gesellschaft müssen in einem immer stärker beschleunigten Tempo mit Neuem fertig werden. Immer mehr Menschen stehen vor dem gesellschaftlichen Ausschluss, wenn sowohl Erwerbs- als auch Lernmöglichkeiten nur den ohnehin Qualifizierten zur Verfügung stehen. Weitgehend Einigkeit besteht darin, dass Lebenslanges Lernen nicht einfach als Verlängerung des staatlich organisierten und schulisch institutionalisierten Lernens zu denken ist. Kaum diskutiert wird dabei freilich die Frage, ob es räumlich-städtebauliche Voraussetzungen gibt, die Lernen fördern oder andererseits behindern. Dabei sind Stadt und Lernen bzw. Schule von ihren Anfängen an immer eng mit einander verbunden gewesen. Im Zusammenhang mit der städtebaulichen Zonierung wurden Bildungseinrichtungen und damit das Lernen immer stärker aus der Stadt heraus in gesonderte Bereiche verlagert, die kaum noch räumlichen, sozialen und kulturellen Kontakt zu anderen Nutzungen und zur Stadt insgesamt haben.

Wie kommt man überhaupt – ganz konkret – zum Lernen? Wo außer in der Medienwelt finden Menschen überhaupt Stoff für ihr Interesse, ihre Neugier? Es geht dabei um Kontakte zwischen Bildungseinrichtungen und Stadt/teil: durch *Zugänglichkeit* an allgemein benutzten Wegen, so dass viele im Zuge alltäglicher Erledigungen dort vorbeikommen; durch neugierig machende *Einblicke*; durch *Öffnung* für die Bedürfnisse und Aktivitäten des Stadtteils; durch konkret wahrnehmbaren *Nutzen* und Engagement für das Städtische und Aufmerksamkeit für neue Synergien zwischen Wirtschaften und Lernen.

Man kann den ganzen Stadtteil als Lern-Netzwerk verstehen: angefangen vom beiläufigen Lernen im öffentlichen Raum bis hin zu bisher unentdeckten Lernorten (von der Werkstatt bis zum Polizeiposten), neuen Zeiten für das Lernen, neuen Lernsituationen (die die gewohnten Lehrer-Schüler-Verhältnisse umkehren), neuen Wegen zum Lernen.

Als lernfördernd können solche Stadtstrukturen angesehen werden, die eine möglichst große Vielfalt an Aktivitäten, Nutzungen, Einblicken, Erfahrungen, leibhaftigen Kontakten hervorbringen, »kurze Wege« zu ganz unterschiedlichen zugänglichen Lernangeboten haben; Strukturen, die Austausch und Auseinandersetzung ermöglichen, Geschichte und Zukunft, Privates und Öffentlichkeit, Arbeiten und Lernen zusammenbringen, auch Konflikte aushalten und immer wieder umgebaut werden können. Lernhinderlich sind dagegen solche Strukturen, die die einzelnen Nutzungen und Funktionen räumlich segregieren, das Erreichen unterschiedlicher (Lern-)Orte vom Zurücklegen langer Wege abhängig machen, nur jeweils auf einen Zweck und auf Zugehörige beschränkte Kontakte und Erfahrungen ermöglichen und als schwerfällige, unflexible Monostrukturen kaum geeignet sind, sich aneignen, verändern und damit auch neuen Anforderungen anpassen zu lassen.[25]

Die »neue Südstadt« war nicht explizit als »lernender Stadtteil« konzipiert. Dennoch lässt sich das Entstandene (s. »Nutzungsmischung im Aufbau«, S. 58/59) auch als »Lernstadtplan« lesen, der ganz unterschiedliche organisierte und beiläufige Lernmöglichkeiten bietet. Durch die Nutzungsmischung sind auf engem Raum vielfältige private und öffentliche Lernangebote entstanden. Ein innovatives Lern-, Kommunikations- und Kooperationsmilieu im Stadtteil[26] ist auch für die Stadtteilökonomie von größter Bedeutung.

Ein Kristallisationspunkt dabei ist die Volkshochschule, die ihren Sitz vom Stadtzentrum in ein umgebautes Mannschaftsgebäude im neuen Quartier verlegt und dabei Raum gewonnen hat. Als wichtige gesamtstädtische Einrichtung bringt sie ein breites Publikum ins Quartier. Auch für den Stadtteil hat sie durch eine enge Kooperation mit benachbarten Einrichtungen eine wichtige Funktion als Partner oder gar Motor für viele Entwicklungen (Weiterbildungsbörse, Lernfeste).

Resonanz und Ausblick

Hier soll keine Erfolgsgeschichte erzählt werden. Deswegen sei darauf hingewiesen, dass die Resonanz auf das Südstadtprojekt durchaus gespalten ist. In der Tübinger Öffentlichkeit wurde das Projekt von Beginn an lebhaft diskutiert. Anfangs – als es um die Verteilung der Liegenschaften ging und die unterschiedlichen staatlichen und kommunalen Stellen ihre Flächen- und Gebäudeansprüche anmeldeten – wurde von »Südstadtpoker« gesprochen und die Furcht geäußert, die Stadt ließe sich »über den Tisch ziehen«. Die inhaltlichen Ziele, insbesondere das der vorgesehenen Nutzungsmischung, und die Ausweisung des Städtebaulichen Entwicklungsbereichs fanden dann über die sonst bestimmenden politischen Grenzen hinaus breite Zustimmung. Natürlich gab es auch verbreitete Skepsis, ob die Grundstücke wirklich zum entwicklungsunabhängigen Wert zu erwerben sein würden, ob sich für die neugeordneten Baugrundstücke unter den festgelegten Rahmenbedingungen überhaupt Käufer finden lassen und ob sich in den geplanten Mischgebieten überhaupt Betriebe ansiedeln würden. Strittig blieben auch später die Preise für die neuen Baugrundstücke, der Erhalt einzelner Altbauten, das Parkierungskonzept und die von manchen (wie bei keinem Neubauprojekt zuvor) erhobene Forderung, das Projekt müsse sich vollständig selbst finanzieren. Eher von sozialpädagogischer Seite wurde von der Südstadt als sozialem Brennpunkt gesprochen. Dabei stößt vor allem die Dichte der Bebauung auf Kritik. In diesem Zusammenhang spielt sicher eine Rolle, dass dieses Thema im Städtebau viel zu oft unter der Überschrift »Nachverdichtung« und nicht im Blick auf städtische Qualitäten diskutiert wird.

Befürworter und Pioniere fanden sich sehr bald bei all denen, die – aus unterschiedlichen Beweggründen – in der Idee vom neuen städtischen Quartier Freiräume der Stadtentwicklung sahen, die in den vergangenen Jahrzehnten zu kurz gekommen waren. Große Zurückhaltung, teils ausdrückliche Gegnerschaft gab es etwa von seiten der Wirtschaftsverbände und der Banken. Auch von der kommunalen Wirtschaftsförderung fand das Projekt keine nennenswerte Unterstützung.

Die Lokalzeitung (Schwäbisches Tagblatt) berichtete laufend ausführlich und kompetent. Mit ihrer Berichterstattung, den Kommentaren und Hintergrundinformationen sowie der breiten Diskussion in Leserbriefen spielte sie eine unschätzbare Rolle als Informationsinstanz.

Die Strukturen von Verwaltung und Politik erwiesen sich als sehr zweckmäßig: Das Management durch das Stadtsanierungsamt mit seinem kleinen Team, die fach- und dezernatsübergreifende Zusammenarbeit in der Verwaltung sowie der (auf Antrag aus dem Gemeinderat) eingerichtete gemeinderätliche Südstadtausschuss, der fachübergreifend alle Zuständigkeiten für das Gebiet bündelt, sich immer wieder vor Ort kundig macht und sich durch bemerkenswerte Identifikation und Kompetenz auszeichnet.

Obwohl die Südstadtentwicklung auch Menschen als Bewohner, Kunden und Besucher in diesen Stadtteil gebracht hat, welche die unsichtbare Grenze bis dahin nie überschritten hatten, ist die Südstadt nach wie vor für manche – etwa aus den gehobenen Wohnlagen der Nordstadt – ein weitgehend unbekanntes, vielleicht auch misstrauisch beäugtes Terrain. Für andere ist sie der »In-Stadtteil«, das spannendste Projekt überhaupt; sie würden nirgendwo anders mehr wohnen oder arbeiten wollen. In der Tübinger Stadtentwicklung hat das Projekt bisher keine Auswirkungen auf andere Planungen gehabt.

Von außerhalb ist das Interesse groß. Fast alle großen überregionalen Zeitungen und Zeitschriften (kaum dagegen Architektur-/Städtebauzeitschriften) berichteten ausführlich und differenziert darüber.

Manchmal wird das Projekt romantisch verklärt (die Idylle des Ungeplanten, das schwäbische *Greenwich Village*). Manche Berichte über die modellhafte »Wohnsiedlung« (teilweise mit dem Prädikat »autofrei«) machen deutlich, wie schwierig es ist, ein Projekt, das übliche Grenzen (zwischen Zuständigkeiten, Verwaltung und Bürger/innen, Disziplinen) überschreitet und auch politisch nicht einzusortieren und zu vereinnahmen ist, nicht nur zu entwickeln, sondern auch inhaltlich zu vermitteln. Viele Fachleute (z. B. Architekten, Sozialpädagogen, Experten für Kinderfreundlichkeit, Frauengerechtigkeit, für die sportgerechte, die autofreie oder die ökologische Stadt) sehen ihre Vorstellungen zu wenig in Reinkultur verwirklicht. Interesse und Sympathie gibt es vor allem bei denjenigen, die ganz konkrete Fragen haben (Wie funktionieren Baugemeinschaften? Wie kann eine Verwaltung Bürgeraktivität unterstützen?) oder sich fachübergreifend mit Fragen neuer städtischer Strukturen und städtebaulicher Innovationen auseinandersetzen. So ist die Südstadt zum beliebten Ort für Exkursionen geworden. Großes Interesse gibt es etwa bei Stadtentwicklern der Großstädte (Thema Stadtrandwanderung), bei Bürgerinitiativen und Agenda 21-Gruppen (Thema Nachhaltigkeit der Stadtentwicklung versus kurzfristige Verwertungsinteressen, Rollen/Kooperationen von Verwaltung und Initiativen). Das Wirtschaftsministerium Baden-Württemberg präsentierte in einer Broschüre das Tübinger Modell der Bauherrengemeinschaften. Ein Berater des damaligen US-Vizepräsidenten Al Gore, der im Vorfeld seiner Präsidentschaftskandidatur eine *livability agenda* herausgebracht hat – dazu gehört der Kampf gegen den *urban sprawl* und ein entschiedenes Votum für eine Entwicklung auf *brownfields* (also Stadtbrachen) statt auf *greenfields*, der grünen Wiese – machte sich höchst interessiert vor Ort kundig.

In den vergangenen Jahren hat sich auch anderswo die städtebauliche Rhetorik verändert: Überall wird von vitalen, nutzungsgemischten, urbanen Stadtteilen der kurzen Wege gesprochen (und wenn es auch nur die kurzen Wege bis zum Parkplatz sind). Insbesondere die Ansiedlung von Stadtteilökonomie ist jedoch noch nicht viel vorangekommen. Das Tübinger Projekt zeigt, dass es auch heute noch möglich ist, gemischte Stadtstrukturen und die Voraussetzungen für ein lebendiges Stadtquartier zu schaffen – wenn man es will.

Es bleibt die Frage, ob das Projekt, das gerade neue städtische Zusammenhänge schaffen will, selbst zu einer Insel wird. Bilden die Bewohner im Entwicklungsbereich schon wegen ihrer möglicherweise abweichenden Schichtzugehörigkeit eine segregierte Insel innerhalb der sonst sozial sehr gemischten Südstadt? Diese Frage kann man nachhaltig verneinen: Zum einen gibt es bei diesen Bewohnern keine einheitliche Schichtzugehörigkeit, zum anderen verhindert vor allem die funktionale Vielfalt jede Inselbildung.

Eine Inselbildung kann allerdings auf Dauer entstehen, wenn wichtige Teile des Gesamtprojekts auf der Strecke bleiben, etwa weil die Verlagerung der B 27 aus der Stuttgarter Straße noch zu lange auf sich warten lässt und dadurch die Absicht der Stadt erschwert wird, im Bereich der Königsberger Straße (Garnisonswohnungen mit erheblichen Lärmbelästigungen durch die Bundesstraße, derzeit überwiegend mit Mietern belegt, die in der Stadt keine anderen Wohnungen finden) einen größeren Abwechslungsreichtum in den Wohn- und Eigentumsformen sowie ein zusätzliches Angebot an Gewerberaum zu schaffen.

Sehr früh gab es Pläne, die nach einer Seite hin offenen Blöcke dort durch eine Neubebauung zu schließen, um zügig sowohl die soziale Vielfalt als auch die Qualität der unbefriedigenden Freiflächen zu verbessern. Diese Planungen wurden nach großem Widerstand der neuen Bewohner erst einmal zurückgestellt. (Auch die bis vor kurzem noch selbst Wohnungssuchenden verteidigten die »gewachsenen Strukturen«). Deswegen ist dort auch bisher kein kleinräumiges soziales Mosaik entstanden; der in einem der Wohnblocks eingerichtete ökumenische Kindergarten mit seinem sehr hohen Anteil an Zugewanderten leidet unter Abwanderung.

Auch insgesamt sind – so augenfällig es ist, dass es sich um ein im Aufbau befindliches Quartier handelt – Veränderungen nicht immer willkommen, zumal die provisorischen Nutzungen (bis hin zur Asylbewerberunterkunft) den Charme eines Bio- oder besser Soziotops entwickelt hatten. Während die neuen Bewohner der »ersten Stunde« (als Nutzer von Altbauten) und die ersten Bauherren bzw. neuen Mieter sich zu einem guten Teil noch als Pioniere verstehen, sich teils engagiert an der Entwicklung des Stadtteils beteiligen und das zugrunde liegende Konzept kennen (und im besten Falle teilen), wird bei den später unter »normaleren« Verhältnissen Zuziehenden die Frage sein, wie weit sie bereit sind, nicht nur die Qualitäten, sondern auch die Zumutungen dieses Stadtviertels mit zu tragen.

Auch dazu noch einmal: Probleme in unseren Städten werden meist nur in den Stadtteilen gesehen, wo noch eine relativ ausgeprägte Mischung unterschiedlicher Gruppen vorhanden ist. Völlig aus dem Blick bei der »Krise der Städte« bleiben jene Gebiete, in denen Segregation als Normalität in großem Maßstab herrscht (mit gravierenden Folgen für den Rest der Stadt): nämlich dort, wo die Stadtplanung den wirtschaftlich Gutsituierten passende Reservate einrichtet, in denen andere Gruppen (nicht nur wegen der entstehenden hohen Grundstücks- und oft auch Mobilitätskosten!) keinen Platz finden.

Am häufigsten ist der Vorwurf zu hören, dies sei ein »radikales« Projekt, das »nur in Tübingen möglich« und »überhaupt nicht übertragbar« sei. Natürlich soll auch diese Darstellung nicht einfach als Kopiervorlage dienen. Sie kann aber vielleicht eine Ermutigung sein:

- zu einer neuen Stadtentwicklungsstrategie, die das Feld nicht der Initiative von Großinvestoren oder den Fachspezialisten überlässt, sondern klare städtische Ziele formuliert, das Wesentliche regelt und ansonsten Freiräume für das Engagement vieler schafft; einer Stadtplanung, die sich um den Zusammenhang stadtstruktureller und sozialer Verhältnisse nicht erst dann kümmert, wenn die »Abwärtsspirale« bereits begonnen hat;
- zu einem anderen städtischen Management, das die Schwächen der (wieder gerade die Fachegoismen stärkenden) betriebswirtschaftlich ausgerichteten neuen Steuerungsmodelle vermeidet, auf die sich Verwaltungsreform hierzulande oft reduziert, und das stattdessen den Stadtteil als Handlungsraum wieder entdeckt,
- zu einem anderen Blick auf städtische Potenziale (und auch Finanzen):[27] allen voran die Planungshoheit und die Möglichkeit, die Planungsgewinne in den Stadtteil zu reinvestieren,
- für eine neue Verantwortungsteilung zwischen öffentlicher Hand, privater Wirtschaft und bürgerschaftlichem Bereich,[28] bei der das heute auch bei Politikern so beliebte Bürgerengagement sich nicht in Mitreden oder Mithelfen in der Freizeit erschöpft, sondern ganz handfest darin besteht, dass die Bürgerinnen und Bürger selbst ihren Stadtteil bauen.

Gabriele Steffen
Heike Bartenbach
(Exkurs: Gewerbe im Quartier)

Anmerkungen

1 ARGEBAU, Ausschuss für Bauwesen und Städtebau und Ausschuss für Wohnungswesen, Leitfaden zur Ausgestaltung der Gemeinschaftsinitiative »Soziale Stadt«, zweite Fassung 1.2.2000, S. 2f.
2 BauGB § 1 Abs. 5, u.a. »Vermeidung einseitiger Bevölkerungsstrukturen«, »Eigentumsbildung weiter Kreise der Bevölkerung«, Berücksichtigung der »sozialen und kulturellen Bedürfnisse der Bevölkerung, insbesondere die Bedürfnisse der Familien, der jungen und alten Menschen und der Behinderten ...«
3 ARGEBAU, S. 4.
4 ARGEBAU, S. 3.
5 Watzlawick, Paul, Anleitung zum Unglücklichsein, München 1983, S. 27ff.
6 Häußermann, Hartmut, Zuwanderung und die Zukunft der Stadt. Neue ethnisch-kulturelle Konflikte durch die Entstehung einer neuen sozialen "underclass"? In: Heitmeyer, Wilhelm u.a., Die Krise der Städte, Frankfurt 1998, S. 145–175, hier: S. 173.
7 Verordnung des Landes Baden-Württemberg vom 8.12.1986.
8 Stadt Tübingen, Bürgermeisteramt, Gemeinderatsvorlage 40/1991.
9 Stadt Tübingen, Gemeinderatsvorlage 40/1991, S.8.
10 Siehe auch S. 31/32.
11 Siehe auch s. S. 90/91.
12 Elfers, Doris, Soziale Mischung als Bestandteil städtischer Vielfalt. Eine sozialgeographische Untersuchung der Bewohnerstruktur in der Tübinger Südstadt, Diplomarbeit am geographischen Institut der Universität Tübingen 1998.
13 Elfers, Soziale Mischung, S. 114, 116.

14 Held, Josef, und Christine Riegel, »Wo hinein integriere ich die?« Integrationsverständnis und Integrationsbemühungen von sozialen Expertinnen. In: Spona, Ausma, und Josef Held, Jugend zwischen Ausgrenzung und Integration, Hamburg 1999, S. 33–58, hier: S. 35.
15 Weeber + Partner, Institut für Stadtplanung und Sozialforschung, Wohnungs- und Quartiersmanagement im sozialen Bereich. Erarbeitet im Auftrag der Gesellschaft für sozialen Wohnungsbau GeSoBau Berlin, Stuttgart/Berlin 1996, S. 3.
16 Dangschat, Jens S., Warum ziehen sich Gegensätze nicht an? Zu einer Mehrebenen-Theorie ethnischer und rassistischer Konflikte um den städtischen Raum. In: Heitmeyer u.a., Krise der Städte (s. Anm. 6), S. 21–96, hier: S. 84.
17 Siehe dazu: Bartenbach, Heike, Strukturwandel der Wirtschaft und neue Anforderungen an Gewerbestandorte: Nutzungsmischung als integratives Umfeld für kleine und mittlere Unternehmen. Untersucht am Beispiel Gewerbeansiedlung im Französischen Viertel in Tübingen, Diplomarbeit am geographischen Institut der Universität Tübingen 1999.
18 Steffen, Gabriele, Planung entscheidet über Lebensform. In: Schwäbisches Tagblatt 18.2.1995.
19 Schwäbisches Tagblatt, 13. Juli 2000.
20 Siehe dazu Ward, Colin, Das Kind in der Stadt, Frankfurt am Main 1978.
21 Siehe dazu Ariès, Philippe, Das Kind und die Straße – von der Stadt zur Stadt. In: Freibeuter Heft 60, Berlin 1994, S. 75–94.
22 Stadt Tübingen: Städtebaulicher Rahmenplan »Stuttgarter Straße/Französisches Viertel«, Tübingen 1994, S. 26.
23 Französische Schule unter Mitarbeit von Bernd Götz und Bernd Lehmann, Förderverein der Französischen Schule, Stadt Tübingen, Die Schule im Quartier: lernen, erfahren, entdecken, Tübingen o.J.
24 Hiller, Gotthilf Gerhard (Hrsg.), Jugendtauglich. Konzept für eine Sekundarschule, Langenau-Ulm 1994, S.7.
25 Vgl. Steffen, Gabriele, Bürger-Lernen. Die Stadt als Fundament der Lerngesellschaft. In: Dohmen, Günther (Hrsg.), Weiterbildungsinstitutionen, Medien, Lernumwelten. Bundesministerium für Bildung und Forschung, Bonn 1999, S. 269–329.
26 Vgl. Läpple, Dieter, Ökonomische Perspektiven der Städte. Zwischen Globalisierung und Lokalisierung. In: Die Alte Stadt 2/1996, S.128–140.
27 Haushaltskonsolidierung und Verwaltungsreform liegen nach Umfragen des Deutschen Instituts für Urbanistik bei den Themen, die die Kommunen am meisten beschäftigen, seit Jahren an vorderster Stelle; von zunehmender Bedeutung ist der Bereich »Kommunale Wirtschaftsförderung, Arbeitsmarkt und Strukturwandel«, vgl. Difu-Berichte 2/2000, S. 8f.
28 Siehe dazu die aktuelle Diskussion um die Bürgerkommune als Leitbild und das neue Staatsverständnis des »aktivierenden Staats« anstelle einer umfassenden staatlichen Fürsorge (wobei der Begriff »aktivierend« auch bereits wieder eine fürsorgende Perspektive verrät).

Ein Kommentar: Leben statt Wohnen?

Jens S. Dangschat

1. Starke Töne, aber auch konsequente Taten in Tübingen

Endlich 'raus aus der Sackgasse der Nutzungs- und Funktionstrennung, endlich Schluss mit dem nicht haltbaren Versprechen des Wohnens im Grünen bei urbaner Dichte! Das Ende des Planens und Errichtens reiner Wohngebiete! Die »Stadt der kurzen Wege«, die »europäische Stadt« – sie scheint im Süden Tübingens Wirklichkeit zu werden. Auf den Brachflächen zweier verlassener Kasernen, zwischen Vierteln, die auf dem Weg zum »sozialen Brennpunkt« waren, abgeschnitten von der Stadt, die eine Universität ist (und nicht nur hat), zerschnitten durch Bundesstraßen, entsteht ein neuer Stadtteil von der (ehemaligen) Funktionsdichte der gründerzeitlichen Stadterweiterung, doch nur halb so dicht besiedelt – ohne sie jedoch nachzubauen.

Starke Töne stehen am Anfang dieses Buches – aber eben auch Programmatisches, insbesondere gegen die zur Routine erstarrte Form des Umgangs mit Stadterweiterung, Nachverdichtung, Nutzung von Brachflächen, InvestorInnenwillen, Marktgängigkeit und Wünschen der BürgerInnen. Lange genug habe sich Stadtplanung und Kommunalpolitik (auch in Tübingen) der »Mitverantwortung für den Verlust der Integrationsfunktion« nicht nur nicht gestellt, sondern durch Zonierung, monofunktionale Stadtteile, Ausweisung von großen ausschließlich für den Sozialen Mietwohnungsbau reservierten Flächen diesen Verlust mit herbeigeführt: »die Zonierung als dominierendes Gestaltungsprinzip in der Stadtplanung (ist) längst zu einem (sorgfältig kultivierten) Anachronismus geworden.«

Trotz aller Sonntagsreden über Binnenentwicklung, Rückbau, Nutzungsmischung, »neue Urbanität«, »Stadt der kurzen Wege«, nachhaltige und »europäische Stadt« sind neue Quartiere mit durchgängig städtischem Charakter in Deutschland in den letzten dreißig Jahren praktisch nicht mehr entstanden. Die Ursachen hierfür sind vielfältig: Bequemlichkeit, Überlastung, fast religiöser Glaube an die Steuerungsfähigkeit des Markts, Ablehnung des Verursacherprinzips, anti-städtische Leitbilder, ein Planungsrecht, das Entmischung zum obersten Prinzip erklärt, und eine Verwaltung, die ihre Möglichkeiten nur bedingt ausschöpft. Dazu Feldtkeller: »Der im bundesdeutschen Planungsrecht vorgegebene Städtebau schafft eine Exklusionsmaschine, in der großzügige, oft durch Grün legitimierte Abstände den öffentlichen Raum der Stadt verdrängt haben.«

Schönwandt kritisiert die »Denkfallen der Stadtplanung« in ähnlicher Weise, weil die Auswege aus einer Fehlplanung immer wieder in der (vertrauten) Nähe des gescheiterten Vorgehens gesucht werden, nicht aber in der (unvertrauten) Gegenrichtung.[1]

Andreas Feldtkeller, seit drei Jahren im Un-Ruhestand und bundesweit bekannter Kritiker des traditionellen Städtebaus,[2] resumiert seinen Abschnitt über den Verlust der Stadt in seinem integrativen Potenzial, dass »die lokale Politik ... in vielen Fällen einfach – oft unter dem Deckmantel einer vermeintlichen Arbeitsplatzsicherung – auf die strategische Thematisierung der anstehenden Aufgabe und auf den Einsatz der im Planungsrecht zur Verfügung stehenden Werkzeuge (verzichte); soziale und andere Folgekosten bleiben unberücksichtigt.« Und weiter vorn: »Die Frage, wie weit Planung und Politik eine Mitverantwortung für den Verlust der Integrationsfunktion von Stadt tragen, wird ... unterdrückt.«

2. Endlich wieder Städtebau – Abschied von der Gartenstadt!

Der Städtebau ist vor dem Hintergrund der Enge mittelalterlicher und frühkapitalistischer Bebauung, den Bränden, Cholera-Epidemien und der verbreiteten Tbc entstanden, um nicht nur Ordnung, Übersicht und technische Beherrschbarkeit der Stadtstrukturen zu erreichen, sondern auch, um die Stadt-Gesellschaft darin zu unterstützen, besser, emanzipierter, demokratischer und zivilgesellschaftlicher zu werden. Dass dabei oftmals der deterministischen Kraft der Leitbilder und der Master-Pläne zu viel zugetraut, und die eigene Position der Stadtplanung zwischen Künstler, Arzt, Gutsherr, Ingenieur und Sozialarbeiter überinterpretiert wurde, ist verschiedentlich kritisiert worden.[3]

Auch die aktuelle Debatte zwischen den Zielen einer erhaltenswerten »europäischen Stadt«, der »verschwindenden Stadt« (wohl eher bezogen auf die Individualität als die funktionale, ökonomische oder soziale Substanz) oder der »Stadt ohne Eigenschaften« führt hier nicht viel weiter, weil heute der Versuch aufgegeben werden muss, mit einem einzigen Leitbild die Komplexität möglicher Entwicklungen zu greifen und das Vertrauen auf mittelfristige Gültigkeit allenfalls in der Perspektive des neuen Inkrementalismus zu finden ist – die wieder auflebende Debatte über Leitbilder widerlegt dieses nicht.[4]

Doch wider alle perspektivischen Orientierungen an »Nachhaltigkeit«, »Europa«, »Zivilgesellschaft«, »Nutzungsmischung«, »sozialer Durchmischung« und »kurzen Wegen« werden überwiegend weiter in Erweiterungsflächen monostrukturierte Ausschnitte aus einer Stadt gebaut, von Grünzügen gegeneinander abgeschottet und mit Verkehrsnetzen verbunden. Größere Wohneinheiten bekommen noch immer in der Mitte/an der Schnellbahn-Haltestelle (so es eine gibt) ein Zentrum, in dem Einkaufen, Ausbildung, Gesundheitsversorgung und soziale Dienste angeboten werden – in der Fläche auch ebenerdig Wohnen.

Urbanität durch Dichte? – Nein: Langeweile durch uninteressante Wegführung und Monostrukturen am Rande (Einblick nicht erwünscht!), welche die Komplexität des Lebens und der Erwartungen an einen vollständigen Alltag völlig negiert.

Die Tübinger Anti-These ist: Wir müssen der Stadt wieder zumuten, Integrationsmaschine zu sein; der Stadtplanung falle daher die Rolle zu, das städtische Zusammenleben wieder räumlich zu organisieren. Zu lange hat das »Aus-den-Augen/Ohren/Nase-aus-dem-Sinn-Prinzip« gegriffen, haben Lärmverordnungen »dörfliche Ruhe« und Segmentationen »soziale Einfalt« produziert. Verwaltungsgerichte haben dem BürgerInnen-Begehren immer wieder Recht gegeben, die Stadt so zu ordnen, dass die Urbanität in monokultureller Friedhofsruhe versinkt. Politiker und Verwalter sind erstarrt vor vorauseilendem Gehorsam.

Nein: Stadt ist laut, schnell, auf- und anregend, überraschend, befremdend, aber auch heimelig, vertraut und sicher. Stadt ist auch nicht autofrei (aber eben auch nicht immer und überall dem »Stehzeug« geopfert) und nicht immer ökologisch korrekt. Es stinkt mal hier, es kracht mal dort und ist bisweilen auch fremd – interessant oder Angst einflößend.

Tübingen sagt nun: die Brache ist die Chance. Wo andernorts die »neuen Boulevards« oder die »autofreien Viertel«, die Gewerbegebiete oder der »verdichtete Einfamilienhausbau« entwickelt werden, da will Tübingen einfach nur ein Stück Stadt planen und bauen. Weiter noch, man will die »Katalysatorfunktion der Stadtbrachen an praktischen Beispielen ... erproben«. Brachen sind nicht durchgängig vorgeprägt, haben die Kontinuität ihrer Nutzung verloren, sie sind in der Regel gut erschlossen/leicht erschließbar, sie weisen viele Gehäuse und Hüllen auf, die auch für no- und low-cost- respektive für vorübergehende und Behelfs-Nutzungen verwendet werden können; manche von ihnen haben industriekulturellen Wert und sind heute weit oben in der Lebensstil-Skala des neuen urbanen Dienstleisters als Kulisse für kreative »start ups«, Gastronomie und Kultur verankert.[5]

In der vermeintlichen »Leitbildfreiheit«, so wird hier zutreffend argumentiert, wird in Wirklichkeit der längst überholte »Traum immerwährender Prosperität« weiter geträumt und so lange das Einfamilienhaus subventioniert, bis auch der letzte der 75 % Möchtegern-Besitzer stolz auf »seine Scholle« ist. Fehlsubvention (ca. das Zehnfache geht in die Förderung des Eigenheims gegenüber dem sozialen Wohnungsbau) und der Verzicht auf die Anwendung des Verursacherprinzips (Straßenbau) sorgen für Ungleichbehandlungen der Stadt-Teile und der Verkehrsmittel.

3. Tauschwert für die Stadt – Gebrauchswert für die BürgerInnen!

Voraussetzung dafür, dass die Stadt Tübingen den Neubau des Stadtviertels selbst steuern konnte, ist die Tatsache, dass die Stadt alle Grundstücke im Rahmen einer förmlich ausgewiesenen städtebaulichen Entwicklungsmaßnahme (nach §§ 165 bis 171 BauGB) zum Wert vor Planungsbeginn aufkauft (entwicklungsunbeeinflusster Wert).

Nach der Neuordnung gemäß dem Plan werden die Grundstücke an die künftigen NutzerInnen direkt weiterverkauft. Der Wertzuwachs durch die Planungsmaßnahme kann so zu Gunsten der Stadt gesichert werden (woraus sie die Kosten für Erschließungen und öffentliche Einrichtungen sowie andere anfallende Kosten finanziert). Gleichzeitig kann sie auf diese Weise auf den Bodenpreis und die Gesamtentwicklung (festgelegt in einer Entwicklungssatzung) im Sinne der Parzellierung, der künftigen Nutzungen und NutzerInnen Einfluss nehmen.

So kann die Stadt eine Zonierung durchsetzen, bei der die so genannten »störenden Nutzungen« nicht ausgegrenzt, sondern in moderner Weise integriert werden. Auch die Dichten, welche die Baunutzungsverordnung nahe legt, werden deutlich überschritten, um überhaupt städtische Qualitäten zu erreichen. Eine viel breitere, kleinteilige Nutzungsmischung und eine städtische Dichte sind nach den »Tübinger Regeln« die Voraussetzung dafür, dass (auch im sozialen Sinne) robuste Viertel entstehen können. Ein vernetztes soziales und wirtschaftliches Gefüge ist die Voraussetzung für die integrative Wirkung einer Stadt und – so Andreas Pätz und Cord Soehlke in ihrem Beitrag – die Voraussetzung für das Funktionieren einer demokratischen Gesellschaft.

4. Ökonomisch und sozial robuste Viertel – die neue alte Stadt?

In der Debatte über die sozial-räumlichen, aber auch die städtebaulich-funktionalen Strukturen einer Stadt wird allzu oft die empirische Realität, respektive die geplante und gebaute Unwirtlichkeit zur Normalität erhoben.

Wenn es um die sowohl sozialräumlich als auch städtebaulich problematische Einordnung der Konzentration der 4 »A« (Arme, Ausländer, Arbeitslose, Alte) geht, wird in der Regel nur auf die »Problemviertel« geschaut (»Soziale Brennpunkte« oder euphemistischer »Stadtteile mit besonderem Entwicklungsbedarf«). Trotz allen Bemühens um Quartiersmanagement[6] werden weiterhin eher unerwünschte Funktionen in diese Quartiere gebracht und die Wohnqualität noch weiter abgesenkt. Dann ist von »Umkipp-Punkten« die Rede, von Schwellenwerten, jenseits derer alle Reste der sozialen Gefüge oder der Funktionsfähigkeit von Institutionen in Gefahr geraten, von Zuzugssperren, »Lastquoten« und »Das-Boot-ist-voll-Thesen«.

Das Problem ist jedoch, dass sich die Stadt teilt, geteilt wird: die (größere) Hälfte hält sich frei von der Last der täglichen Integrationsarbeit (formuliert aber die Thesen und Normen zur »multikulturellen Stadt«[7]), die andere (kleinere) Hälfte macht die Arbeit für die gesamte Stadt(region). Sie wird dafür weder entlohnt (durch deutlich bessere Infrastrukturen und soziale Dienste auch im präventiven und freiwilligen Bereich), noch wird die Arbeit wirklich anerkannt.

Dass eine wesentliche Ursache für diese Konzentration der Wegzug der besser Ausgebildeten, der sicherer im Arbeitsmarkt Verankerten, der »Deutscheren«, der Aufstiegsorientierten und der Nach-Unten-Absichernden ist, wird meist übergangen. »Flüchten statt Standhalten« ist die Devise, insbesondere, wenn es um die Einschulung der eigenen (wenigen) Kinder geht. Dadurch entstehen an anderer Stelle der Stadt Orte, wo der öffentliche Raum gesäubert, abgezäunt, privatisiert, kontrolliert und bewacht wird – Urbanität des 21. Jahrhunderts, chic, erlebnis(einkaufs)orientiert, distinguiert und wenig tolerant.

Diesen Trend will man in Tübingen, das wird in dem Beitrag von Gabriele Steffen deutlich, nun stoppen. Man versucht – trotz oder wegen des schlechten Images der Südstadt –, dieses städtische Viertel auch für jene attraktiv zu machen, die ansonsten ins Umland abgewandert wären (wo sie – erfahrungsgemäß allenfalls ihre zweitbeste Alternative realisieren können). Mit Wohneigentum wird viel verbunden (neben Altersvorsorge, Kapitalbildung, Erbschaft und Prestige eben auch Selbstbestimmung, Unabhängigkeit, Verantwortung, Engagement und Möglichkeiten zum Raum-(er-)Greifen); dieses lässt sich – entkoppelt von den Werbebroschüren der in der Region ansässigen Bausparkassen – auch innenstadtnah erreichen.[8]

Die alten Sanierungsgebiete, durchmischt mit alten Gewerbestrukturen, in denen in den siebziger Jahren die Stadtteilkultur und gemeinwesenorientierte Sozialarbeit ihre Stützpunkte fanden, die leer standen und besetzt wurden – diese »bunten Viertel« (ob Kreuzberg in Berlin oder das Schanzenviertel in Hamburg) sind heute die Orte der »neuen Kreativ-Kultur«, die – zwar über das Internet verlinkt – die lokale Szene braucht.[9] Nur die breite Heterogenität der Nutzungen, Einrichtungen und Angebote, gekoppelt mit baulicher Dichte, schafft die kritische Masse an heterogenen Kontakten, die Voraussetzung für Urbanität sind (das war bereits die Position Wirths 1938)[10].

5. Politischer Wille und starkes Commitment

Voraussetzung eines solchen Vorhabens sind erstens ein eindeutig formulierter politischer Wille und zweitens eine Verwaltung, die Willens und in der Lage ist, die Instrumente zur Durchsetzung dieser Zielsetzung auch konsequent anzuwenden. Natürlich bedarf es auch der Personen, die mit viel Geduld und Durchsetzungskraft das Projekt »einfädeln«.

Bezeichnend ist, dass der umfangreiche Rahmenplan weniger Wert auf das städtebauliche Konzept, die Architektur oder das Design legt, sondern darauf, wie die Rahmenbedingungen für ein städtisches Zusammenleben (Wohnen und Versorgung, Arbeiten und Freizeit) der sozialen Gruppen (besser gestellt und ärmer, alt und jung, weiblich und männlich, bunt und einfarbig) unterstützt werden kann.

Der Rahmenplan ist auch nicht einseitig den künftigen NutzerInnen »von oben« auf den Kopf gefallen, sondern in einem mehrjährigen Prozess aus Absichtserklärung, Arbeitsgruppen, Beiträgen der Fachverwaltungen, Tagungen und Kolloquien zu einem Konzept eines Rahmenplans verdichtet worden, der erneut mit den BürgerInnen abgestimmt und modifiziert wurde, bis er ohne Probleme die Fachbehörden und politischen Gremien durchlief. Bezeichnend auch, dass mit Dieter Hoffmann-Axthelm und Hermann Knoflacher zwei bekannte Kritiker ihrer Zunft als Berater eingeladen wurden, nach deren Vorstellungen allerdings bislang eher nicht geplant und gebaut wurde.

Interessant ist daher die BürgerInnen-Beteiligung in Tübingen. Während andernorts »Betroffene« so eingeschätzt werden, als sähen sie »in jeder Veränderung ... Gefahren für ihre Lebensqualität«, würden nur ihre »erworbenen Rechte« verteidigen und »jede Möglichkeit zur Verzögerung und Verhinderung« nutzen,[11] werden in Tübingen Beteiligungsverfahren als »Eröffnung planerischer Spielräume« angesehen. Nur so lassen sich die Eckpunkte der Planung festlegen, nur so lassen sich gemeinsam nutzbare Synergien erzielen, und nur so können künftige NutzerInnen als potenzielle und tatsächliche Investoren gewonnen werden.

Wenn man den Alltagserfahrungen und -bedürfnissen Platz einräumen will (was ja eine wichtige Voraussetzung für das Wohlfühlen ist), dann muss man allerdings die fachliche Position des Planers und Architekten zurückhalten. Dann muss man auch in Kauf nehmen, dass ein Plan auch seine »Macken« hat und dass sogenannte »schlechte Architektur« gebaut wird – eine wohltuende Gegenposition zu dem von vielen Städten (als Marketing) und natürlich den berufsständischen Vertretern immer wieder geforderten »Nur an guter Architektur kann die Stadt genesen«. Natürlich ist das kein Freibrief für jedwede Architektur, aber eben doch ein starkes Eintreten dafür, dass auch Raum für ein »hässliches« Gebäude bleibt (zumal vor dem Hintergrund, dass über die Klassengebundenheit von Geschmack, wie sie in der »guten modernen Architektur« zum Ausdruck kommt, unter Architekten selten reflektiert wird).

6. Ist Tübingen überall?

Nein – leider nicht, möchte man sagen. Mut zur Offenheit, zur Orientierung nicht am globalen Wettbewerb, sondern an den Interessen des Alltags der eigenen BürgerInnen, was den Architekten die Freiheit gab, »sich eine Welt auszudenken, in der wir gerne selber zuhause wären«, wie es LEHEN drei formuliert, ist nicht in jeder Kommune zuhause. Natürlich bedarf es eines gewissen Entwicklungsdrucks (hier: Wohnraummangel bei extrem knappen Flächen). Damit daraus nicht Agonie wird, bedarf es aber einzelner Akteure und deren Aktivität, sozialer Kompetenz und den Willen, Unkonventionelles zum Mainstream zu machen.

Nicht nur das Ergebnis – so es schon zu sehen ist –, sondern auch das Erwartbare lassen darauf schließen, dass künftig eine Reihe von Architektur-, Städtebau- und Stadtplanungsklassen den Süden Tübingens zum Ziel haben werden. Aber auch Politik- und Verwaltungsfachleute werden sich die Umsetzung des Slogans von Gabriele Steffen »Die Stadt macht nicht alles – aber alle machen die Stadt« näher ansehen, um die kommunalen Möglichkeiten zur Unterstützung zivilgesellschaftlicher Strukturen, auf die unsere erodierende, weil top-down verordnete Demokratie angewiesen ist, besser kennen zu lernen. Wie auch immer, Tübingen ist ein Zeichen dafür, dass es geht, dass die Gesetze und Verordnungen ausreichen, wieder eine »Stadt« zu bauen und nicht das zur Normalität mutierte Abbild einzelner Szenarien, die einmal Stadt waren.

Tübingen ist also nicht überall – noch nicht. Aber »Tübingen« wird exportiert werden, weil in den Städten nun Druck entstehen wird, so etwas auch haben zu wollen. Dass es geht, ist gezeigt worden; es zeigt sich also immer mehr, dass man andernorts nicht (genügend) will. So steht jedoch zu befürchten, dass auf den künftigen deutschen Großbaustellen (neben Berlin die HafenCity in Hamburg, der Europa Boulevard in Frankfurt und Stuttgart 21 – wenn es kommt), welche in den nächsten zehn, fünfzehn Jahren die Architektur- und Städtebau-Fachzeitschriften, aber auch die Feuilletonseiten der überregionalen Presse beherrschen dürften, daraus wenig gelernt werden wird.

Anmerkungen

1 Schönwandt, Walter L. 2000: Grundriß einer Planungstheorie der »dritten Generation«. In: IFOER E268. Schriftenreihe des Instituts für Örtliche Raumplanung, Band 3: S. 3–31, S. 27–28.
2 Vgl. Feldtkeller, Andreas 1994: Die zweckentfremdete Stadt. Wider die Zerstörung des öffentlichen Raumes. Frankfurt am Main/New York: Campus.
3 Vgl. Becker, Heidede; Jessen, Johann, Sander, Robert 1999: Auf der Suche nach Orientierung – das Wiederaufleben der Leitbildfrage im Städtebau. In. Becker et al. (Hrsg.) 1999: S. 10–17.
4 Vgl. Becker, Heidede et al. (Hrsg.), Ohne Leitbild? 1999.
5 Vgl. Dangschat, Jens S. 1999: Der Schweiß der Maloche und der Lebensstil der kreativen Flexiblen. Baumeister 10/99: S. 50–53.
6 Vgl. Alisch, Monika 1998: Stadtteilmanagement. Voraussetzungen und Chancen für eine soziale Stadt. Opladen. Leske + Budrich.
7 Vgl. Dangschat, Jens S. 1999: Nur ein Irrtum? Von der eigenen Überschätzung der Erfinder der »multikulturellen Gesellschaft«. In: C. Honegger, S. Hradil & F. Traxler (Hrsg.): Grenzenlose Gesellschaft? Verhandlungen des 29. Kongresses der Deutschen Gesellschaft für Soziologie, des 16. Kongresses der Österreichischen Gesellschaft für Soziologie, des 11. Kongresses der Schweizerischen Gesellschaft für Soziologie in Freiburg i. Br. 1998, Teil 2: S. 519–538.
8 Dangschat, Jens S. 2000: Perspektiven des Wohneigentums bei der Diskussion über eine Soziale Stadt. Vhw Forum Wohneigentum 6/2000: S. 211–218, S. 217.
9 Vgl. Läpple, Dieter 2000: Städte im Spannungsfeld zwischen globaler und lokaler Entwicklungsdynamik, unveröff. Manuskript.
10 Wirth, Louis 1938: Urbanism as a Way of Life. American Journal of Sociology 44, July: S. 1–24.
11 Hierzegger, Heiner 2000: Bebauungsplanung als Instrument der Projektentwicklung. In: IFOER E268. Schriftenreihe des Instituts für Örtliche Raumplanung, Band 3: S. 33–36, S. 33.

Autorenbiographien

Heike Bartenbach, Dipl.-Geographin, geboren 1967, ist im Bereich Stadtentwicklung und Wirtschaft in Tübingen tätig. Sie unterzog die Gewerbeansiedlung im Städtebaulichen Entwicklungsbereich 1998 einer wissenschaftlichen Untersuchung.

Jens S. Dangschat, Dr. phil., Dipl-Soz., geboren 1948 in Wiesbaden, studierte Soziologie, Volkswirtschaftslehre, Psychologie sowie Sozial- und Wirtschaftsgeschichte in Hamburg, Professor an der Uni Hamburg, zugleich Leiter der »Forschungsstelle Vergleichende Stadtforschung«. Seit 1998 o. Univ. Prof. an der TU Wien für Siedlungssoziologie und Demographie, seit 2001 Vorstand des Instituts für Stadt- und Regionalforschung an der TU Wien. Zahlreiche Veröffentlichungen zu Themen der Stadtsoziologie, der sozialen Ungleichheit, der Nachhaltigkeit und der politischen und planerischen Steuerung von Stadtentwicklung. Letzte Buchveröffentlichungen: »Armut und soziale Integration. Strategien sozialer Stadtentwicklung und lokaler Nachhaltigkeit« (zusammen mit M. Alisch) und »Modernisierte Stadt – Gespaltene Gesellschaft. Ursachen von Armut und sozialer Ausgrenzung« (Herausgeber).

Martin Feketics, Dipl.-Ing., Freier Architekt, Stadtplaner SRL, geboren 1964, studierte Architektur und Stadtplanung in Stuttgart und Rom. Mitarbeit in verschiedenen Architekturbüros; seit 1992 Partner im Büro LEHEN drei Architekten und Stadtplaner, Stuttgart; Veröffentlichungen.

Andreas Feldtkeller, Dipl.-Ing., geboren 1932 in Berlin-Charlottenburg, studierte Architektur in Stuttgart und Berlin. 1972 bis 1997 Leiter des Stadtsanierungsamts Tübingen, Erneuerung der historischen Altstadt und Planung und Durchführung der Konversionsmaßnahme »Französisches Viertel/Stuttgarter Straße«. Seit 1997 freiberuflicher Stadtplaner. 1994 Veröffentlichung des vielbeachteten Buchs »Die zweckentfremdete Stadt – Wider die Zerstörung des öffentlichen Raums«.

Dr. Andreas Pätz, Dipl.-Geograph, geboren 1961 in Düsseldorf, Stadtplaner. Seit 1997 Projektleiter im Stadtsanierungsamt der Stadt Tübingen. Ab April 2001 Geschäftsführer der WWG – Wirtschaftsförderungs- und Wohnungsbaugesellschaft mbH der Stadt Königswinter. Mitglied im Arbeitskreis »Stadtzukünfte« in der Deutschen Gesellschaft für Geographie.

Leonhard Immanuel Schenk, Dipl.-Ing., Freier Architekt, Stadtplaner SRL, Regierungsbaumeister; geboren 1965, studierte Architektur und Stadtplanung in Stuttgart und Zürich. Wissenschaftliche Mitarbeit an der Universität Karlsruhe, Institut ORL, Lehrstuhl für Wohnungsbau; Lehraufträge; seit 1992 Partner im Büro LEHEN drei Architekten und Stadtplaner, Stuttgart; Buchveröffentlichungen zu Einzelthemen der Stadtplanung.

Matthias Schuster, Dipl.-Ing., Freier Architekt, Stadtplaner SRL, geboren 1963, studierte Architektur und Stadtplanung in Stuttgart. Langjährige Mitarbeit im Büro Brenner & Partner, Stuttgart, Lehrauftrag für Grundlagen der Architektur und Stadtplanung an der Fachhochschule Nürtingen; seit 1992 Partner im Büro LEHEN drei Architekten und Stadtplaner, Stuttgart; Veröffentlichungen.

Cord Soehlke, Dipl.-Ing., Architekt und Journalist, geboren 1969 in Bielefeld, ist seit 1997 im Stadtsanierungsamt Tübingen zuständig für Öffentlichkeitsarbeit, Gewerbeansiedlung und Betreuung der Baugruppen. Er hat einen Lehrauftrag an der Universität Trier.

Gabriele Steffen, geboren 1951, studierte Germanistik, Romanistik, Pädagogik und Philosophie (Staatsexamen), Projektleiterin interkultureller/internationaler Projekte in der wissenschaftlichen Weiterbildung, 1990–1998 Erste Bürgermeisterin in Tübingen (Öffentliche Ordnung, Standesamt, Kultur, Schule, Sport, Soziales, Altenhilfe, Veterinäramt); Seit 1998 bei Weeber + Partner, Institut für Stadtplanung und Sozialforschung (Stuttgart/Berlin) Geschäftsführerin, Sozialplanerin und -forscherin SRL. Arbeitsschwerpunkte: fachübergreifende Stadt- und Quartiersentwicklung (u. a. »Soziale Stadt«), Integration und Nutzungsmischung, Bürgerverantwortung, Verwaltungsreform, Lebenslanges Lernen.

Literatur

Alisch, Monika und Jens S. Dangschat, Die solidarische Stadt. Ursachen von Armut und Strategien für einen sozialen Ausgleich, Darmstadt 1993.
Alisch, Monika: Stadtteilmanagement. Voraussetzungen und Chancen für eine soziale Stadt, Opladen 1998.
Becker, Heidede, Johann Jessen, Robert Sander (Hrsg.), Ohne Leitbild? Städtebau in Deutschland und Europa (mit Beiträgen u. a. von Becker/Jessen/Sander, Sieverts, Venturi, Feldtkeller), Stuttgart + Zürich 1999.
Bundesamt für Bauwesen und Raumordnung (Hrsg.), Steuerung der Flächennutzung. Informationen zur Raumentwicklung Heft 8.1999, Bonn 1999.
Bundesforschungsanstalt für Landeskunde und Raumordnung (Hrsg.), Städtebaulicher Bericht Nachhaltige Stadtentwicklung, Herausforderungen an einen ressourcenschonenden und umweltverträglichen Städtebau, Bonn 1996.
Enquete-Kommission »Schutz des Menschen und der Umwelt – Ziele und Rahmenbedingungen einer nachhaltig zukunftsverträglichen Entwicklung«, Abschlussbericht. In: Deutscher Bundestag 13. Wahlperiode Drucksache 13/11200, Bonn 1998.
Feldtkeller, Andreas, Die zweckentfremdete Stadt, Wider die Zerstörung des öffentlichen Raums, Frankfurt/New York 1994.
Feldtkeller, Andreas, Neue Wege der Planung und der Bürgeraktivität beim Städtebau. In: Aus Politik und Zeitgeschichte, Beilage zur Wochenzeitung Das Parlament, B 17/97 S. 38–46, Bonn 1997.
Feldtkeller, Andreas und Andreas Pätz, Die Tübinger Südstadt – Eine neue Stadt wird gebaut. In: Brunsing, Jürgen und Michael Frehn (Hrsg.), Stadt der kurzen Wege - Zukunftsfähiges Leitbild oder planerische Utopie? Dortmunder Beiträge zur Raumplanung 95, S. 85–96, Dortmund 1999.
Heinzmann, Friedrich, Die freie Bauherrengemeinschaft. Praktische Überlegungen aus juristischer Sicht und Vertragsmuster. Möckmühl 1998.
Heitmeyer, Wilhelm (Hrsg.), Was hält die Gesellschaft zusammen? Bundesrepublik Deutschland: Auf dem Weg von der Konsens- zur Konfliktgesellschaft Band 2, Frankfurt am Main 1997.
Heitmeyer, Wilhelm, Rainer Dollase, Otto Backes (Hrsg.), Die Krise der Städte, Analyse zu den Folgen desintegrativer Stadtentwicklung für das ethnisch-kulturelle Zusammenleben (mit Beiträgen u.a. von Dangschat, Häußermann, Heitmeyer), Frankfurt am Main 1998.
Lennard, Henry L. und Suzanne H. Crowhurst Lennard, The Forgotten Child – Cities for the Well-Being of Children, Carmel, California 2000.
Porter, Michael E., Wie die Stadtkerne wieder attraktiv werden – Programme zur wirtschaftlichen Wiederbelebung maroder Innenstädte können auf vier wichtigen Standortvorteilen aufbauen. In: HARVARD BUSINESS manager 1/1996.
Rauterberg, Hanno, Bauen – auf die Bürger. In: Die ZEIT Nr. 24/2000.
Spona, Ausma, und Josef Held, Jugend zwischen Ausgrenzung und Integration, Hamburg 1999.
Stadt Tübingen: Städtebaulicher Rahmenplan »Stuttgarter Straße/Französisches Viertel«, 1994.
Steffen, Gabriele, Bürger-Lernen. Die Stadt als Fundament der Lerngesellschaft. In: Dohmen, Günther (Hrsg.), Weiterbildungsinstitutionen, Medien, Lernumwelten. Bundesministerium für Bildung und Forschung, Bonn 1999.
Wirtschaftsministerium Baden-Württemberg (Hrsg.), Baugemeinschaften. Ein moderner Weg zum Wohneigentum. Informationsschrift der Landesregierung, Stuttgart 1999.